文化中国书系

中国社会科学院文化研究中心　编

文化强国

理念与实践

惠 鸣/著

社会科学文献出版社
SOCIAL SCIENCES ACADEMIC PRESS (CHINA)

摘　要

建设社会主义文化强国是中国在新世纪第二个 10 年中提出的重大国家战略。建设社会主义文化强国需要先进的价值观来引领，需要强大的文化产业和不断完善的公共文化服务体系来支撑，需要系统的国家战略来保障，更需要文化领域的思想解放和理念创新来驱动。新文化发展观正是中国改革开放和社会转型过程中形成的面向市场化、全球化的文化理论，是改革开放以来中国文化自觉、思想解放和文化发展理念创新的核心成果。本书共五章，探讨了新文化发展观的历史形成、内涵及其在当代中国文化发展中的宏观实践与微观案例。

第一章探讨新文化发展观的历史形成及其基本内涵。新文化发展观滥觞于全球媒介汇流和数字化时代到来的背景，形成于中国文化体制改革的历史过程，并在文化产业的蓬勃发展中不断得到发展和校验。新文化发展观的产生是我国文化建设领域的重大突破，它的形成标志着改革开放进入了新的历史阶段。

新文化发展观的核心内容是解放文化生产力，发展文化产业，建构全面覆盖的公共文化服务体系，提升国家文化软实力，维护国家文化安全，增强国家的文化整体实力和竞争力。它们以落实公民文化权利为理论基础，以文化体制改革为实现路径，以发展文化产业为驱动引擎，并最终指向文化强国这一战略目标。

第二章探讨社会主义文化发展的规律与特点，以及我国文化大发展大繁荣面临的机遇和挑战。从历史经验来看，在市场经济条件下，社会主义文化发展仍需遵循若干规律：正确对待文化的多种属性，避免将文艺的功能简单地政治化；尊重文化发展的历史规律，保证文化表达自由和文艺创作的繁荣；正确认识国家在文化发展中的作用，坚持把法制精神作为管理文化的第一原则，为文化发展提供良好的制度环境；大力发展文化产业、建构合理高效的公共文化服务体系；等等。进入新世纪以来，我国文化消费需求增长强劲，文化创意产业迅猛发展，文化投资快速增长，文化发展的理念和认识不断更新，这为文化大发展大繁荣提供了重大机遇。但文化在发展的同时也面临若干重大挑战。必须进一步解放思想，为文化体制改革提供更大的创新空间；必须突破优秀文化内容产品相对短缺的困境；必须提升文化创意产业的国际竞争力；同时，还必须完善公共文化服务体系。推动文化大发展大繁荣，深化文化体制改革是必由之路。当前改革重心应当围绕五个方面展开：一是加强社会主义核心价值体系建设；二是加强文化立法；三是进一步完善文化市场环境；四是加强公民文化权利保障；五是加强社会配套改革。

第三章以昆明市盘龙区和北京市为个案，探讨我国文化产业发展的区域战略及文化产业政策环境的优化问题。昆明市盘龙区的案例表明，有效利用丰富多样的民族和地域文化资源，发展民族特色文化产业和文化经济，发挥创意产业集聚优势，建设宜居城市，是西部民族地区打破经济弱势格局、实现可持续发展和战略崛起的重要选择。北京市的案例揭示了我国大都市在发展文化创意产业、建设全球创意都市过程中面临的重大挑战。后奥运时期，北京市必须通过推动文化产业跨业整合、加快提升创意产业发展的国际化水平、以数字内容产业等高端业态带动京津冀区域内各城市文化创意产业的整合和升级等战略对策，来应对文化创意产业面临的一系列重大挑战。文化创意产业高度依赖于文化创意活动,"十二五"期间,我国要继续优化文化创意产业发展的体制、法律、金融、税收和产业政策等"硬环境",更要高度重视并优化由社会文化创意活动与创意氛围组成的"软环境"。

第四章结合西部欠发达地区的长武县和东部发达地区的嘉兴市,探讨我国公共文化服务体系建设面临的挑战与实践经验。长武地区的案例分析揭示了近百年来文化发展与我国农村地区现代化进程的逻辑关系。在农村现代化进程的不同阶段,文化发展始终是社会现代化的引导力量和重要标志。对我国农村社会而言,由于与前现代生活传统渊源深厚、文化发展长期落后,且长期受城乡二元社会结构制约,人的精神现代化和制度现代化的任务要远比物质现代化的任务艰巨。在新农村建设的大背景下,必须高度重视公共文化服务体系建设,将其作为推动农村文化健康发展和农村社会全面实现现代化的总抓手。新农村公共文化服务建设的目标包括市场目标、制度目标两个建构目标,以及娱乐目标、教育目标和保护目标三个价值目标。

嘉兴案例总结了我国经济发达地区在公共文化服务体系建设领域取得的重要突破和经验。"嘉兴模式"创造了全国领先的公共文化服务体系,包括公共文化服务方式互动化、公共文化服务提供均等化、公共文化服务资源网络化、公共文化服务创新集成化、公共文化服务内涵深耕化、公共文化服务投入多样化等6个方面。文化自觉是"嘉兴模式"的生成之道。面向未来,嘉兴市需要通过打造文化产业与公共文化服务联动发展的新格局、开创公共文化服务产品提供主体多元化新局面、建构公共文化服务决策新机制、拓展公共文化服务新边界等多种方式,努力推动公共文化服务水平迈上更高的阶梯。

第五章探讨我国少数民族文化发展的战略问题,并通过新疆双语教

育和边境民族地区国有文艺院团改革问题探讨我国民族地区文化政策调整与创新的问题。

在文化强国的战略宏图中，少数民族文化发展战略是极其重要的一环。从我国少数民族文化发展的现状和面临的挑战来看，少数民族文化发展战略主要应包括：民族地区公共文化服务体系建设战略、民族地区现代传媒体系建设战略、少数民族传统文化保护和传承战略、民族地区文化产业发展战略、陆地边境"文化纽带"建设战略、少数民族人口教育水平提升战略和少数民族语言文字传承发展战略。

新疆双语教育问题反映了市场经济条件下边境民族地区文化教育事业发展的迫切性。新疆双语教育推进对保护少数民族群众的文化权益、提高新疆民族地区少数民族群众的文化教育水平和个人发展能力具有重要推动作用。双语教育的深入推进必将改变新疆语言生态和文化发展格局，是利国利民的重大文化事项。近年来，新疆地区在新一轮双语教育推进过程中出现的一些问题，其本质是能否遵循双语教育的规律问题。要从国家文化战略的高度完善新疆双语教育的目标和相关政策，使之回归双语教育的本质；要充分准备双语教育的相关条件，有序推进双语教育普及的进程；要全面强化双语教育的配套措施，为双语教育成功推进提供强力支撑。

边境民族地区国有文艺院团改革问题集中反映了民族地区公共文化服务体系建设的内在特点及文化体制改革进程的特殊性。根据边境民族国有文艺院团在当地社会文化生活中的重要性，以及难以通过市场化方式生存的现状，这些地区的文艺院团改革不宜采取内地"一刀切"的方式，而应采取分类指导、因地制宜、因团制宜、强化功能、优化机制的改革方针，以灵活多样的模式进行改革，确保其公共文化服务职能在改革中得到巩固和加强。

前　言

一　中国发展模式中的文化因素

改革开放 30 多年的绝大多数时间里，中国经济实际上采取了以 GDP 为中心的发展模式。这种模式的一个重要依据就是著名的"蛋糕理论"，即只有先把蛋糕做大了，所有人才可能分到更多。在这种理论的指导下，中国各级政府部门都将促进 GDP 的增长作为建设中国特色社会主义的头等大事来抓。由于经济基础和国际经济环境的制约，中国经济在追求 GDP 增长过程中，逐渐形成了资源投入和吸收外资共同拉动的输入型增长模式。这种模式的成功实施，使中国在近 30 多年的时间里取得了巨大成功，成长为世界第二大经济体、第二大贸易进出口国、第一大外汇存量国。

但是，随着中国经济规模的不断膨胀，这种增长模式的负面作用也日益凸显。首先，不断加深的环境危机使可持续发展面临严峻挑战，发展的代际公平被破坏。其次，国民收入增长缓慢。日本 1960 年人均国民生产总值仅为 395 美元，1961 年开始实行国民收入倍增计划，1987 年人均国民生产总值达 17142 美元，工资水平超过美国。中国经济高速增长 30 年，但工资水平仅为美国的 4%。在这 30 年中，作为吸引外资最成功的珠三角地区，每年经济以远高于 10% 的速度增长，但在 20 世

1

纪80年代末至21世纪初的10多年间，农民工工资原地踏步，几乎没有增长！与低工资、低水平的劳动保护、薄弱的社会保障体系相伴生的是"血汗工厂"和"带血的GDP"，这与国家经济快速发展形成鲜明对比。最后，宏观经济对外资、外贸依存度过高，国民收入与GDP之间存在巨大缺口。2007年，中国外贸额占GDP的66%，而外资企业对外贸总额的贡献度在60%以上。在这种结构中，GDP的相当一部分是外资收益，作为利润转出国外，与中国国民福利无关。如果从中国的GDP中减去由环境污染和生态破坏造成的"黑色GDP"，然后再从其中减去实际由外资抽走的"外资GDP"，余下的GDP就会大打折扣。这种发展模式自身也面临重重危机。一是全球资源供给的承受能力面临中国式需求的严峻考验。这在全球海运价格、铁矿石价格因为"中国需求"而大幅上涨的危机中不难窥出端倪。二是高度依赖外贸为宏观经济带来巨大的系统性风险。受2007年以来由美国次贷危机引发的新一轮全球金融危机的影响，中国外贸出口增速和经济增长速度大幅下降，中国30年改革开放积累的巨额外汇面临巨大风险。

与此同时，以GDP增长为中心的发展模式，使政府将大部分精力投到经济领域的管理和发展，在改革开放30多年间的大部分时间里，经济、社会、文化、政治的协调发展被忽视，政治、文化和社会领域发展改革进程缓慢，严重制约着社会整体发展。

在政治领域，以经济建设为中心导致的第一个认识就是"稳定是发展的前提"，进而又发展出"稳定压倒一切"的论断。为维护改革发展的社会环境，国家对公民权利的发展和实现极为谨慎，政治体制改革推进缓慢。由此造成一系列的政治问题，如执政党党内民主不健全、党外监督力度不足；国家政治生活中权力集中、公共权力部门化、官僚主义、机构臃肿、家长制等。这些问题严重阻碍了社会公平正义和社会主义新型政治文明的建设。

在社会领域,最大的问题是社会分配不公平。在"蛋糕理论"的支配下,中国在经济社会发展的平衡指标中选择了"效率优先,兼顾公平"的分配方式,导致社会财富分配的严重不公平。根据世界银行的数据,2003 年中国大陆地区的基尼系数已经高达 0.46,高出 0.4 这一安全警戒线,社会风险度远高于发达国家。经济领域的不公平还延伸到社会领域,不少地方为了吸引投资者,不惜以社会公正为代价,赋予资本家以种种"法外特权",严重腐蚀着社会的民主肌体和公平正义。与此同时,一些市场化导向的民生改革,在方案设计时一味追求市场的"资源配置效率",结果导致市场机制对公民利益的剥夺,民生领域的不公平程度加剧。20 世纪末期开始的住房、教育、医疗三大改革所积累的教训足以引起反思。

在文化领域,忽视均衡发展的第一个影响是对文化在现代化建设中的地位重视不足。这突出表现在两个方面:一是公共文化服务投入长期在低水平徘徊,公共文化服务设施严重短缺,效率低下。在经济高速增长的同时,国民人均拥有的图书馆图书、博物馆藏品长期保持在极低的水平,大批基层文化机构名存实亡。二是公民的文化权利实现程度与社会发展的需要之间存在巨大差距。公民的表达权、知情权、批评权、监督权等距充分实现还有相当大的距离。第二个影响是国民在文化资本领域的不公平程度加剧。相关研究揭示,中国大陆地区国民受教育的公平程度在 20 世纪 50 年代至"文革"结束前,总体趋于公平;但在改革开放以来的 30 年间,总体走向是公平程度下降,这在城乡之间和不同社会收入阶层之间体现得尤为突出。文化资本是个人就业和获得发展机遇的最重要私人资源,其公平程度的下降必将对社会公平与和谐发展产生深远的消极影响。第三个影响是市场化的功利主义思想严重侵蚀着教育

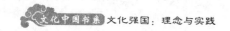

的灵魂。在改革开放背景下逐渐形成的某些教育管理体制和机制，实际上与培养学生的创造性精神和自主批判精神的教育目标背道而驰。学校教育与社会教育的对接错位使学生接受不同的价值标准，最终导致国民公、私领域的双重人格，每个人都对公共生活中的剧场效应习以为常。这些因素，对建构以诚信、真诚、民主为主要内涵的现代公民精神是一个极大的阻力。

国外经验表明，发展中国家在由低收入阶段向中等收入阶段迈进的时期，可能出现两种前途：一种是可能出现一个黄金发展时期，在较长时期保持经济持续快速增长，并实现国民经济整体素质的明显提高，顺利实现工业化和现代化，如 20 世纪 50 年代至 80 年代前期的日本，20 世纪 60 年代至 80 年代的新加坡、韩国；另一种是可能出现一个矛盾凸显时期，处理不好，便会落入"现代化的陷阱"，使国家的发展陷于停滞、倒退状态。

中国人均 GDP 在 2006 年突破 2000 美元，刚刚跨过低收入阶段，开始向中等收入国家迈进，但国家的发展方向却处于抉择的关口。继续现有的发展模式，经济、社会、文化、政治领域存在的诸多问题将无法解决，各类社会矛盾必将在某个临界点集中爆发，国家的现代化进程将会遭受严重挫折。因此，偏好 GDP 增长的经济发展模式必须向"以人为本""全面发展""协调发展"的方向转型，以适应可持续发展以及和谐发展的需要。中国经济要实现可持续发展，必须完成两个重要的转型：一是要从环境污染型向生态友好型转型，要实现这一点，就必须大力发展高技术产业和现代服务业，包括高技术与高文化相融合的文化创意产业；二是要从外贸驱动型向内需驱动型转化，切实提高国民收入，提升国民生活水平，使全体国民从经济增长中获得更多、更直接的收益和好处。

要实现发展模式的这种转型,文化是关键因素,"增长"可以归结为经济问题,而"发展"从本质上讲是一个文化命题。发展是促进人类选择自由的过程,也是促进人类幸福增长的过程。从文化价值上对发展的目标、内涵进行彻底的反思,才可能扬弃以单一的经济"增长"为目标的发展模式,建立科学的、以人为本的新发展观和新发展模式。在这一转型的过程中,文化发展自身担当着先锋的角色。无论是解放文化生产力、建构公民伦理、实现公民文化权利,还是建设公共文化服务体系,都对解决经济、政治和社会领域的诸多问题提供了重要的推动作用。文化决定了我们怎样看待自然环境,决定了我们对经济发展目的与手段的反思,决定了我们面对功利和诱惑时的取舍,也决定了我们在面对政治体制改革这样的艰巨任务时的魄力和决心。

文化已经居于中国发展问题的中心。如果说改革开放前 30 年中国发展的核心命题是经济增长,那么改革开放的第二个 30 年中,中国发展的核心命题注定是文化发展。从这个角度,我们更加接近推动社会主义文化大发展、大繁荣,实现文化强国这一时代主题的深刻内涵。

二 全球文化竞争与中国的选择

在中国改革开放不断深入和文化发展的地位日益重要的同时,世界范围内文化发展问题也日益凸显,成为国际与国际政治、经济格局发展密切融合的重要领域。冷战结束后,西方主要发达国家普遍进入服务经济时代,互联网崛起,信息社会全面到来。冷战时期两大阵营之间以意识形态斗争为内核的文化斗争谢幕,国家间文化软实力竞争成为全球文化发展的重要内容。在贸易全球化浪潮及互联网革命的推动下,国家文化软实力竞争迅速演变为文化产业和文化贸易领域的国际竞争。这场国

际竞争是国家间科技实力、创新能力、创意能力、文化产品生产和输出能力、文化产业综合实力的全面竞争。在全球范围内，文化市场的发展，都已经深深受制于国家间提升文化软实力、发展文化产业这一基本逻辑。

在由文化产业竞争引领的国家文化软实力竞争中，数字化革命（互联网革命）引导全球文化市场发生深刻变革。首先是网络视频、网络电视、网络广告、网络游戏、网络文学、网络音乐等在线文化市场快速崛起，传统的广播、电视、图书、报刊、出版、文化产品与服务销售业不断萎缩，广播电视、电信、互联网三网融合，移动互联网主导文化产业未来方向。其次是文化与科技的融合成为文化产业发展的强大动力。当代文化与科技融合的主战场是信息技术与文化产业的融合，无论是网络文化产业的快速发展，还是高新技术与装备在传统文化产业领域的应用，都对文化企业竞争力提升和文化产业业态创新产生巨大的推动作用。从好莱坞大片的高科技神话到 iPhone 手机的商业奇迹，从腾讯的崛起到百度的成功，无不是以文化与科技融合谱写着商业成功的突出案例。

在全球文化产业发生深刻革命的同时，资本市场对文化产业的介入不断深化，资本并购成为改变文化市场竞争格局的重要力量。快速增长的文化产业正在吸引越来越多的金融资本、产业资本和各种风险基金进入文化市场。跨国并购、兼并重组成为文化企业迅速发展和走向全球的重要动力。技术、资本和全球市场成为国家文化竞争中占据优势的最为关键的因素。

面对全球文化竞争中的重大趋势性变革，各国纷纷调整文化政策，进行战略性应对。从 20 世纪 90 年代中期开始，推动本国创意经济发展，鼓励本国文化产品和企业"走出去"的政策创新热潮从澳大利亚开始，迅速蔓延到英国、韩国、日本、新加坡等众多国家和地区。号称没有文化政策的美国也加入这场国家文化利益的竞争。美国1996年《电信法》打开了本国媒介汇流的闸门，为本国互联网和新媒体产业在更长时期内雄霸全球奠定了基础。2003年，美国又一次修改《版权法》，进一步延长版权保护期限，为本国文化产品和版权产业谋求最大利益。在促进全球贸易的GATT和WTO谈判中，"文化例外"一度被法国、加拿大等众国家用来对抗美国文化产业，保护本国文化内容在国内文化市场的份额。联合国教科文组织推动的《保护和促进文化表达形式的多样性公约》，致力于用文化多样性来促进形成一种更为公平的全球文化发展格局。

面对国际文化竞争领域的巨大变化与机遇，中国已经无法置身局外。一个日益强大的中国需要有强大的文化支撑。对于西方文化产品和价值观的影响，中国需要有自己的价值体系，树立国际文化身份，团结和凝聚人民。作为一个新兴的经济大国，中国更需要在文化上崛起，形成强大的国家文化综合实力和文化软实力。但文化上崛起的难度远非经济上崛起的难度可比。正确的发展思路、开放的政策、人口红利，再加上资源的付出和环境的牺牲，可以使中国在短短30多年间成长为世界第二经济大国。但在一个话语体系、传媒渠道、文化产业、网络与信息技术领域都由西方国家占据主导地位的全球文化与政治秩序中，中国的文化崛起面临着比经济崛起更为艰巨的挑战。必须承认，在改革开放过程中，中国在全球收获的文化利益远远小于所收获的经济利益，30多年来中国文化软实力提升的成果也远远小于国家硬实力提升的成果。中国在革新文化发展理念，建构面向未来、面向现代化、面向世界的文化发展战略方面所面临的难度远远高于适应并融入全球经济体系的难度。建设在全球具有重要文化影响力和巨大文化利益的文化强国，极有可能

是中国在 21 世纪面临的最大挑战。这种挑战不仅来自外部的竞争和压力，还来自中国自身。改革开放 30 多年的历史进程表明，文化领域的思想解放和新文化发展观的确立绝非一帆风顺，而是在向"左"与向"右"、开放与收缩、激进与保守的不断交锋中回旋前进的，这样的交锋时至今日仍未中断。可以预见，在中国文化发展的下一个 30 年，这样的交锋仍将长期存在，而这种交锋最有可能决定中国文化崛起的前景。

毋庸置疑，文化强国的最大挑战来自思想解放能否最终完成，以及何时完成。如果说在改革开放 30 多年之后，中国经济依然未能完全排除对"中等收入陷阱"的隐忧，那么，在改革开放的下一个 30 年乃至更长的时间内，中国文化发展依然面临着在解放思想的峡谷中艰难穿行的窘迫。只有真正完成了思想的解放，中国才能在文化强国的康庄大道上快速前行。因此，面对全球文化竞争和建设世界文化强国的挑战，中国首先需要解放思想，以高度的文化自信来建构自己的文化发展理念，并以之为基石去构建本国的全球文化发展战略。

三　文化发展观是文化战略的内核

推动社会主义文化大发展大繁荣，进而实现文化强国战略目标，取决于系统、全面的战略部署，也取决于文化政策的不断创新与文化体制改革的深入推进。但是，无论是文化体制改革的推进、文化战略的确立，还是文化政策的创新与发展，都首先依赖于文化发展观的创新。文化发展观是文化战略与文化政策的灵魂，是文化战略的内核。与文化发展观的决定性力量相比，文化体制只是国家范围内的文化权力与资源的分配机制，而文化政策更大程度上属于技术性设计的问题。文化发展观的创新与建构才是我们时代文化改革发展的核心问题。

改革开放以来，我国文化政策领域不断创新发展，逐步形成了面向市场化和全球化的新文化发展观。这一发展观包括解放文化生产力、推动文化体制改革、发展文化产业（把文化产业建设成支柱产业）、构建公平均等的公共文化服务体系、提高国家文化软实力和综合国力、维护国家文化安全、推进社会主义核心价值体系建设、建设社会主义文化强国等一系列具有改革开放时代背景的观念和内涵。

深入研究这一发展观的基本内涵、生成过程与内在逻辑，研究它引导下的中国文化改革发展的伟大实践，挖掘它的内涵与创新空间，对推动中国文化发展、实现文化强国宏伟战略无疑具有极为重要的启发作用。

目 录
Contents

第一章　新文化发展观：文化强国的理念自觉

　　1978 年开始的改革开放使中国走上了一条渐进式的改革之路。从 1978 年到 2007 年，中国经济高速增长，GDP 从 3654 亿元增加到 246619 亿元，人均 GDP 从 381 元增加到 18665 元，分别增长 66 倍和 48 倍，创造了经济史上的"中国奇迹"。在改革开放精神的引导下，中国逐步完成了从计划经济向社会主义市场经济的过渡，经济成分从单一的公有制转变为以公有制为主体、多种经济成分并存的所有制形式。随着经济收入的增长和教育水平的提升，国民精神文化需求迅速增加，不同社会阶层文化消费需求的差异性和多样性空前凸显，计划经济时期国家垄断文化生产和文化消费的格局逐渐被打破，文化的生产和消费格局复杂化。改革开放还使处于封闭发展状态的中国全面融入了以信息全球化为基本特征的新一轮全球化进程，中国与世界在经济、文化、政治、意识形态等领域的交往日益密切，国家文化安全利益和文化经济利益的重要性日益上升，文化在综合国力中的地位越来越突出。在这一宏观背景下，中国的文化发展观也经历了从与计划经济相适应到与市场经济相适应的重大转型，初步形成了面向市场化、全球化的文化发展观。

第一节　走向新文化发展观：文化自觉的历史进程

一　新文化发展观的基本内涵

2003 年 6 月，中共中央政治局常委李长春在全国文化体制改革试点工作会议上首次提出了新文化发展观的概念。李长春指出："文化建设对促进经济增长，增强综合国力，参与国际竞争，培育民族精神，提高人的素质，推动社会全面进步具有基础性、战略性作用。我们对文化建设重要意义的认识要有新突破，把思想统一到十六大精神上来。要从计划经济体制下形成的传统文化发展观中解放出来，树立与社会主义市场经济体制相适应的新的文化发展观。"同年 12 月，李长春在湖南省考察工作时指出，要抓好文化体制改革，坚决改变和革除一切妨碍文化发展的思想观念、做法规定和体制弊端，树立与社会主义市场经济相适应的新的文化发展观。此后，李长春、刘云山等多次在不同场合强调了树立新文化发展观对促进文化体制改革、解放和发展文化生产力以及推动社会主义先进文化建设的重要意义。2006 年 9 月发布的《国家"十一五"时期文化发展规划纲要》将"坚持树立新的文化发展观"列为指导文化发展的重要原则之一，要求"不断深化对文化发展的地位、方向、动力、思路、格局和目的的认识，冲破一切束缚文化发展的观念、做法、规定和体制机制性障碍，不断解放和发展文化生产力，促进文化与经济、政治、社会协调发展"。至此，新文化发展观正式成为中国文化政策的重要组成部分。

新文化发展观是在中国经济、社会发展的不同阶段以增量积累的方式不断补充和完善的，它的形成过程贯穿了改革开放 30 年的伟大进程。

"十一五"初期，一些学者已经开始探讨新文化发展观的基本内涵，相关的观点有以下几种。

一是从文化地位和作用，以及文化发展方向、动力、思路、格局、目的等角度，将新文化发展观的主要内容概括为六个方面：（1）深刻理解繁荣发展社会主义先进文化的全局性、战略性意义；（2）始终坚持社会主义先进文化的前进方向；（3）努力解放和发展文化生产力；（4）一手抓公益性文化事业，一手抓文化产业，推动社会主义文化全面、协调发展；（5）形成有利于社会主义文化繁荣的文化产业格局和文化市场格局；（6）坚持以人为本，努力创造出更多更好的精神文化产品，满足人民群众日益增长的精神文化需要。①

二是认为新文化发展观由一系列的新思想、新论断、新观点和新内容、新阐述、新要求构成。前者包括解放和发展文化生产力、树立社会主义荣辱观、增强先进文化建设能力等；后者包括文化的地位和作用、文化创新、国家文化安全、文化产业、文化体制改革等方面的内容。②

三是从新文化观出发来论述新文化发展观。新文化观由一个链接、两个视角、三大主题组成。一个链接是文化观念与发展观念的链接；两个视角是从文化看发展和从发展看文化；三大主题是让文化软实力服务于发展的硬道理，文化生产也是一种硬实力，以全新方式构建公共文化服务体系。③

上述论点的出发点各不相同，但它们对新文化发展的总结和思考，都从实践、理论和政策的不同层面触及了新文化发展的肌理和内核。新

---

① 教育部邓小平理论和"三个代表"重要思想研究中心：《树立新的文化发展观》，《光明日报》2006 年 7 月 27 日。

② 韩永进：《新的文化发展观》，文化艺术出版社，2006，第 1～38 页。

③ 中国社会科学院哲学研究所"浙江经验与中国发展研究课题组"：《科学发展观与新文化观》，《哲学研究》2006 年第 11 期，第 3～15 页。另见李景源、张晓明主编《浙江经验与中国发展·文化卷》，社会科学文献出版社，2007，第 2～4 页。

文化发展观是中国改革开放和社会转型过程中形成的面向市场化、全球化的文化发展理论，是融合了新发展观的新文化观。

从发展观的角度看，新文化发展观首先是一种从发展视角对文化做出的价值判断。发展是促进人类选择自由的过程，人们有自由、有能力寻求他们认为有价值的东西。文化是当代人文发展观的核心要素。这种判断构成了新文化发展观的价值基础。其他内容则是在这个价值基础上衍生出来的，是新文化发展观在政策领域的实践。

从文化政策的角度看，新文化发展观是改革开放过程中文化领域逐渐发展出来的一整套关于促进文化发展的政策体系。改革开放以来，不同时期提出的关于文化发展观的众多理论表述，是围绕解放文化生产力、发展文化产业、建构全面覆盖的公共文化服务体系、建设社会主义核心价值体系、提高国家文化软实力、维护国家文化安全等内容展开的，它们以落实公民文化权利为理论基础，以文化体制改革为实现路径，以提高国家的文化综合实力为指向，并最终会聚成文化强国这一战略目标。

二 新文化发展观的历史生成

新文化发展观形成于中国社会由计划经济向市场经济转型的过程中，是中国文化观念对市场化转型及全球化影响的总体回应。其形成过程可分为四个阶段。

（一）"文革"结束至"十二大"，文化发展观的主要变化是将文化从为政治服务的唯一功能中解放出来，使文化发展的目的逐步向"满足人民群众日益增长的精神文化需求"回归

"在我国社会主义改造基本完成以后，党在长时期内的重大失误，

就是没有把工作重点转移到经济建设上来，仍然坚持以阶级斗争为纲，轻视教育科学文化建设，极端夸大意识形态领域的阶级斗争，直到发生'文化大革命'那场内乱。"① 1966～1976 年的"文革"使中国的文化发展遭受严重的摧残，政治功能被确定为文艺的首要功能，文艺作品成为阶段斗争的工具。在这种背景下，"文化"成为被"革命"的对象，"百花齐放，百家争鸣"的文艺方针被取消，人民的言论、出版、教学、研究、创作、表演自由事实上被剥夺。控制文化领导权的野心人物"借口反对'封、资、修'，鼓吹'知识越多越反动'的奇谈怪论，任意消灭历史文化遗产和破坏社会主义文化。他们的文化专制主义和文化虚无主义，使我国社会主义文化、教育、科学事业倒退了许多年"。②"文化大革命"不仅使文化遭受了空前的浩劫，也使作为文化生产者的广大知识分子饱受摧残，几乎所有的校长、教授、教员、科学家、工程技术人员、医学家、社会科学家、文学家、艺术家和新闻记者"都不同程度地受到诬陷、打击和迫害，他们的家属亲友也受到株连"。③

十一届三中全会以来，思想文化领域进行了"拨乱反正"。1979 年5 月，中共中央批转了中国人民解放军总政治部的《〈关于建议撤销一九六六年二月部队文艺工作座谈会纪要的请示〉的通知》。该通知全面否定了"文革"期间对国家文化事业造成巨大劫难的"文艺黑线专政论"，并将其归结为"反马克思主义的、反科学反民主的封建文化专制主义思想"，予以坚决批判。这一事件是"文化大革命"文化政策与新时期文化政策的分水岭，它标志着中国的文化政策正式开始向正确方向

① 《中共中央关于社会主义精神文明建设指导方针的决议》，中国共产党第十二届中央委员会第六次全体会议 1986 年 9 月 28 日通过。

② 中共中央文献研究室编《三中全会以来重要文献选编》（上），人民出版社，1982，第210 页。

③ 《三中全会以来重要文献选编》（上），第211 页。

回归。

1979 年 10 月，邓小平在《在中国文学艺术工作者第四次全国代表大会上的祝辞》中指出，"文化大革命"前 17 年中国的文艺路线基本上是正确的，并提出"我们要继续坚持毛泽东同志提出的文艺为最广大的人民群众，首先是为工农兵服务的方向，坚持百花齐放、推陈出新、洋为中用、古为今用的方针，在艺术创作上提倡不同形式和风格的自由发展，在艺术理论上提倡不同观点和学派的自由讨论"。① 1981 年1 月，《中共中央关于当前报刊新闻广播宣传方针的决定》提出，文艺活动"一定要坚持为人民服务、为社会主义服务的方向，正确贯彻百花齐放、百家争鸣的方针"。② 1982 年 8 月，胡乔木在中共中央宣传部召集的思想问题座谈会上进一步分析了长期作为中国文化发展指导思想的文艺从属于政治的观点，指出不能用为政治服务来"概括文学艺术的全部作用"。胡乔木还指出，把文艺作品的思想内容简单地归结为作品的政治观点、政治倾向性，并把政治标准作为衡量文艺作品的第一标准等认识观念，"对建国以来文艺的发展产生了不良的影响"。③ 这些转变标志着中国的文化发展观已经回到了中共"八大"以来的指导思想上来，文化发展逐渐摆脱了非正常的政治干扰，向着"满足人民群众日益增长的精神文化需求"这一目标靠近。

（二）"十二大"至十五届五中全会前，文化发展观的主要变化是逐渐承认文化市场及文化产品的多种属性

1982 年秋天召开的中共"十二大"标志着"文化大革命"结束以

---

① 《三中全会以来重要文献选编》（上），第 247 页。
② 《三中全会以来重要文献选编》（下），第 642～643 页。
③ 《三中全会以来重要文献选编》（下），第 882～883 页。

来中国各个领域"拨乱反正"的基本完成，改革开放和社会主义建设进入新的阶段。"十二大"报告提出，社会主义建设包括物质文明和精神文明，并将精神文明建设分为文化建设和思想建设两个部分。文化建设包含三项内容："教育、科学、文学艺术、新闻出版、广播电视、卫生体育、图书馆、博物馆等各项文化事业的发展"，"人民群众知识水平的提高"，以及"健康、愉快、生动活泼、丰富多彩的群众性娱乐活动"。关于思想建设，"十二大"报告指出："思想建设决定着我们的精神文明的社会主义性质。它的主要内容是工人阶级的、马克思主义的世界观和科学理论，是共产主义的思想、信念和道德，是同社会主义公有制相适应的主人翁思想和集体主义思想，是同社会主义政治制度相适应的权利义务观念和组织纪律观念，是为人民服务的献身精神和共产主义的劳动态度，是社会主义的爱国主义和国际主义，等等。""十二大"提出的"思想建设"，实质上包含两个方面的内容，一是培养公民对社会主义意识形态的认同，即对"四项基本原则"的坚持；二是强调文化建设要为改革开放和经济建设提供支持。

"十二大"社会主义精神文明建设的论述奠定了20世纪80年代以来中国文化政策的基石。至此，中国的文化建设告别了全面政治化阶段，进入了体制化、规范化建设阶段，提升公民文化素质和满足公民娱乐需求成为文化发展的重要目标。"十二大"召开时，社会尚处于对"文革"带来的种种伤害进行疗治的过程中，恢复被"文革"破坏的社会风气和公民道德，重塑执政党在人民群众中的威信和社会动员力量，将不同社会阶层和不同利益集团凝聚在改革开放的旗帜下，都迫切需以共同理想和共同发展愿景对全体人民进行社会动员。因此，"十二大"对思想建设的强调，体现了改革开放初期特定历史环境下社会发展与社会思想动员之间的相互依赖。这一思路在"十三大"报告中得到了延

续。"十三大"报告提出："要努力形成有利于现代化建设和改革开放的理论指导、舆论力量、价值观念、文化条件和社会环境，克服小生产者的狭隘眼界和保守习气，抵制封建主义和资本主义的腐朽思想，振奋起全国各族人民献身于现代化事业的巨大热情和创造精神。"

以 1992 年召开的"十四大"为标志，中国的改革开放分为两个阶段，前一个阶段是由计划经济向市场经济的过渡时期，后一个阶段为市场经济全面确立的时期。从"十二大"至"十四大"之间的第一个阶段，是中国改革开放由农村扩展到城市，由城市扩展到社会各个领域的关键时期，是中国由计划经济向市场经济全面转型的准备时期。这一阶段也是社会利益不断分化、私人利益不断确立、思想文化领域对外交流不断深化的时期。思想文化领域的长期封闭使中国社会在对外开放后表现出惊人的文化饥渴症状，无论是大众娱乐还是学术研究，都在迫切吸收国外文化的养料。在 20 世纪 80 年代前后的 10 多年内，西方一个多世纪的学术思潮以时空压缩的方式被介绍到中国。来自西方资本主义社会的娱乐方式、学术观念与计划经济时期长期闭关锁国形成的思想观念发生了剧烈的对撞与摩擦，社会公众和领导思想文化建设的政府，都被卷入了这场被动适应的文化变革过程中。思想文化领域反"精神污染"和反"资产阶级自由化"斗争由此产生。所谓"精神污染"，其具体表现是不加鉴别、不加分析地盲目崇拜西方各种哲学的、经济学的、社会学的、文学艺术的思潮。邓小平曾经指出，精神污染的危害很大，"它在人民中混淆是非界限，造成消极涣散，离心离德的情绪，腐蚀人们的灵魂和意志，助长形形色色的个人主义思想泛滥，助长一部分人当中怀疑以至否定社会主义和党的领导的思潮"。①"资产阶级自由化"是"精

---

① 《十二大以来重要文献选编》（上），第 419 页。

神污染"在政治领域的集中表现，它是指改革开放过程中某些人盲目崇拜西方资本主义"民主"和"自由"，反对社会主义制度。"资产阶级自由化"腐蚀和动摇着改革开放的根本方向和中国发展的根本制度，因此，反对"资产阶级自由化"成为改革开放前20年内中国思想文化建设的"元政策"。改革开放进程中出台的关于文化建设的两个重要文献，即十二届六中全会通过的《中共中央关于社会主义精神文明建设的指导方针》，以及十四届六中全会通过的《中共中央关于加强社会主义精神文明建设的若干重要问题的决议》，都将反对"资产阶级自由化"作为精神文明建设取得成功的重要保证。

正是出于防范"资产阶级自由化"的需要，改革开放以来中国文化政策虽然已完成了对"文艺从属于政治"观念的解放，主张文化发展应该广泛吸收人类一切先进文明，但依然保持了对意识形态的高度敏感，体现出鲜明的自我防卫色彩。改革开放30年来，中国文化政策的发展和变化，正是这种自我防卫意识在市场化进程不断深化，中国与世界的政治、经济、文化交往日益紧密的环境下被动适应或主动调适的过程。

在"十二大"与"十四大"之间，社会文化生活发生了巨大的变化。这突出体现在两个方面，一是由各种社会力量举办的文化娱乐服务勃然兴起，打破了国有文化部门对文化产品与服务的垄断，文化市场成为文化娱乐生活丰富和发展的重要动力。二是随着广播、电视等大众传播媒介的快速发展，传统的国有文艺演出单位、群众文化事业机构等文化部门因为管理、经营体制上的僵化，已经不能充分适应社会文化需求，并且因为经费不足等原因，出现了运营困难、缺乏活力、公共服务效率下降等现象。20世纪80年代末期，文化市场管理与执法进入政策视角，文化体制改革的迫切性也更加突出，市场因素对基于计划经济的文化政策和文化观念的挑战日益突出，面向市场化的文化发展观已经在

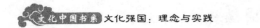

孕育。

1992 年 10 月，"十四大"报告正式提出经济体制改革的目标是建立社会主义市场经济，改革开放进入了第二阶段。"十四大"报告从总体上延续了十一届三中全会强调的"二为"与"双百"方针，以及"十二大"以来关于精神文明建设的总体思路，但在文化体制改革方面出现了突破性的论述，提出要"积极推进文化体制改革，完善文化事业的有关经济政策，繁荣社会主义文化"。这表明，改革计划经济时期形成的文化体制，通过经济政策促进文化事业的发展，使之更好地服务于市场经济条件下社会的文化需求，已经成为文化政策的自觉选择。

1996 年，十四届六中全会通过了《中共中央关于加强社会主义精神文明建设的若干重要问题的决议》，这份决议在总结改革开放 18 年经验与教训的基础上，强调了精神文明建设对社会主义建设的重要性。在文化发展方面，该决议有两点特别值得关注：一是提出了"弘扬主旋律，提供多样性"；二是提出了发展文化要"尊重文化发展的内在规律，发挥市场的积极作用"，要把社会效益放在首位，实现经济效益与社会效益的统一。前者是对市场化条件下文化创造主体多样化、文化消费趣味多样性、文化表现形式多样性以及文化价值观多样化的政策性回应；后者则是对市场化条件下正确处理文化的社会效益与经济效益之间关系的政策性回应。这意味着，随着市场化转型过程的日益深化，面向市场化的文化发展观正在悄然形成。

总之，从"十二大"之后至"十五大"之前，中国文化观念变化最深刻之处体现在两个方面，一是承认并逐渐规范文化市场；二是认识到文化产品具有经济属性，强调发展文化要把社会效益放在首位，实现经济效益和社会效益的统一。这两种认识都是围绕市场这一主题展开的。而文化市场的形成和发展过程正是文化产品提供多样化、文化表达多样化的过程，这也是计划经济体制下代表制的文化表达方式和供给制的文化产品提供方式不断被打破的过程。文化市场的观念一旦进入文化政策的视野，文化发展观念必然获得重大解放。"十五大"之后文化领域的思想解放进程证明了这一点。

（三）"十五大"至十六届四中全会，文化发展观的主要变化是文化产业被正式纳入国家文化政策视野，通过文化体制改革及发展文化产业来解放和发展文化生产力成为文化发展的主题

1997 年，"十五大"首次提出了"中国特色的社会主义文化建设"这一概念，强调中国特色的社会主义政治、经济和文化建设密不可分，文化是综合国力的重要标志。"十五大"之后，文化产业作为一个重要的政策概念逐渐进入了决策层的视野。1999 年，国务院发展计划委员会在《关于1998 年国民经济和社会发展计划执行情况和 1999 年国民经济和社会发展计划草案报告》中提出，要推进文化、教育、非义务教育和基本医疗保健的产业化。2000 年 1 月，文化部《文化产业发展第十个五年计划纲要》明确指出，"发展文化产业的根本目的，是要解放和发展社会主义文化艺术生产力，建设有中国特色社会主义文化，提高人民文化生活水平，增强我国的综合国力"。[①] 2000 年，十五届五中全会通过了《中共中央关于国民经济和社会发展第十个五年计划的建议》，提出要深化文化体制改革，建立科学合理、灵活高效的管理体制和文化产品生产经营机制。该建议还提出，要完善文化产业政策，促进文化产业发展。这些信息表明，发展文化产业已经成为国家文化政策的明确导向。对文化产业的确认，不仅意味着对文化产品经济效益的全面认可，更意味着承认市场力量是文化

---

① 文化部：《文化产业发展第十个五年计划纲要》，http://www.cpll.cn/law6261.html。

发展的基础动力，这是文化观念的重大解放。

2002 年，"十六大"报告从新的战略高度论述了文化对中国发展的重大意义，指出："当今世界，文化与经济和政治相互交融，在综合国力竞争中的地位和作用越来越突出。文化的力量，深深熔铸在民族的生命力、创造力和凝聚力之中。""十六大"报告还提出"坚持先进文化前进方向"，指出先进文化就是"面向现代化、面向世界、面向未来的，民族的科学的大众的社会主义文化"。这是继中国共产党在 20 世纪 40 年代提出"民族的、科学的、大众的文化"，以及 20 世纪 80 年代提出"教育要面向现代化、面向世界、面向未来"之后，在新的历史条件下第一次将两者结合起来，作为新的时代条件下中国文化发展的战略指针。

"十六大"之后，中国的文化发展观念越来越倾向于与经济社会整体发展联系起来。十六届三中全会提出了科学发展观，这是改革开放以来中国发展观念的重大转变。科学发展观的核心思想是坚持以人为本，实现全面、协调、可持续的发展，促进经济社会和人的全面发展。科学发展观是对改革开放以来以经济建设为中心的发展观的全面补充和创新，也为中国特色社会主义注入了新内涵。实现科学发展观，必然要求坚持社会主义物质文明、政治文明和精神文明协调发展。科学发展通过这三个文明的协调发展，用文化建设将经济、政治和文化发展统一起来，使发展的内涵与提升公民生活幸福内涵的关系更加紧密，为文化发展开辟了更为广阔的前景和思路。

根据中共"十六大"关于深化文化体制改革的要求，2003 年 6 月下旬，全国文化体制改革试点工作会议在北京召开。会议中，李长春明确指出，推动社会主义文化发展需要深入解放思想观念，要从计划经济体制下形成的传统文化发展观中解放出来，树立与社会主义市场经济体制相适应的新的文化发展观。这次会议所提出的文化体制改革思路，在明确区分公益性文化事业和经营性文化产业的基础上，指出两类文化部门各自不同的改革方向：公益性文化事业要以增加投入、转换机制、增强活力、改善服务为重点；经营性文化产业要以创新体制、转换机制、面向市场、增强活力为重点，抓好改革和发展。

文化体制改革问题早在 20 世纪 80 年代就已经浮出水面，但由于历史环境和文化领域发展工作重点的原因，这个时期文化体制改革的问题主要是围绕文化事业单位如何适应快速增长的社会文化需求提出的，其目标指向是服务效率的提高，并没有意识到公益性文化事业与经营性文化产业的边界划分。[①] 2003 年召开全国文化体制改革试点工作会议时，文化市场已经高度发育，如何在市场条件下改进和完善国家的公共文化服务职能已经成为十分突出的问题。在传统体制下，存在三类不同性质的文化事业单位：第一类是既具有公益性身份，又具有经营职能的文化事业单位，如广播电视台、出版社等；第二类是经营性文化事业单位，如大量存在的艺术表演团体、影剧院等；第三类是本身不具有经营能力的纯公益性文化事业单位，如图书馆、博物馆等。在计划经济条件下，所有文化事业单位的开支一律被国家财政包揽，加之文化市场短缺，基本上不存在文化事业单位经营、运转困难的问题。但在市场化条件下，这种公益性文化事业单位与经营性文化产业不分的体制出现了明显的问题。首先是单纯公益性的文化事业单位，因为经费不足，难以提供高效的公共服务；其次是经营性文化事业单位因为体制僵化、缺乏竞争力、

---

① 1989 年 1 月，财政部发布了《关于事业单位财务管理的若干规定》，文件根据事业单位是否有"稳定的经常性业务收入"，将国家预算内事业单位区分为"全额预算管理""差额预算管理"和"自收自支管理"三种。这种划分已经暗含了市场化条件下公共财政对待"公益性""准公益性"和"经营性"文化单位的基本原则。但在当时条件下，进行这种划分的出发点主要是财政经费的分拨。2003 年以来文化体制改革的进程表明，只有当市场化转型进行到一定程度时，对文化单位的"公益性""准公益性"和"经营性"划分才会成为政策自觉。

国家财政资助减少等原因，经营运转困难；再次是既具有公益职能，又具有经营能力的文化事业单位，既享受公共财政，又进行市场经营活动，实际造成公共服务职能和市场经营职能界限混淆，公益性职能事实上被冲淡。从公益性文化服务的内涵来看，计划经济时期，国家包揽了全社会文化产品的提供，其中就包括了人民群众的娱乐需求产品。在市场经济条件下，原来由国家包揽的娱乐需求服务逐步社会化，公益性文化服务的重心逐渐向提升国民文化艺术修养、涵养社会文化氛围等职能转移，博物馆、图书馆、美术馆等纯公益性文化单位的公共服务职能更加突出。另外，弱势群体的存在、市场失灵等因素也要求国家在一些基本的文化娱乐领域继续提供公益性文化服务，维护文化公平。文化市场的发育还培育出了一个基本需求，就是包括消费者、生产者在内的各种市场利益主体都需要一个透明、规范、公平的市场竞争环境。

在这种状况下，无论是解放和发展文化生产力、提高国家文化竞争力，还是向社会提供更好的公益性文化服务，都需要划清国有文化事业单位的公益性和非公益性界限。只有进行这种严格的边界划分，才能同时提高国家公共文化服务的能力和国有文化企业的市场竞争能力，创造公平竞争的文化市场环境。2003 年 6 月以后新一轮文化体制改革的推进、相关政策的出台和文化体制改革试点工作的深入展开表明，自觉、主动构建市场经济条件下的公共文化服务体系，形成公共文化服务和文化产业良性互动发展新格局，已经成为国家文化政策的基本目标。①

① 2006 年，时任中共中央宣传部常务副部长的吉炳轩在接受一次采访中，将文化体制改革的目标概括为"六个形成"：形成科学有效的宏观文化管理体制，形成富有效率的文化生产和服务的微观运行机制，形成以公有制为主体、多种所有制共同发展的文化产业格局，形成统一、开放、竞争、有序的现代文化市场体系，形成完善的文化创新体系，形成以民族文化为主体、吸收外来有益文化，推动中华文化走向世界的文化开放格局。参见刘俊杰《关于文化体制改革的几个问题——访中共中央宣传部常务副部长吉炳轩》，《科学社会主义》2006 年第 4 期。

2004 年，十六届四中全会通过了《中共中央关于加强党的执政能力建设的决定》，提出要解放和发展文化生产力，并通过深化文化体制改革，进一步革除制约文化发展的体制性障碍。发展和解放文化生产力这一观念的提出，是 20 多年的改革开放进程中文化领域最重要的思想解放。它意味着，中国已经自觉意识到了信息时代人类社会生产力发展的重大趋势，抓住了市场化、全球化条件下文化发展的关键，并做出了主动的回应。十六届四中全会还从国家主权的高度，将文化安全与政治安全、经济安全和信息安全，列为国家四大安全挑战。这表明，中国已经自觉认识到，在全球化语境下，解放和发展文化生产力必须以保证国家文化安全为前提。

（四）十六届五中全会至"十七大"，完善公共文化服务体系，落实公民文化权益，推动社会主义文化大发展大繁荣成为国家文化发展的新目标

2005 年 10 月，十六届五中全会通过《中共中央关于制定"十一五"规划的建议》。其中提出，"十一五"是全面建设小康社会的关键时期，要在积极发展文化产业的同时，加大政府对文化事业的投入，逐步形成覆盖全社会的比较完备的公共文化服务体系。这是继文化产业概念之后，国家第一次明确提出"公共文化服务体系"这一概念。这意味着中国的文化发展模式已经完成由单一的文化事业模式向由文化产业和公共文化服务共同构成的二元文化模式的转型，国家、公民、市场之间的责权边界日益清晰，文化体制改革的方向也更加明确。

从十六届五中全会开始，建构覆盖全社会的公共文化体系成为文化政策的重要导向。2005 年底，《中共中央、国务院关于推进社会主义新农村建设的若干意见》提出，要增加各级财政投入，建构农村公共文

化服务体系。2006 年 9 月，《国家"十一五"时期文化发展规划纲要》提出，要切实把政府的职能由办文化转到社会管理和公共服务上来，"以实现和保障公民基本文化权益、满足广大人民群众基本文化需求为目标，坚持公共文化服务均等化原则，兼顾城乡之间、地区之间的协调发展，统筹规划，形成实用、便捷高效的公共文化服务网络"。①

2006 年 10 月，十六届六中全会提出了建构和谐文化，并指出社会主义核心价值体系是和谐文化的根本。社会主义核心价值体系为新文化发展观注入了新鲜的内涵，使新文化发展观获得了具有时代性、民族性和全球化意识的价值观基础。

2007 年 10 月，"十七大"报告提出，在时代的高起点上推动文化内容形式、体制机制、传播手段的创新，解放和发展文化生产力，是繁荣文化的必由之路。"十七大"报告要求"更加自觉、更加主动地推动文化大发展大繁荣，在中国特色社会主义的伟大实践中进行文化创造，让人民共享文化发展成果"。"十七大"报告还提出了提高国家文化软实力的要求。

从发展文化产业到构建覆盖全社会的公共文化体系，从提出提高国家文化软实力到要求"更加自觉、更加主动地推动社会主义文化大发展大繁荣"，其中所体现的，正是快速发展的文化产业和不断深化的文化体制改革驱动下的文化发展理念的不断完善和升华，以及文化发展的动力不断积聚和爆发。

（五）十七届六中全会到"十八大"：文化强国成为时代强音

2011 年 10 月，十七届六中全会召开。这次会议是在"十一五"以

---

① 《国家"十一五"时期文化发展规划纲要》，《人民日报》2006 年 9 月 14 日，第 10 版。

来我国文化产业快速发展、文化体制改革取得重要阶段性成果和中国文化发展经历全球金融危机挑战之后召开的。这次会议通过的《中共中央关于深化文化体制改革推动社会主义文化大发展大繁荣若干重大问题的决定》是对改革开放以来，特别是 2003 年文化体制改革试点以来，我国文化发展领域的理论突破与实践经验的全面总结。该决定首次提出了建设文化强国的战略目标："建设社会主义文化强国，就是要着力推动社会主义先进文化更加深入人心，推动社会主义精神文明和物质文明全面发展，不断开创全民族文化创造活力持续迸发、社会文化生活更加丰富多彩、人民基本文化权益得到更好保障、人民思想道德素质和科学文化素质全面提高的新局面，建设中华民族共有精神家园，为人类文明进步作出更大贡献。"文化强国战略目标的提出，把我国文化改革发展的指导理念全面提升到国家长期战略目标的层面，将文化改革发展在社会主义现代化建设、实现中华民族伟大复兴的重要地位和基础性作用进行了充分的宣示。

在建设文化强国的战略框架下，该决定还从社会主义核心价值体系建设、公共文化服务体系建设、文化产业发展、文化体制改革、文化人才队伍建设等方面提出了到 2020 年文化改革发展的奋斗目标。"社会主义核心价值体系建设深入推进，良好思想道德风尚进一步弘扬，公民素质明显提高；适应人民需要的文化产品更加丰富，精品力作不断涌现；文化事业全面繁荣，覆盖全社会的公共文化服务体系基本建立，努力实现基本公共文化服务均等化；文化产业成为国民经济支柱性产业，整体实力和国际竞争力显著增强，公有制为主体、多种所有制共同发展的文化产业格局全面形成；文化管理体制和文化产品生产经营机制充满活力、富有效率，以民族文化为主体、吸收外来有益文化、推动中华文化走向世界的文化开放格局进一步完善；高素质文化人才队伍发展壮大，

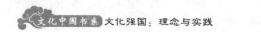

文化繁荣发展的人才保障更加有力。"

2012 年 11 月，"十八大"报告对文化强国战略做出了进一步阐述，指出："建设社会主义文化强国，关键是增强全民族文化创造活力。建设社会主义文化强国，关键是增强全民族文化创造活力。要深化文化体制改革，解放和发展文化生产力，发扬学术民主、艺术民主，为人民提供广阔文化舞台，让一切文化创造源泉充分涌流，开创全民族文化创造活力持续进发、社会文化生活更加丰富多彩、人民基本文化权益得到更好保障、人民思想道德素质和科学文化素质全面提高、中华文化国际影响力不断增强的新局面。"

从十七届六中全会到"十八大"，建设社会主义文化强国成为我国社会主义现代化建设的重要战略目标。这标志着改革开放以来，我国围绕社会主义先进文化建设的理论探索和实践总结全面升华，参与全球文化竞争的国家战略完全确立。文化强国战略奏响了下一个 10 年乃至更长时期内我国文化改革发展的时代强音。

至此，一种形成于中国改革开放进程中、历经 30 多年不断丰富和发展、面向市场化和全球化的新文化发展观基本形成，中国的文化发展和社会整体发展进入了一个新的时代。

三 新文化发展观产生的必然性

（一）新文化发展观是中国社会市场化转型的必然产物

新文化发展观，是相对于计划经济时期的文化发展观而言的。计划经济时期的中国文化发展观有两个最为基本的特色，一是文化发展意识形态化；二是国家垄断文化权利以及文化产品的生产与提供。计划经济是这一文化格局的体制基础。改革开放以来，中国经济已经基本完成从计划经济向市场经济的转型，经济领域的市场转型深刻影响了文化领域，使后者发生了巨大的变化。首先，市场化改变了文化产品的提供方式和文化资源的配置模式，国家不再是文化产品的唯一提供者，计划经济手段和国家行政手段也不再是文化资源的主要配置手段，市场成为文化资源的基本配置手段，国家文化利益与市场利益开始出现不一致现象。其次，市场化改变了文化利益和权利的主体构成。在市场化条件下，国家不再是文化利益和权利的唯一主体，个人、企业、非政府组织甚至国际文化资本，都成为文化市场中的利益主体，文化空间的利益与权利关系空前复杂化。再次，市场化改变了文化产品的评价模式。在市场化条件下，文化产品的意识形态色彩整体弱化，经济属性、娱乐属性和审美属性开始成为社会公众评价文化产品的主要模式。此外，市场化还造就了文化领域"被解放的个体"①，这个文化群体在思想观念、价值理解等方面不断突破、挑战着现有的文化评价模式。被市场化的还有文化生产的管理模式，国家不能够再以计划经济时期旧有的路径和手段治理、监管日益市场化、复杂化的文化生产方式，而必须进行管理体制和管理手段的创新。所有这些，都促使国家必须以新的眼光、新的思维和新的评价立场看待文化领域的新变化。解放文化生产力，发展文化产业，落实公民文化权益，完善公共文化服务体系，维护国家文化安全等新文化发展观的基本思想，都是上述背景下的必然产物。

---

① "被解放了的个体"（liberated individual），指的是某种文化，其中的个体不受既定的传统、价值规范及权威的左右。这样的文化是由现今社会中受过高等教育、拥有高度自觉，且开明的个体带来的。参阅丹麦文化部、贸易产业部《丹麦的创意潜力》，李璞良、林怡君译，典藏艺术家庭股份有限公司，2004，第29页。

（二）新文化发展观是中国经济发展模式转型的必然产物

新文化发展观的形成是中国经济发展模式转型的必然结果。改革开放以来，中国实际上实行了出口导向型的经济发展战略。这种战略使中国经济建设取得了巨大成就，中国经济总量和人均 GDP 不断增长，贫困人口不断减少，国家外汇储备持续增加，成为"世界工厂"。2007年，中国的 GDP 达 3.28 万亿美元，居世界第 4 位，年末国家外汇储备达 1.53 万亿美元，位列世界第一，人均 GDP 达到 2460 美元。在减少贫困人口方面，1981~2005 年，中国日收入低于 1 美元的贫困人口减少了 6.24 亿人，对同期全球减贫的贡献率为 95.1%。[①] 根据世界银行和 WTO 数据计算，1990~2005 年，中国经济增长率为 10.13%，对全球 GDP 增长率的贡献高达 27.78%，居全球国家首位；同期，中国出口贸易对全球出口贸易增长的贡献也居全球首位，高达 11.54%，在全球经济增长和外贸增长中扮演了发动机的角色。[②]

但是，中国经济发展的巨大成就是以投入、消耗大量的本国能源、原材料、土地和廉价劳动力为前提，以巨大的生态破坏、环境污染和低水平的劳动者保护条件为代价的。高投入、高消耗、高污染、低效益是中国经济增长的重要特征。从投入来看，多年来中国投资率保持在44% 左右，消费率保持在 55% 左右，前者比世界平均水平高出 1 倍以上，后者则比世界平均水平低 20 多个百分点。这说明中国经济的投入产出率总体水平较低。以能源消费为例，中国主要工业产品单位能耗比先进国家高出 30% 以上，每吨标准煤的产出效率，中国只有 785 美元，

---

① 胡鞍钢：《"绿色崛起"：中国对世界的新贡献》，《人民论坛》2008 年第 18 期，第 24 页。
② 胡鞍钢：《"绿色崛起"：中国对世界的新贡献》，《人民论坛》2008 年第 18 期，第 24 ~ 25 页。

相当于美国的 28.6%、欧盟的 16.8%、日本的 10.3%。[①]

长期的粗放式发展使中国原本就短缺的自然资源更加短缺，污染严重，生态环境整体恶化。2005 年，全国人大常委会水污染防治法执法检查组检查发现，中国七大水系中劣五类水体占三成左右，水体已经失去使用功能，成为有害的脏水，连农业灌溉都不行。全国水土流失面积达 356 万平方公里，占国土面积的 37%。全国二氧化碳排放量超过环境承载能力的一倍以上，1/5 的空气严重污染，3/4 的城市人口生活在空气质量不达标的环境中。

改革开放以来，我国经济的这种粗放型增长特征实际上与国家经济发展的战略选择有着很大关系。由于历史的原因，我国的改革开放实质上也是通过追赶全球先进的科学技术来实现富民强国和现代化的过程。在这一过程中，为了抓住发达国家和新兴工业化国家产业升级带来的全球产业转移的重大发展机遇，尽快吸收境外资本和先进生产技术，我国不断扩大对外开放，通过各种方式吸引外资，最终致使"发展"的"硬道理"演变成单一重视 GDP 增长的输入型增长模式。

在输入型增长模式的形成中，政府扮演了最重要的推动者角色。出于推动地方经济发展、实现政绩的需要，各地政府通过各种方式，创造最优惠的条件，吸引外来投资。在一些地区，为争夺外来投资，甚至陷入了竞相压低土地价格、降低环保标准、人为控制劳动力工资和福利水平、压制劳动保护水平的不良竞争。事实证明，许多依靠外资实现了GDP 和税收快速增长的地区，不仅付出了重大的环境代价，而且国民

---

① 刘应杰：《留住蓝天的 N 种方式——关于经济发展方式转型的思考》，《人民论坛》2008 年第 18 期，第 20 页。

收入的增长水平也远低于 GDP 增长水平。① 这种输入型与粗放型相融合的经济增长方式对我国经济发展发挥了巨大的促进作用，但其负面效应也日益突出：全国范围内环境污染逼近极限，自然资源过度开采和消耗；国家经济在全球分工中总体上处于加工制造低端，出口产品收益低；国家外贸环境不断趋于紧张；国民收入增长远低于 GDP 增长；等等。所有这些因素都表明，这种粗放式加输入式的经济发展模式已经不可持续。要实现我国经济可持续发展，就必须以科学发展观为指导，推动经济发展模式向集约型、内源型转型，走以人为本、人与环境相协调的发展道路，努力提高国民实际收入水平。实现这一重大转型的根本前提是，努力解放和提高国民的文化素质和创造能力，加快推动产业升级，不断弱化经济发展对自然资源的依赖，强化文化生产力在经济增长中的重大作用。

（三）新文化发展观是中国社会发展模式转型的必然产物

改革开放以来，尽管中国施行了以经济建设为中心、"两个文明"一起抓的基本国策，但实际执行中 GDP 增长往往成为各级政府关注的首要目标。这种发展模式导致国家经济发展与文化、政治、社会诸领域发展的严重失衡。在文化领域，这种失衡表现在公共文化服务投入不足，文化体制转型与改革推进缓慢，全国范围内城乡之间、区域之间文化发展水平极不均衡，国家文化软实力与国家经济实力明显不匹配，等等。在政治领域，这种失衡表现为政治体制改革推进缓慢、党内民主不

---

① 典型案例是新苏南模式的代表——苏州市，2004 年，苏州 GDP 总量首超深圳，是温州的两倍，但苏州老百姓的人均收入只及温州的一半。造成这一现象的根本原因在于相当一部分 GDP 作为利润被外企拿走。参见李义平《GDP、GNP 与经济发展模式》，《经济参考报》2005 年 3 月 19 日。

健全、国家政治生活中权力集中、公共权力部门化、权力腐败、官僚主义、机构臃肿、家长制等问题突出；① 公民的批评权、监督权、表达权实现不充分等。在社会领域，这种失衡表现为社会财富分配不公平程度加剧、城乡之间与区域之间公共服务严重不均等、"三农"问题突出、不同社会阶层之间的社会资本与文化资本差距加大、社会矛盾和利益冲突加剧等。这些问题已经成为制约社会全面、协调、可持续发展和建构和谐社会的重大障碍。因此，以 GDP 增长为主要目标的发展模式必须向"以人为本"的"全面发展"和"协调发展"的模式转型。"以人为本，就是要以实现人的全面发展为目标，从人民群众的根本利益出发谋发展、促发展，让发展的成果惠及全体人民。全面发展，就是要以经济建设为中心，全面推进经济、政治、文化建设，实现经济发展和社会全面进步。协调发展，就是要统筹城乡发展、统筹区域发展、统筹经济社会发展、统筹人与自然和谐发展、统筹国内发展和对外开放，推进生产力和生产关系、经济基础和上层建筑相协调，推进经济、政治、文化建设的各个方面相协调。可持续发展，就是要促进人与自然的和谐，实现经济发展和人口、资源、环境相协调，坚持走生产发展、生活富裕、生态良好的文明发展道路，保证一代接一代地永续发展。"② 实现发展模式的这种转型，文化是关键因素，"增长"可以归结为经济问题，而"发展"从本质上讲是一个文化命题。在社会转型时期，文化发展担当着先锋的角色，文化生产力的深层解放、公民文化权利的实现以及公共文化服务体系的建设等都对经济、政治和社会领域诸多问题的解决有着重要的启发、铺垫和推动作用。因此，只有从文化价值上对发展的目

① 参阅周天勇、王长江、王安岭主编《攻坚：十七大后中国政治体制改革研究报告》，新疆生产建设兵团出版社，2007，第4～5页。

② 引自胡锦涛2004年3月在中央人口资源环境工作座谈会上的讲话。

标、内涵进行彻底反思，才可能扬弃以经济增长为目标的发展模式，建立科学的、以人为本的新发展观和新发展模式。

（四）新文化发展观是中国文化参与全球文化竞争的必然产物

新文化发展观不仅是面向市场化的文化发展观，也是面向全球化的文化发展观。以信息全球化为前提，以知识经济的形成为标志，新一轮全球化将文化竞争推向国际竞争的前沿。首先，经济文化化和文化经济化的双向融合使文化产业竞争力成为国际经济竞争的新高地。与之相应，以国家文化、制度和价值观念为基础的国家软实力竞争成为综合国家力量角逐的新领域。在这些领域的竞争中，发达国家借助其强大的科学、经济和文化创意产业，占据了文化竞争的先机。中国作为后发现代化国家，现代文化产业起步较晚，国家软实力较弱，发展壮大文化经济、提高国家软实力是全面提高国家文化竞争力的战略目标。其次，全球化对民族国家的文化发展机制提出了严峻的挑战。全球性文化竞争引发了文化多样性与文化均质化之间、传统价值观与现代价值观之间、全球化与地方化之间、国家认同与文化身份认同之间，以及不同民族文化之间复杂而激烈的冲突与交融。这些问题，是任何被卷入全球化进程中的民族国家都必须面对的。对中国而言，处理好这些矛盾与冲突，是实现国家文化大发展、大繁荣的基本前提。这要求中国必须打破与全球化语境下文化发展的复杂格局不相适应的一切旧思维，不断解放思想，推进文化领域的观念创新和体制创新，全面建设适应全球化挑战的国家文化发展机制。最后，全球化对民族文化的发展提出了新的要求。在全球化语境中，各种民族文化之间已经形成交融、互补的关系，每一种文化都因其独特性和创造性而成为人类的宝贵财富。但是，各种民族文化的生命力、传播力和影响力，在某种程度上取决于其对人类文明和进步的贡献程度。因此，以开放、自信的胸怀，努力推动中国文化吸收人类一切文明的先进成果，建设社会主义核心价值体系，推动和谐世界的建构，是中国文化发展的根本性战略选择。

四　新文化发展观形成的历史意义

作为在改革开放和市场化转型过程中提出的面向市场化、全球化和现代化的全新文化发展观念，无论从推动改革开放进程的角度，还是从中国全面参与全球化进程的角度，新文化发展观的产生都是标志性的，具有重大的历史意义。

（一）新文化发展观的产生是我国文化建设领域重大的观念突破，标志着中国已经成功探索到市场经济下文化发展的基本规律

作为面向市场化的文化发展观，新文化发展观将解放和发展文化生产力、建构新型公共文化体系、落实公民文化权利和维护国家文化安全的基础建立在市场经济这一统一的平台之上。在此基础上，新文化发展观对市场化条件下文化产业与公共文化服务的边界进行了划分，为规范文化市场竞争环境，推进文化体制改革扫除了观念上的障碍。新文化发展观还从观念上解决了文化权力在国家、公民和公民社会之间的重新配置问题，这对实现文化权力的分散化、推进公共文化服务的民主化、激发国民文化创造力以及增加国民文化福利具有重要意义。

作为面向全球化的文化发展观，新文化发展观自觉吸收了人类文化发展的各种新成果和发达国家文化制度建设的经验与教训，将文化发展

提高到国家发展的战略高度，为中国文化在全球化语境下的繁荣提供了认识基础。

（二）新文化发展观的形成是我国思想解放领域的重大解放，对在新的历史条件下深化改革和建构和谐社会具有重大的推动作用

新文化发展观包含解放文化生产力、发展文化产业在市场条件下完善公共文化服务、落实人民群众的文化权益、培育第三部门、政府职能转型等思想，是对计划经济时期以意识形态为主导的文化发展格局的重大突破。这些思想观念的突破，不仅对深化改革开放具有极为重要的作用，还对培育公民社会、推进政治体制改革、建构公共服务型政府也同样具有重要推动作用。从这个意义上讲，新文化发展观是中国在改革开放过程中继对市场经济的认识上取得突破之后，在思想领域取得的第二次重大解放，它必将对改革的全面深化产生重大推动作用。

（三）新文化发展观的形成标志着改革开放进入了新的历史阶段

新文化发展观的核心是实现以人为本的发展，这是对中国改革开放以来发展重心偏向经济，经济、社会和文化领域不对称发展的发展模式的重大修正，为建构和谐社会理论提供了重要的理论和实践资源。新文化发展观的形成，标志着中国的发展模式已经全面转向促进经济、政治、文化、社会协调发展的新阶段。中国的改革开放进入新的历史阶段。

第二节　文化发展：和谐社会的根本动力

十六届六中全会提出建构和谐社会以来，中国特色社会主义的建设已经由过去政治、经济、文化"三位一体"，发展到政治、经济、文化、社会"四位一体"。建构和谐社会可以分为两大目标：一是解决人与人之间的和谐问题，即实现全社会的精神和谐与制度和谐；二是解决人与自然之间和谐相处的问题，即建立人与自然之间的生态和谐关系。这两大目标的实现都与文化发展具有深刻的内在联系。因此，充分认识文化在和谐社会建构中重要作用，对全面推进和谐社会的建构具有重大意义。

一　文化发展是建构精神和谐的根本动力

胡锦涛同志指出，和谐社会应该是民主法治、公平正义、诚信友爱、充满活力、安定有序、人与自然和谐相处的社会。这一论述清晰地表明，实现全社会的精神和谐是建构和谐社会的重要目标与标志。

首先，实现全社会的精神和谐意味着社会主义核心价值观被全社会成员所普遍认同和接受。十六届六中全会指出，"马克思主义指导思想，中国特色社会主义共同理想，以爱国主义为核心的民族精神和以改革创新为核心的时代精神，社会主义荣辱观，构成社会主义核心价值体系的基本内容"。在建构和谐社会的实践中，文化发展是实现全社会精神和谐的根本动力。文化是民族的灵魂和民族创造力的标志，它传承精神价值观念和社会文明规范，教化、熏陶社会成员的人格与精神结构，培养社会成员的社会归属感和国家认同感。在经济、文化全球化和社会

27

价值观多样化的背景下，只有促进文化的发展和繁荣，并赋予社会主义核心价值体系以更丰富、更贴近时代生活的鲜活内涵和形式，才能实现全社会成员对社会主义核心价值体系的普遍认同和接受。在数字化传播时代，社会主义核心价值体系需要借助不断丰富、不断创新的文化艺术娱乐产品，以潜移默化的方式，影响、塑造人们的精神世界。

其次，实现全社会的精神和谐意味着充分满足社会成员的精神价值需求、审美娱乐需求和文化创造需求。和谐社会的精神价值需求是以社会主义核心价值体系为主导的多层次、多样性的需求体系。只有人民群众的精神需求得到充分满足，安定有序社会秩序才能实现，诚信友爱的社会风气才能树立。在以经济建设为中心的背景下，人们的文化需求一度没有受到充分重视。随着经济发展和人民群众物质生活的不断丰富，人们的精神价值、审美娱乐需求和文化创造不能充分满足的问题日益突出。中国社会调查所进行的一项常规民意调查表明，2005年，我国居民精神生活水平满意度仅为39%。《2007年：中国文化产业发展报告》则指出，我国居民的文化消费需求满足度不到1/4。因此，建构和谐社会必须建设覆盖全社会的公共文化服务体系，落实公民的文化权利，全面促进文化的发展与繁荣，满足社会成员多层次、多样性的精神价值、审美娱乐与文化创造的需求。

最后，实现全社会的精神和谐意味着全社会的民意表达渠道通畅、社会公平与公正全面实现。民意的充分表达以及社会公平与公正是全面实现社会和谐的重要保证。改革开放以来，我国经济、社会发展的不平衡和分配领域存在的问题造成了事实上的社会不公平。公共决策过程中民意表达的不充分、社会阶层的分化和区域差别、城乡差别以及医疗、社会保障的缺失实际上又加大了社会不公平。在这种背景下，和谐社会的建构意味要在全社会营造一种人民群众的意愿能够充分表达的、追求公平与公正的正义文化。只有把全社会对公平正义的追求上升到文化层面，作为一种价值观念的公平正义才能深深地熔铸在民族的生命力、凝聚力、创造力之中，从而真正实现社会的公平正义。

二　文化发展是建构制度和谐的基础动力

建构和谐社会是在经济、政治、社会发展到一定阶段提出的新命题。一方面要解决改革开放以来政治、社会和文化领域的发展与经济发展不平衡的问题，为经济、社会全面可持续发展奠定基础；另一方面，要解决社会分配领域的公平和公正问题，全面落实公民的政治、经济、社会和文化权利，使全体人民都能充分享受到改革开放和经济发展的成果。

在和谐社会的建构过程中，这两方面问题的解决，都需要一个渐进的完善过程。和谐社会的建构最终需要建成一套与和谐社会的要求相适应的保障制度，从而保障司法公正、公共财政投入公平、社会保障体系完善、公共服务体系高效、公共事务决策民主、公共政策合理，以及公民权利的正当性等。

要建成这样一套保障制度，需要不断进行制度创新，以满足人们在经济、社会、政治和文化等社会生活各个领域中利益协调与保障的需要。任何制度的思想基础都代表着一种文化观。建构和谐社会中制度创新的直接动力来源于以人为本、以人民群众的根本利益为出发点的价值观。而建构和谐社会中制度创新的基础动力则来源于文化创新。文化发展为文化创新提供了动力源泉，而文化创新才是完成观念转变，形成和谐社会的制度文化的基础动力。

三 文化发展是建构生态和谐的重要动力

在传统的文化观念中，人与自然之间的关系突出体现在利用能源和原材料生产物质财富的社会生产领域，文化作为与物质财富和生产力相对应的概念，属于上层建筑和精神范畴。当代文化创意产业的发展，已经从基础上颠覆了人们对文化的传统认识。

在当代社会，文化经济化与经济文化化的双向互动成为经济、文化融合发展的基本规律。根据联合国教科文组织公布的数字，2004 年创意产业已经占到全球 GDP 的 7%，并以每年 10% 的速度增长。文化产业的发展与繁荣将文化推上构筑国家经济"硬实力"的前沿，文化生产不再是传统意义上的精神创造活动，而是成为融精神创造活动与财富创造活动于一体的生产性活动。文化创意产业通过现代信息技术和数字化手段，将文化资源与文化遗产开发成具有广泛消费空间的文化产品，成为全球各国竞争的又一新兴领域。

物质生产的极大丰富使人类告别了物资短缺和物质财富的匮乏时代，但同时，自然生态环境的空前恶化也迫使人们对工业化时代以来人类一味追求高度物质化生活，对自然进行无度索取的发展方式进行反思。其结果是一种有别于古典经济学时代以来以物质和货币增加为追求目标的新发展观的出现。这种新的发展观重新审视人与自然关系，将发展的目的定位于追求人类更大的自由、享受长寿和充满创造力的生活，反对人成为财富和服务的奴役对象。在环境领域，新的发展观突出表现为环境保护运动。而在文化领域，则表现为对人类需求的重新认识、对生活品质的追求以及对个体幸福感和创造力的重视。

文化创意产业的崛起代表了当代社会转变财富增长方式、提高人的生活品质和创造性的时代要求。文化创意产业依赖个人的创造潜能，借助高科技手段对传统文化资源和当代文化资源进行创意和创造加工，创造符号价值，生产能够满足人们精神消费和娱乐消费需求的产品。这种生产方式改变了工业革命以来人类生产活动过度消耗自然资源的生产方式，实现了生产方式的永久性可持续化。

改革开放以来，我国经济发展迅速，但这种发展在很大程度上是以对生态环境的大规模破坏和对自然资源的大规模掠夺为代价的。随着我国经济规模的进一步扩大，这种传统的粗放模式的不可持续性危机正在渐渐逼近。因此，积极推动文化创意产业的发展和繁荣，对促进经济增长模式转型、建构人与自然和谐相处的生态关系具有重要意义。

建构和谐社会为我国文化发展提出了现实的要求，也提供了充足的动力。多管齐下，积极实施国家文化发展战略，大力发展社会主义先进文化，以文化力量推动社会全面协调发展，是我国文化发展的重要使命，也是建构和谐社会的重要维度。

第三节　文化生产力：改变中国的"软"力量

一　文化生产力的提出

文化生产力是十六届四中全会提出的新概念。国内对文化生产力的理解有广义和狭义两类。对狭义的文化生产力的理解有两种，一种是指"文化艺术生产力"，即"创作和制造文化产品及提供文化服务的社会能力"。[①] 另一种是指"精神方面的生产力"，即生产主体以其"对象化

---

① 北京市邓小平理论和"三个代表"重要思想研究中心：《深化文化体制改革和解放文化生产力》；李德顺：《形成强大的文化生产力》，《张家口日报》2005 年 2 月 25 日。

的独特方式"，将自身强烈的主观因素，诸如思想、情感、意志、愿望等渗透于全部文化生产过程。[①] 对广义的文化生产力的理解则将文化看做与科学技术一样的独立因素，认为文化因素已经渗透到劳动力、劳动资料、劳动对象的方方面面，甚至已经改变了社会生产力的传统含义。在当代社会，知识和信息已经成为生产力的基本构成要素。对文化生产力的广义理解受到了诸多学术观念和发展现实的支持。后工业社会、知识经济、符号经济、创意经济、精神经济、信息社会、数字化生存、经济文化化与文化经济化的双向融合、二次现代化理论等都对理解文化的生产性含义提供了重要思路。

20 世纪后叶以来，传统意义上的物质生产在人类总体经济活动中的比例日益降低，而文化生产及渗透着文化内容的生产在人类总体经济生活中的比例日益增加。以传统社会中最核心的农业生产为例，20 世纪，农业产出在美国经济中的比重从近 40% 下降到 2% 左右。另外，20 世纪，要求劳动者具有创造力和想象力的创意部门，对美国的经济贡献从 20 世纪初的不足 10% 增加到了 40% 以上。[②] 美国只是全球发达国家的代表，事实上自从经济合作与发展组织（OECD）提出知识经济的概念以来，文化因素日益已经成为以知识经济、信息经济为代表的"新经济"的重要组成部分。根据联合国教科文组织的统计，全球文化产业正以每年 7% 的速度扩张。中国大陆地区的多数省份，文化创意产业近年来也在以惊人的速度增长，在北京、上海和一些重要的省会城市，文化产业对本地 GDP 的贡献已经超过 10%，成为重要的支柱产业。

文化对经济发展的贡献还表现在价值观念领域。韦伯揭示了新教伦

---

① 金元浦：《文化生产力与文化产业》，《求是》2002 年第 20 期，第 38 ~ 39 页。

② 〔美〕理查德·弗罗里达《创意经济》，方海萍、魏清江译，中国人民大学出版社，2006，第 29 页。

理对资本主义精神的贡献，而李光耀等人在相当长的时期内曾用以儒家精神为价值核心的"亚洲价值观"来解释东亚区域性经济崛起的原因。迈克尔·波特在《国家竞争优势》中指出，美国文化和价值观远播海外所产生的影响是美国产业在全球重要的需求条件，而英国的国家竞争力在很大程度上得益于其历史上长期经营海外殖民地所带来的对英国文化的认同。管理领域的研究揭示，民族文化对管理模式的影响反映在教育、培训、培养领导人才、团队与组织的关系、个人创造力、决策方式以及对待国际化的态度等方面。研究还表明，工作伦理、忠诚态度、对陌生人的开放态度在经济增长中具有重要作用。技术创新是当代经济发展的重要动力，而所有的经济创新都根植于特定的文化土壤。对技术创新具有重大影响的两大因素是人的创造力和积极性，这两个因素实质上体现于个人、集体和组织的文化之中。德国柏林科学技术研究院对美、日、德三个国家的研究揭示，美国企业的特征是个人主义，它们设置了"产品冠军"来提高新产品的创造力。德国企业强调团队，它们以一个通才来领导团队内的各种专才。而日本则更加强调通过集体的作用提高创造力。正是这种文化因素的差异，导致了三个发达国家在技术创新竞争领域的差别。① 对中国而言，改革开放以来所取得的经济增长不仅是生产和技术推动的结果，更是思想、文化解放的结果。改革开放使中国吸收了全球市场经验和市场竞争文化，重塑了中国社会的利益观和财富观，极大地激发了中国人追求财富、创造财富的梦想。在这一背景下，中国传统社会潜在的各种地域文化精神也被激发出来，成为地方经济增长的内在动力。

文化附加值改变了传统意义上的产品内涵。在前工业时代和工业化

---

① 〔德〕柏林科学技术研究院：《文化 VS 技术创新——德美日创新经济的文化比较与策略建议》，吴金希等译，知识产权出版社，2006。

时代，生产力发展的最大目标是满足人类社会对实物物品的需要，耐用、实用的实物是生产的根本目标。正如亚当·斯密在《国富论》中所持有的观点，只有实物的生产才是生产性的，不增加实物的流通、服务、消遣、娱乐活动都是"非生产性的"。中国传统社会以农业为本、工商为末的观念也是如此。在后工业时代，文化与经济的融合彻底颠覆了这样的观念。在实物消费充足甚至过剩的情况下，文化及审美内涵的差异成为消费选择的依据。当代消费者为其消费品付出的金钱，很大一部分是在购买其文化内涵。后福特生产方式对个性化的追求，品牌消费，符号消费，日常生活审美化，都显示出文化内容向传统产品渗透的趋势，并改变着财富的概念。日本学者上野光平在其所著的《现代流通论》中认为，汽车、洗衣机、电冰箱、住房等各类耐用消费品代表的只是暂时的财富，因为这些财富将在消费过程中消失。而文化艺术品、有深厚文化含量的建筑则是可永久保存、增值的财富。[①]

在劳动力素质构成中，知识和文化水平发生了重大变化。在传统社会中，总体人口的受教育率、教育水平极低，除少数艺术人员和熟练的工艺、技术人员外，多数劳动者的产品中创造性含量很低。但是，20世纪以来，全球范围内国民教育的发展使人口的文化素质发生了巨大变化。尤其是经济发达国家，发达的高等教育和创造性教育，使其在经济方面的受益极为明显。加拿大经济学家曾经指出，文化投资的增加和一国 GDP 的增长与生产率的提高有着紧密的关系。研究表明，在 1960 年到 1995 年间，比利时、加拿大、瑞士、丹麦、芬兰、德国、爱尔兰、意大利、荷兰、美国、挪威、瑞典、英国、新西兰等 14 个经济合作发展组织成员中，文化水平提高最快的三个国家，其经济增长也是最快

---

① 参阅陈文玲《用新的理念促进文化大发展大繁荣》，张晓明、胡惠林、章建刚主编《中国文化产业发展报告（2008）》，社会科学文献出版社，2008，第 22 页。

的；技能提高水平相对最少的三个国家，新西兰、美国、瑞典，经济增长率也相对较低。[①] 劳动力文化素质的提升还加速科学技术向日常消费领域的转移。各类创意产品不断渗透到日常生活的各个领域，使科学技术发展成果与建筑、服务、医疗、娱乐活动密切融合，提高了人类生活的整体质量，日益改变着人类的生活形态。

在文化消费领域，大众文化、流行文化通过数字化传媒技术向文化市场的全面渗透使人们享受、接近、创造文化的方式发生了巨大变化。在传统社会中，消费者只是在自己的头脑中对戏剧、小说等文化产品内容进行"二度创造"；而在信息互动环境中，消费者借助软件和程序，随时进行修改、上载，以 DIY 的方式参与文化内容的共同创造。于是，消费、娱乐和原创之间的界限逐渐模糊，文化消费的含义发生了历史性变化。

当代发达国家，不但具有发达的经济实力，也具有强大的文化实力。全球主要发达国家几乎都是文化大国。美国的力量独步全球，不仅归功于其超强的经济、军事力量，在很大程度上也归功于独步全球的文化力量。好莱坞、NBA、迪斯尼、CNN、ABC、麦当娜、百老汇不仅向全球输出着美国的价值观，而且为美国创造了巨大的经济收益和政治收益。据统计，2002 年美国核心版权产业对 GDP 的贡献率达 7.8%，吸收了美国 4% 的劳动力。[②]

由此可见，文化已经越来越多地渗透到当代社会发展中。无论是视文化为"金矿"的重商主义者，还是以文化享受为人类幸福目的的文

---

① 参阅〔美〕理查德·弗罗里达《创意经济》，方海萍、魏清江译，中国人民大学出版社，2006，第 34 页。

② 张晓明、尹昌龙、李平主编《国际文化产业发展报告（第一卷·2007）》，社会科学文献出版社，2007，第 107 页。

化理论家，抑或是强调软实力的政治家，都认识到文化对人类发展的革命性影响。文化的力量已经深深熔铸在每一个民族、每一个国家的生命力和创造力之中。

二 解放文化生产力的现实意义

经过改革开放 30 年的发展，中国已经重新融入世界，并成为推动经济、文化全球化进程的重要一员。中国既是后发现代化国家，又是转型国家，在意识形态和经济发展领域面临诸多挑战，因此，解放和发展文化生产力的内在需求极为迫切。

（一）解放和发展文化生产力是克服文化产品与服务战略性短缺的需要

计划经济时期，中国经济虽然获得较快发展，但直到改革开放前，国民经济仍然是典型的短缺经济。国民收入很低，从粮食、布匹到收音机、自行车，国民生活消费品大量处于凭票购买的状态。1978 年，中国城市居民家庭恩格尔系数为 57.5%，农村居民恩格尔系数高达 67.7%，均处于贫困阶段。加之"文化大革命"等政治运动的冲击，文化价值观受到很大扭曲。在这种情况下，国家和国民家庭用于文化消费的支出总量很低，文化发展受到很大制约。

从 1978 年开始，中国经济进入改革开放的 30 年繁荣期。2003 年中国人均 GDP 首次突破 1000 美元，城乡居民家庭恩格尔系数分别下降至 37.1% 和 45.6%。同年，全国城乡居民家庭人均文化教育娱乐服务消费支出分别为 934.38 元和 235.68 元，占各自消费支出的 14.4% 和 12.13%。2006 年，中国人均 GDP 首次突破 2000 美元，城市居民家庭恩格尔系数下降到 35.8%；农村居民家庭恩格尔系数下降至 43%，当年全国城乡居民家庭人均文化教育娱乐服务消费支出分别为 1203.3 元和 305.13 元，占各自消费支出的 13.83% 和 12.63%；同年，全国居民家庭文化教育娱乐服务消费总量为 9192.3 亿元，其中文化娱乐服务消费支出约占 50%。根据国际经验，当人均 GDP 达到 1000 美元时，文化消费支出应占居民个人消费支出的 18%；人均 GDP 达到 2000 美元时，文化消费支出应占居民个人消费支出的 20%。从理论上讲，2003 年全国居民家庭文化教育娱乐服务消费总量应达到 8814.1 亿元，2006 年应达到 14209.2 亿元。但实际上，全国居民家庭文化教育娱乐服务消费支出总量 2003 年为 6704.3 亿元，2006 年为 9192.3 亿元。我国居民文化教育娱乐消费支出的理论值与消费值之间存在"战略性短缺"。2003 年这一缺口为 3907.7 亿元，2006 年则高达 4906.9 亿元。如果不将教育支出计入家庭文化消费，那么 2003 年全国居民家庭文化消费缺口将达 5642 亿元，2006 年则达 9613.1 亿元。就居民家庭文化娱乐服务消费满足程度而言，当人均 GDP 达到 1000 美元时，全国总体实现度仅为 38.2%，当人均 GDP 达到 2000 美元时，全国总体实现度仅为 32.3%（见表 1-1）。以上分析表明，与经济发展水平相比，我国居民文化消费需求的战略性缺口并未随着经济增长而自然缩小；相反，随着经济增长，这一缺口还在扩大。

表 1-1　中国人均 GDP1000 美元及 2000 美元时城乡居民家庭文化消费总量及缺口估算

单位：亿元，%

指　标	人均 GDP1000 美元时（2003 年）	人均 GDP2000 美元时（2006 年）
城乡居民家庭消费总量	48967	71046.1
城乡居民家庭文化教育娱乐服务消费总量	6704.3	9192.3
城乡居民家庭文化娱乐服务消费总量（不含教育）	3352.2	4596.2

续表

指　标	人均 GDP1000 美元时 （2003 年）	人均 GDP2000 美元时 （2006 年）
文化教育娱乐服务消费理论上应占城乡居民家庭消费支出总量的比例	18	20
理论上文化消费应支出总量	8814.1	14209.2
包含教育支出的理论上的文化消费缺口	2109.8	5016.9
不包含教育支出的理论上的文化消费缺口	5462	9613.1
理论上全国居民家庭文化娱乐服务消费实现程度	38.2	32.3

　　资料来源：根据中国国家统计局网站 2003 年、2006 年"年度数据"计算得出。

　　造成居民文化消费理论需求与实际支出之间的巨大缺口的原因有多种，国民最终消费率低、多项社会改革对文化消费的排挤效应、社会保障程度较低等都是其中的重要因素。但从供给的角度而言，根本的问题是文化产品与服务供给不足，存在着战略性短缺。这种短缺主要表现在两个方面：一是供给总量不足，二是有效供给不足。就供给总量而言，国家统计局发布的数字表明，2006 年我国文化产业创造的增加值为5123 亿元，其中还包括产品与服务出口创造的份额，与当年我国居民文化消费的理论值之间依然存在着巨大缺口。2006 年，我国人均出版报纸 32.29 份、图书 4.87 册，全国有线电视入户率仅为 37%，在国际上都处于较低水平。就文化产品供给的有效性而言，一方面是有限的文化产品与服务供给不平衡，直接为广大农村地区和城市中农民工提供的文化产品与服务总量远远低于城市居民；另一方面，针对这些人口的公共性文化资源投入却未必具有针对性，因此其投入的有效性也常常打上折扣。例如，对乡镇、村文化站投入的图书资源中，有相当一部分并没有充分考虑各地农村人口在阅读方面的特殊需求，借阅、流通率很低；农村电影放映中，片源在流行性、同步性方面都与城市电影市场存在着很大差距；至于在互联网、有线电视的入户率等方面，农村与城市之间更存在着巨大的差异。

对于居民文化消费存在的巨大战略短缺问题，必须从中国现代化的整体历史进程来看待。我国正处于从初步小康到实现中等发达的关键时期。这一时期，不仅是经济、政治、社会要完成从计划经济体制向市场经济体制的转型，而且要实现从传统社会向现代社会转型、从工业社会向后工业社会转型、从一次现代化向二次现代化转型。四重转型的叠加出现，要求每一位公民全面树立良好的现代公民意识，也要求国民文化素质、艺术修养以及创造性的全面提高。这些转型同时还对国家的治理水平、社会公平与正义的实现提出了更高的要求。文化发展在实现这些目标的过程中具有不可替代的重要作用。因此，只有大力发展文化生产力，努力克服文化消费与生产领域之间存在的巨大战略短缺，才能推动中国社会顺利完成多重转型。

（二）解放和发展文化生产力是提高国家文化软实力的需要

所谓"软实力"，根据美国学者约瑟夫·奈的解释，就是按照吸引而非强迫或收买手段达到己方意愿的能力。奈认为国家的软实力主要来自三种力量：文化（在能对他国产生吸引力的地方起作用）、政治价值观（当它在海内外都能真正实践这些价值时），以及外交政策（当政策被视为具有合法性以及道德威信时）。[①] 文化"软实力"是国家软实力的核心部分，为国家的文化政策提供价值观基础。文化"软实力"集中体现在国家的文化吸引力、文化影响力和文化创造力。

文化吸引力是文化的内在价值观、外在形式所包含的召唤性、引导

---

① 〔美〕约瑟夫·奈：《软力量——世界政坛成功之道》，吴晓辉、钱程译，东方出版社，2005，第 11 页。

性力量。文化吸引力首先表现为对国民的凝聚作用，这种作用源于国家文化的当代形态及其历史传统所包含的普遍性精神经验、价值观念与共同理想，是国家认同、族群和睦的精神纽带和价值基础。文化吸引力还表现为文化的价值内涵、精神观念、生活方式等对其他国家生产的引导、诱致和感染作用。文化吸引力是文化"软实力"形成和发展的基础，它的强弱取决于国家文化内容与形式的丰富程度、原创程度以及国家文化活力的表现。

文化影响力是一个国家的文化表现形式与核心价值观念在全球传播中所引起的价值、理念和行为上的共鸣或认同效应。文化影响力是文化"软实力"发挥作用的主要途径。在全球文化多样性空前凸显和网络社会兴起的背景下，一个国家的文化影响力主要取决于其所拥有的传播能力。美国的软实力正是建立在其强大的文化传播能力之上，好莱坞电影、美国有线电视网（CNN）的影响遍及世界，堪称无孔不入。

文化创造力是一个国家的文化所包含的自我更新、自我增值的内在机能，它包括国家的文化创新能力和创造精神，是文化凝聚力和吸引力经久不衰的保证，也是文化"软实力"的根本所在。当代社会，文化经济化与经济文化化的双向融合日益密切，文化创造力已经成为与科技创新能力同等重要的国家创新力量。保持文化观念的包容性、开放性，培养和激发国民文化创造意识与创造能力是提升国家文化创造力的重要保证。

文化软实力对中国的发展具有多方面的重大作用。在经济领域，文化软实力的提升会增加中国产品在国际市场上的文化附加值，促进"中国制造"向"中国创造"的升级。在国家统一问题上，文化软实力在增进中华民族的国家和历史文化认同、奠定国家统一的文化基础方面，也具有不可替代的重要作用。在外交上，提升国家文化"软实力"有利于传播和谐中国、和谐亚洲、和谐世界的国家政治理念，有利于维护我国的国家形象，能够最大限度地降低我国全面发展的国际交往成本。因此，提升国家文化软实力是我国实现全面、协调、可持续发展的重大战略任务。

（三）解放和发展文化生产力是发展文化经济的需要

在经济学的意义上，文化生产力是文化经济的根基。文化经济是进入工业化时代以来人类经济发展的一个重要领域。机械复制技术改变了前工业化时代文化、艺术产品的生产和传播方式，使文化艺术品的生产和消费能够以标准化、规模化的方式进行。随之兴起的大众文化和流行文化将文化艺术经济推至规模经济时代，文化经济在总体经济中所占的比例日益增大。

20 世纪 70 年代以来，随着信息产业和服务经济的快速增长，全球主要发达国家经历了从服务经济向知识经济和文化创意经济的转型。文化产业由机械复制时代跃升到电子复制时代，基于网络、光电介质进行电子化复制和在线传播的文化创意经济快速发展，构成了国际性的产业发展基本走向。学者将这一过程概括为"传统经济服务化、服务经济知识化、知识经济人文化、文化产业网络化"。[①]

在文化经济化与经济文化化的双向融合的推动下，文化经济的重要性日益凸显。1997 年，加拿大文化部门增加值为 224.822 亿加元，占 GDP 的 3.1%。1999 年，澳大利亚文化产业的增加值为 5428.3 万澳元，占 GDP 的 3.3%。同年，芬兰大众媒体销售额占 GDP 的 2.8%。2003

---

① 张晓明：《关于文化产业的分析框架》，中国社会科学网，http：//www.cssn.cn/。

年，美国文化产业的增加值达到 6410 亿美元，占到 GDP 的 5.83%。[①]文化经济对发达国家的贡献不仅体现在其直接经济收益中，更为重要的是，它以文化创意为动力，以文化资源为对象，在现代科学技术的推动下，改变了经济增长方式和国际竞争的态势。在传统的经济增长方式中，发展制造业，进而发展服务业，是一国经济发展的基本模式。但是，后发国家只要能够把握新的产业方向，运用最新的技术手段，就能够减少在传统产业上的投资和发展时间，实现经济发展和产业升级的双重加速。

改革开放以来，中国制造不断扩大国际市场的份额，国家的外贸依存度不断增加，但是，大量中国制造产品在国际分工中处于"微笑曲线"的最低端，即加工制造环节，"微笑曲线"前端的创意设计环节和后端的品牌营销环节掌握在外国公司的手中。这种分工模式使中国企业只能获得很小份额的加工费，而产品利润的绝大部分落入外国公司之手。文化经济时代的到来，为中国这样具有丰富人力资源和文化资源的后发现代化国家提供了重大的发展机遇。中国不仅可以利用其丰富的历史文化资源和强大的科学技术研究能力大力发展文化产业，向全球输出自己的文化产品与文化服务，而且还能够通过发展创意设计和品牌营销这两个环节，积极推动"中国制造"向"中国创造"和"中国营销"发展。

---

① 文化产业研究课题组 2006 年编印《文化产业统计研究资料汇编》（未公开出版），第199～222 页。其中加拿大文化部门包括：纸质媒介、广播、电影、广告、表演艺术、视觉艺术、图书馆、设计、录制和音乐出版、遗产、建筑艺术、摄影、节日；澳大利亚文化产业包括：文化遗产（含艺术博物馆和画廊、其他博物馆、自然公园和保护区、动物园、水族馆和植物园、图书馆和档案馆）以及文化艺术（含文献和媒体印刷、表演艺术、艺术表演场地、视觉艺术和手工艺术、广播和电影、社区文化中心和活动站、文化管理、其他艺术）；芬兰大众媒体包括：出版、印刷、娱乐电子产品制造、广告、新闻机构和电子数据库、广播电视、电影、电视和录制；美国文化产业包括：信息产业（含出版、软件、电影和录音、广播电视、信息和数据处理）以及艺术、娱乐和休闲业。

第四节　文化产业：国家创新的新动力

一　文化产业：释放国家创造力

20世纪90年代以来，文化产业在知识经济、信息经济大潮的推动下迅速崛起，对全球经济产生了重大影响。文化产业是以文化文本/符号的生产与消费为基本形态的产业，它的兴起标志着人类正在进入一个以精神、文化产品的生产和消费为主导的社会。

国内外的研究与实践表明，文化产业是以文化内容的创造为价值核心的生产性活动。它以个人的创意能力为创造性的源泉，以人类丰富文化资源为原料，依托当代科学和高、新技术，进行符号的改编与创造。它通过生产文化内容，满足人的情感需求、审美需求和体验需求，为国民经济各个部门创造高文化附加值。它创造商标、版权、品牌和专利，同时也提升生活品质、促进社会整体幸福。

文化产业以人的创造力为前提条件，它的发展必然会带来国家创造力的释放。这种释放体现在不同的层次上。首先，文化产业通过激发个人的创造性，实现了国家创造力的释放。文化产业的前提是个人创意能力的充分发挥，是人的潜在能力与创造性的培养、激发和实现，并通过专利、商标、品牌及知识产权来保护创造性的成果。文化产业使社会创新单元回归个人。在创意经济时代，每个人都有可能通过创造而获得个体的精神自由和解放，并获得知识产权收益。这一点决定了文化产业的发展必然伴随着全社会对个人创造性的尊重和追求。这对释放和丰富国家的创造力和创新能力有巨大意义。

文化产业还使管理活动更富于弹性与柔性，有利于人的创造潜能的

发挥和解放。在传统的研究与创新体系中，研究机制组织化和科层化，个体的独立创造力被收束到组织化、标准化、程序化运行的管理网络之中，这在很大程度上压抑了个体创造性的充分实现。在文化产业中，艺术工作者、创意工作者和设计业者通过松散的网络，以轻松随意的方式进行沟通，在环境舒适的创意空间中相互激发，自由想象、沟通。这为个体创造性的发挥提供了优良的环境。

从工作特点来说，创意工作者的工作和休闲的界限是模糊的。他们常常无法分清工作从哪里开始，休闲到哪里结束。休闲中往往可能会萌生更好的创意或灵感。同时，文化产业通过向社会提供丰富而富有创意的文化休闲产品，激发人们的审美活动，复苏人的创造力，为提高社会整体创意能力提供了可能。

其次，文化产业促进教育体制创新，从基础层面强化国家创新能力的培养。教育在国家创新体系建设中具有基础地位。国家的创新能力不仅取决于科技人才的创造性智慧，更取决于国民普遍拥有的首创精神。教育体系对这种首创精神的培养负有根本的责任。长期以来，缺乏变革的教育体制对学生的创造能力造成普遍性抑制，影响了国家创新能力的形成。

文化产业的主体推动者是富于创造精神、创新精神和想象力的创意型人才。文化产业的发展不仅需要大批专业的设计、创作人才，更需要全体国民文化艺术修养的提升，以及全民创造潜力的充分开发。发展创意经济，需要将文艺教育和创意教育渗入国民教育的各个阶段，培养优秀的、富有创意的人力资源。开拓创造性的未来，造就创造性的人才，这些观念已经成为举国共识。近年来各类培养创意人才的教育培训机构纷纷开办。对学习者创造能力的培养成为各类教育机构关注的焦点。在这种情况下，文化产业成为革除教育模式弊端、释放国民创造力和国家整体创新能力的强大驱动力量。

二 文化产业：文化生产力的新引擎

从经济发展的角度，人类社会经历了农业经济、工业经济、知识经济的发展阶段。知识经济是文化与经济高度融合的经济形态，这种融合表现为经济文化化和文化经济化两种趋向。经济文化化指在经济运行过程中，文化内涵不断增强，非物质性的文化符号的生产与消费进入经济生产领域，并且在经济总量中占据越来越大的份额。管理文化、产品文化、服务文化、品牌文化、人力资源等产业文化是经济文化化的重要标志。文化经济化指在文化发展过程中，市场手段和市场因素日益渗入文化活动，文化产品和文化活动日益具有了经济功能，从非生产性的文化部门变为重要的经济产业部门，如新闻出版业、广播电视业、娱乐业、艺术产业、健康产业、体育产业、休闲产业这些部门的产业化。经济文化化与文化经济化的双向作用导致了文化经济时代的到来。在文化经济时代，文化竞争力已经不仅仅是一个国家的软实力，也是一个国家提高人民福祉、参与国际竞争的硬实力，是与科学技术具有同等重要地位的文化生产力。

文化产业是我国文化生产力的核心部分，它通过多种途径推动着经济与文化的融合与发展，是我国国家文化生产力的新引擎。

首先，文化产业的发展是实现新型工业化的重要方式之一。新型工业化道路要求实现资源节约、科技带动和创新促进三者的统一。文化产业以文化符号的创造为价值创造的基本方式，它所依赖的资源是人的创意能力和文化资源，这两种资源都具有可重复消费、不断再生和增值的特点。文化产业的核心是文化内容与符号的创造，注重人的精神需求和

精神消费，以多元化、个性化和创造性的文化创意产品和文化创意服务创造文化 GDP，满足人的文化需求。"内容为王，创意无限"是文化产业的特色。它是真正的绿色经济，无污染、低消耗、可持续发展，且发展空间极为广阔，引领着未来产业发展的方向。

其次，文化产业对传统的二、三产业具有巨大的产业提升作用。文化产业以文化符号的创造，为传统产业注入文化与品牌内涵，提高传统二、三产业产品的文化附加值。文化产业的核心是创意设计，它通过信息创意设计、文化内容设计、艺术创作设计、工业产品设计为传统产业的发展拓展空间。同时，文化产业还以各种创意性方案为其他产业提供解决之道。2005 年 7 月，由澳大利亚昆士兰科技大学、中国社会科学院文化研究中心、中国人民大学人文奥运研究中心联合举办的"2005 首届中国文化产业国际论坛"（ICIC），提出了一个令人振奋的口号："从中国制造到中国创造。"这一口号的时代含义在于：在我国参与全球经济文化竞争的过程中，要提高产品在国际市场上的竞争力和附加值，就要从创意和设计环节打造产品的品质。

再次，文化产业的发展对提高城市文化品位、优化城市形象、振兴城市经济方面都具有重要意义。文化产业在城市的集聚能够凝聚城市的文化氛围，通过活跃的文化艺术活动提升城市的文化品位，激发城市的创新活力，促进城市经济发展，优化城市形象。文化产业还为一些城市的老城区注入活力，使这些区域获得复兴。如北京市的 798 老厂区、上海市的老工业区、台北市的华山创意园区等。近年来，我国一些经济文化发达地区和城市出现部分文化产业集聚，如北京市的宋庄画家集聚、上海市的同济大学周边的"现代设计产业聚集区"等。这些创意集聚都对所在城市的经济、文化发展起到了积极的推动作用，使这些城市成为引领全国的创意城市。

三 文化产业：建构国家创新体系的新动力

国家创新观念是知识经济时代国际竞争的核心概念，它是国家创新体系的基础观念。自弗里曼首次提出国家创新体系（NIS）这一概念以来，"新技术"的创新、扩散和传播作为国家创新体系的核心目标被国际社会普遍接受。1998年，中国科学院相关课题组在《迎接知识经济时代，建设国家创新体系》的报告中指出，国家创新体系是由与知识创新和科技创新相关的机构和组织构成的网络系统，其骨干部分是企业（以大企业集团和高技术企业为主）、科研机构和高等院校等。这个网络系统的任务就是知识创新、技术创新、知识传播和知识应用。这一表述标志着我国的国家创新体系也基本接受了经济合作与发展组织（OECD）的观念。

人类的知识不只有科技知识，还包括数据、信息、观念、符号、文化、意识形态和价值观念等。由于自然科学工作者所提出的我国国家创新体系只关注科技知识的创新，因而引起了一些社会科学家的质疑。他们指出，以文化产业为代表的文化创新能力、评价能力和传播能力，是一种面向知识经济的、关系国家兴衰的重要战略资源。我国在制定面向知识经济时代的发展战略、创设国家创新体系时，应当重视人文社会科学在国家创新体系中的作用，将文化创新与技术创新一起纳入国家创新体系。

应当承认，人文社会科学家的意见对国家创新体系的偏差是一种有力的纠正。改革开放以来，我国经济增长单一追求GDP，国家创新体系中文化精神和制度创新精神普遍缺乏，导致了整个社会原创精神不足，这些都说明以单纯的科技知识创新为核心的国家创新

体系是不能促进社会全面发展的。当代全球文化创意经济的繁荣与我国文化产业的勃兴，充分展示了文化产业对提升国家竞争力和促进社会和谐发展的重要作用。因此，文化产业刷新了我国国家创新体系的价值观念。

人文社会科学在国家创新体系中的作用是为技术注入人文关怀，赋予技术创新文化价值维度，使技术创新中的价值评价准则从以物为尺度转变到以人为尺度。文化产业则在此基础上为国家创新体系注入了新的活力。首先，文化产业把解放人的创造力、提升人的生活品质作为基本目的，追求生产、生活、生态之间的和谐，真正实现了科技与文化结合，服务于人的发展目标。文化产业的这一特点适应了我国建构和谐社会、树立科学发展观的需要，这使它成为建构国家创新体系的新动力。其次，文化产业强调以丰富多样、富于创造性的文化产品满足人的精神需求，提升人们的整体幸福感，从评价机制上将国家创新体系以人为本的文化内涵向前推进了一大步，使之上升到以人的幸福为本的伦理层面。这使它为国家创新体系提供了适应时代要求的价值核心。最后，文化产业为我国国家创新体系的建构提供了新的模式。我国有丰富的人力资源、厚重的历史文化和多样的民族文化资源，这些优势条件在世界上是独一无二的。建构国家创新体系，我们必须思考中国的特点与优势。文化产业为我们提供了重新筹划国家创新体系的重大历史契机。如果能够依托文化产业的特点，建构一个以人文价值为核心价值的，融合技术进步、国民创意能力和文化内涵等多重价值标准的国家创新体系，我国就可能走出一条有中国特色的国家创新之路，最大限度地激发国家的创新潜能。

第五节　公共文化服务：文化公平的制度保障

公共文化服务是市场化条件下国家文化职能的重要内容。与文化产业的市场化性质相比，公共文化服务的本质是其"公共性产品属性"。文化政策专家指出，当代文化政策的关键词（基本概念）主要包括了保护（preservation，包括保护艺术作品、物质或非物质历史文化遗产）、分配（dissemination，分配公共财政资金，支持各类文化部门）[1]、创造性（creation，通过公共政策，调动包括国家、非营利组织、慈善家等一切可能的社会资源促进艺术的创造性）、研究（research，包括研究社会文化现象，为文化政策的出台提供基础，以及对政策效果的跟踪研究）、教育（education，国民文化艺术修养的培训、提升）以及活力（animation，促进国民更多地参与各类文化艺术活动，提高文化活力）[2]。可以看出，文化政策的这些核心概念所涉及的领域，都是市场失灵、必须由国家出面才能完成的社会性的公共领域。正是因为文化问题的公共性本质，发达国家虽然普遍拥有高度发达的文化创意产业，但其文化政策的重心无一例外地都集中于公共文化服务领域。例如，澳大利亚的国家文化政策明确指向两个目标：一是推动本国文化的卓越性

---

[1]　公共财政资助艺术的理由是，艺术将带给整体社会所谓的"积极外在效果"（positive external effect），受益者是全民，包括了不参加特定文化活动的人口。这些外在文化影响由三部分组成："存在价值"（即使人们不出席任何文化活动，全民还是因为文化的存在而受益），"选择价值"（人们因出席任何的文化活动而受益，即使当下并不在活动现场）和"遗产价值"（即使人们不参与任何的文化活动，一样因为文化传承而受益）。参阅布鲁诺·费莱《当艺术遇上经济》，蔡宜真、林秀玲译，典藏艺术家庭股份有限公司，2003，第4页。

[2]　参阅 Don Adams and Arlene Goldbard, *Basic Concepts：Modes and Means of Cultural Policy - making*, http：//www. wwcd. org/policy/concepts. html。

（excellence），二是促进国民对文化的接近（access）。① 法国的文化部主要代表国家发挥四种职能：立法与限制职能、直接管理文化机构的职能、再分配资金的职能以及活跃文化氛围的职能。② 在日本，文化政策的使命是为各类非职业和职业的文化创造活动提供支持，通过各种方式帮助个人或私人组织以培育国民享有文化的条件，缓解文化资源分配的不平衡以利于文化的全面发展。③ 即便是在被普遍认为没有明确"文化政策"的美国，也把对职业艺术家和艺术的扶持视为保证本国文化繁荣的根基。④ 发达国家高度发达的文化产业与其文化政策向公共文化服务偏斜构成了有趣的对照。但是，这种制度安排的背后却是市场经济条件下文化发展的根本规律。在市场经济下，唯有高度发达的文化产业和生产创造力，才能为国民提供更好的接近和享有文化产品的机会。也只有发育完备、公平竞争的文化市场环境，才能为国民的创造性和卓越艺术家的产生提供条件。但是作为文化产业核心竞争力的国民文化艺术创造力却依赖于对国民文化艺术能力的培养，这种培养的前提是对本国文化资源中文化遗产的保护，以及每一个国民都有接近、分享文化艺术的机会。正是在这种相互依赖、互为条件和动力的结构中，市场经济条件下，公共文化服务与文化产业才构成了国家文化发展的"车之双轮、鸟之两翼"。

---

① http://www.wwcd.org/policy/clink/Australia.html.

② 引自张敏《法国当代文化政策走向》，《社会科学报》2007 年 3 月 15 日。

③ 参阅 Margaret Jane Wyszomirski，"Comparing Culutral Policies: in the United States and Janpan: Preliminary Observations," *Journal of Arts Management, Law, and Society*（Winter, 1998），p. 269。

④ 美国政府性质的艺术资助大都以两种形式出现。其一，对向艺术性非营利机构的捐款实行税额减扣，这使依赖私人捐赠的博物馆、歌剧演出公司及其他艺术活动获益匪浅。政府还免征非营利性机构的所得税。其二，联邦和州政府通过补贴高等教育，向艺术提供巨大的间接支持。参阅〔美〕泰勒·考恩《商业文化礼赞》，严忠志译，商务印书馆，2005，第 51 页。

在我国，公共文化服务作为文化政策命题，与文化产业的出现一样，是改革开放和社会转型进行到一定阶段之后才出现的，无论其内涵和目标都是社会转型的产物。

一　市场化与公共文化服务的凸显

（一）文化领域的市场化要求政府提供相应的政策服务

如果从长的历史过程来看，当代中国的文化发展环境与经济发展环境一样，都经历了一个市场化—计划化—再市场化的过程。1949 年中华人民共和国成立时，中国社会的基本经济制度依然是小农经济与市场经济的结合，文化生产领域同样是市场化的。20 世纪 50 年代的社会主义改造，不仅改变了一般经济领域的所有制形式，也改变了文化生产领域的所有制形式。文化领域所有制形式的改变，使国家掌握了全部文化生产权和文化领导权。随着国有的广电、新闻出版、文化馆、电影院、人民剧团等文化事业单位的全面建立，国家完成了文化内容与服务提供的排他性垄断（宗族社会、私人行为、第三部门也同时完全消失）。[①]在这种格局下，文化生产者转变为国家意志的表达者，并通过作协、文联等体制被国家全面供养，成为"文化工作者"和"人民艺术家"。原来通过自主方式表达其文化消费选择的消费者不再具有文化消费的自主

---

① 在戏剧领域，从 20 世纪 50 年代初开始，国家开始对文工团和旧剧团进行逐步改造，到 1956 年，全国共有国营剧团 112 个、民营剧团 2212 个。在 1956 年开始的社会主义工商业改造中，民营剧团成批改成国营剧团，各地还新成立了不少国营剧团。文化部向党中央提出的请示报告中提出，今后的剧团，只有国家举办和戏曲演出者集体举办这两种区分。经过这次调整后，剧团国有化的基础完全奠定，私有剧团已经不复存在。参阅文化部办公厅编印《文化工作文件资料汇编》（内部资料），第 314～316 页。王本朝从文学生产的角度考察了 20 世纪 50 年代文化生产资料国家化的过程。参阅王本朝《中国当代文学制度研究》，新星出版社，2007，第 4 章。

选择权，其文化身份转化成单向接受代表国家文化意志的文化产品的接受者，其文化消费的表达权和选择权由国家代理和包揽。与之相应，计划经济时期的文化生活全面泛政治化，创作者不能创作政治上不合格的作品。① 所有被消费的文化产品必定是按照国家意识形态最严格的要求审查过的，必须首先为政治服务，就连儿童游戏和儿歌也被染上政治主题。在事实上文化产品短缺和文化生活全面政治化的双重背景下，群众文化消费呈现出高度的一致性，从一部电影、一出戏剧到一首革命歌曲，几乎每一部基于主流意识形态宣传需要的文化产品都会成为由人民创作的、为人民服务的、全国人民皆知的作品。

改革开放以来，中国社会生活发生了巨大变化。国门打开，从商业广告、流行歌曲、娱乐休闲开始，文化生产由国家垄断的格局被逐渐打破。文化活动和文化服务成为人们获得经济利益的方式，文化产品的意识形态色彩逐渐褪去，而其娱乐、精神需求色彩则不断增强。在这一过程中，文化产品和服务的私人性、个人性、多样性不断增强。② 国民教育水平的普遍提高带来的文化消费需求刚性增长，收入提高激发的文化

---

① 根据吴中杰的《文艺学导论》，计划经济时期，中国文艺界对文艺与政治的关系，大致有两种看法：一是认为"文艺要干预生活"，二是认为"文艺应起改造人们灵魂的作用"。所谓干预生活，是要求文艺直接介入当前的社会斗争和政治斗争，对社会事件或政治事件发言；所谓改造灵魂，是指文艺不必对当前的社会事件做出反映，而着重揭露人们思想上的弊病，从而对人们的灵魂进行鞭挞改造。从本质上讲，这两种认识都已经自觉地将意识形态功能作为文艺的首要功能。文化生活政治化的极端情况是从宪法层面对文化进行政治属性的规定，产生于"文化大革命"语境中的1975年《宪法》第12条明确规定，文化、教育、文学艺术体育、卫生、科研都必须为无产阶级政治服务。

② 1989年初，时任文化部部长的王蒙对来访的罗马尼亚客人介绍中国改革开放以来文艺领域发生的突出变化时，指出了四点：第一，不再把社会主义现实主义当作唯一的创作之道，也可以按照现代主义、浪漫主义、先锋派的手法进行创作；第二，对待文艺作品不只再注重其教育意义，而注重审美意识；第三，强调作家的主体意识，并不要求作家去模仿现实，而让他们更好地发挥主观精神和想象。见《文艺报》1989年1月7日。王蒙指出的这些变化说明，在改革开放中不断获得自主表达空间的文化创作者已经自觉与官方意识形态拉开了距离，计划经济体制下国家对文艺领域的政治性统治已经发生了巨大变化。

消费需求，进口文化产品的强大吸引力诱发的文化消费期待，都使得国家掌握的文化生产能力已经远远不能满足社会文化需求。

另外，私人投资、外资不断进入文化生产领域，并且从娱乐服务业向电影、图书、报刊、电视、文化内容生产不断开拓，与受到政策严格保护但竞争力不足的国有文化生产机构形成激烈竞争，文化生产领域的经济利益关系空前复杂化。在这种背景下，各种力量都要求国家提供相关的公共政策产品，以理顺错综复杂的市场利益关系，创造一个有利于文化生产主体公平竞争的环境，从而最大限度地释放国民文化创造力、实现文化与经济的协调发展。

（二）新型公共领域的形成要求政府提供更好的公共服务

经济增长、国家对个人牟利动机的激励以及社会财富分配向个人和家庭的流动，促使私人利益逐渐生长起来。与此同时，随着计划经济时期集体和单位对个人全方位庇护的社会结构不断瓦解和社会阶层的不断分化，人们的个人利益也在迅速分化，各个利益阶层之间、个人与国家之间、社会利益集团与国家之间的利益关系不断复杂化、博弈化。不同经济地位和不同社会身份的人们事实上已经重新形成一个新的基于个人利益的公民社会。从知识分子、下岗工人到普通农民，都参与其中。正如哈贝马斯在《公共领域的转型与结构》一书中所揭示的那样，这个公民社会关心各种私人利益之外但与社会公共利益相关的问题，进而形成当代中国的公共领域。

根据哈贝马斯的研究，图书出版和报刊在公共领域的形成中发挥了关键作用，而它们发挥作用的基本空间是在国家权力之外。20世纪80年代以来，国家对文化资源的掌控逐渐松动，大量娱乐类、文化类期刊涌现，报业领域出现了大批市民生活报刊，国民言论空间空前提高，这使我国媒体的公共舆论力量不断强化。20 世纪 90 年代后期以来，手机、互联网等新媒体飞速进入我国社会的公共生活，它们的出现不仅极大地扩张了我国公民社会舆论表达的空间，而且促进了代表国家利益的广播、电视、报刊等传媒迅速向公众言论靠近，其公共舆论作用不断强化。① 这个公共领域及其代表的新市民社会也要求政府不断改进国家治理水平，以促进国民福利的普遍提升，其中当然包括文化领域的福利和公共服务。

（三）市场失灵"倒逼"公共文化服务的完善

从理论上讲，在市场化条件下，每一位公民都可以根据自身经济能力和偏好进行文化消费。但是，一个社会总会存在弱势群体，在特定时期，由于消费能力、消费水平和自身条件的制约，弱势群体获得或接近文化产品消费的机会要远远低于社会一般水平，甚至低于参加正常社会生活所需要的最低文化接近水平的能力。出于维护社会公平和社会安全的要求，对于这一部分人群，政府和社会有义务为他们提供最低水平的文化需求保障。改革开放以来，我国由于经济发展不平衡，国民文化消费也出现了严重的不平衡，城市困难人群的文化消费水平远低于当地平均水平，农村整体水平远低于城市整体水平，老少边穷地区整体水平远低于发达地区整体水平，这种文化消费的差距既造成了国民文化资本的不平等，又制约了国民文化素质的全面提升，对社会稳定造成了潜在威胁。因此，国家必须通过公共政策和财政转移支付等方式，强化对这些

---

① 改革开放以来的中国公共领域萌芽于 20 世纪 80 年代一些重大公共事件。20 世纪 90 年代，新民谣在公共舆论表达中扮演了重要角色。进入 21 世纪，手机短信、互联网则在表达民意、公共监督方面发挥了极为积极的作用，其关注的主题则从 80 年代的反腐败问题扩展到社会生活的方方面面。中国主流媒体在公共领域的进步，从某种程度上说，与这些非主流方式的"倒逼"有很大关系。

人群和地区的公共文化服务，提高其文化福利水平，增进全民族的文化公平。另外，能够满足全社会公共文化需求的文化机构体系的建立和运行，是任何私人或社会组织都无法完成的，必须通过国家力量来进行。这是市场失灵对公共文化服务的必然要求。

（四）政府职能转型要求发展更好的公共文化服务

计划经济时期，我国政府是包揽一切的全能型政府。改革开放以来，在发展是硬道理的原则指导下，我国政府职能中经济职能格外凸显，而原来包揽的许多责任则通过"社会化"的方式从政府职能中剥离出去。但是，由于我国的经济体制改革和社会转型都还在进行中，许多相关的社会保障措施尚未建立或完善，许多职能剥离操作过于简单，事实上成为"甩包袱"。在这种大背景下，我国公共文化服务部门经历了一次艰难的阵痛。20 世纪 80 年代中期以来，由于不能盈利，又不在政府绩效考核的重点范围，全国的公共文化机构（如图书馆、博物馆、文化馆、群众艺术馆、街道和乡镇文化站）经费增长十分缓慢，许多机构的正常服务都有困难。在经济欠发达地区，由于地方财政本身吃紧，公共文化部门的业务经费难以保证，大量的乡镇文化站名存实亡。另外，改革开放以后，广播、电视等媒体可以通过广告等渠道从消费市场获得大量收入，形成了事业单位与市场主体的双重身份。在这一体制结构下，广电媒体普遍更多地考虑意识形态宣传和自身商业利益的需要，而忽视了公共文化服务的需求。"各级广电部门对意识形态和商业利润抓得比较'硬'，而对公共文化服务抓得比较'软'。"①

---

① 李国瑞：《发挥制作与传播优势　铸造广电公共服务体系》，章建刚、尹昌龙、张晓明主编《中国公共文化服务发展报告（2007）》，社会科学文献出版社，2007，第 142 页。

老少边穷地区由于公共投入不足，普遍存在互联网接入率低、看电视难、频道覆盖少、看书难等问题。在少数民族地区，民族语言文字的文化内容产品短缺尤其突出。

为改变上述状况，20 世纪 90 年代起，我国陆续启动了改善边疆地区公共文化服务状况的"万里边疆文化长廊工程"等全国性重大文化工程。在科学发展观、建构和谐社会思想的指导下，政府职能转型进程加快，建设服务型政府成为建构和谐社会的重要任务。在这一大的背景下，公共文化服务成为政府公共服务的重要内容。我国政府文化管理部门陆续投入大量资金，建设了广播电视"村村通工程""全国文化信息资源共享工程""社区和乡镇综合文化站（中心）建设项目""农村数码电影放映 2131 工程"等重大公共文化服务工程，这些对公共文化服务整体水平的提高起到了实质性推动作用。民族地区的公共文化服务问题也得到党和国家高度重视，2007 年 10 月，中宣部、国家民委、财政部、国家税务总局、新闻出版总署，联合发出《关于进一步加大对少数民族文字出版事业扶持力度的通知》（中宣发〔2007〕14 号），明确将少数民族出版事业定性为公益性文化事业，并通过增加财政投入、设立专项基金、重点项目资助、财政补贴、税收优惠、鼓励社会捐助等方式进行支持。

与上述完善公共文化服务的努力相比，《国家"十一五"时期文化发展规划纲要》的出台则标志着我国公共文化服务已经迈上一个新台阶。这主要表现在五个方面：一是体制基础发生根本变化，社会主义市场经济成为公共文化服务的基础；二是目标任务发生了根本变化，落实人民群众的基本文化权利、实现其文化权益成为公共文化服务的根本目标；三是组织体制发生了根本变化，公共文化服务体系以政府为主导，以公益性文化单位为骨干，鼓励社会力量积极参与；四是地位发生变化，公共文化服务体系成为经济社会总体发展战略的重要组成部分；五是有了体系化的构想，发展思路更为完善。①

尽管近年来我国公共文化服务已经取得了显著进步，但公共文化服务总体水平与人民群众的真实需求还有不小距离，公共文化服务还存在不少问题。具体来说，一是长期投入不足，公共文化服务设施不足，人均拥有的公共文化服务设施绝对水平和相对水平都比较低；二是公共文化服务水平普遍不高，效率较低；三是公共文化需求表达渠道不畅通，公共文化服务决策机制过于集中在政府部门，社会公众参与程度低；四是公共文化服务发展不平衡，广泛存在着地区差距、城乡差距；五是第三部门和其他社会力量参与不足。

在这种情况下，我国应该加快推动文化体制改革，积极创新公共文化服务手段，努力克服在现行公共文化服务体系中存在的问题，为社会提供更好的公共文化服务。

二　构建新型的公共文化服务体系

在市场化条件和社会转型、政府职能转型背景下发生的公共文化服务建设，不仅要增加公共服务产品数量和质量，更重要的是要构建新型公共文化服务体系，进而从根本上解决文化领域的矛盾。从发展社会学的角度看，社会转型意味着利益驱动下权利结构的变化，因此，在市场经济条件下建构公共文化服务体系，还应当充分考虑利益主体和权利结构的变化。在此基础上建构的公共文化服务体系，必然是一种新型的公

---

① 章建刚、尹昌龙、张晓明：《中国公共文化服务发展的历史性转折》，章建刚、尹昌龙、张晓明主编《中国公共文化服务发展报告（2007）》，社会科学文献出版社，2007，第16页。

共文化服务体系。新型公共文化服务体系至少应包含这样几个向度：范围上的全覆盖和服务机制的全链条、文化权利结构的调整、需求表达和公共决策的分散化、服务主体的多样化。

（一）服务范围的全覆盖和服务机制的全链条

所谓服务范围的全覆盖，是指新型公共文化服务体系必须彻底改变计划经济时期和转型过程中我国原有的公共文化服务体系存在的巨大的城乡差别、地区差别，以及体制性排挤，建立惠及每一位公民的，使每个人都大致均等地充分分享社会、经济、政治和文化发展进步的成果。

所谓服务机制的全链条，是指要形成一个科学、公正、富有效率的服务体系。要创新公共文化需求表达方式，让公共文化服务更有针对性，要"让预算形成、拨付、分配、执行、审计、验收所有环节成为全程可监督和可问责任的"。①

（二）全面落实公民文化权利，切实保障人民群众的文化权益

公民文化权利是当代国际社会普遍认可的一项基本人权，它与公民的政治权利、经济与社会权利一起，构成了现代人权的基本支柱。从一般意义上讲，"文化权利是指所有人类文化都在认识、连贯性以及发展方面获得平等的机遇。它是使每一人都能（通过国家的努力以及国际合作）认识到对于他的尊严以及人格的自由发展必不可少的权利"。②《世界人权宣言》第 27 条和《经济、社会、文化权利国际公约》第 51

① 章建刚、尹昌龙、张晓明：《中国公共文化服务发展的历史性转折》，章建刚、尹昌龙、张晓明主编《中国公共文化服务发展报告（2007）》，社会科学文献出版社，2007，第 21 页。

② 〔新加坡〕阿奴拉·古纳锡克拉等主编《全球化背景下的文化权利》，张毓强等译，中国传媒大学出版社，2006，第 2 页。

条都对公民的文化权利进行了描述。① 我国将公民文化权利的内涵概括为四点：享受文化成果的权利；参与文化活动的权利；开展文化创造的权利；文化创作成果获得保护的权利。

在计划经济时期，我国公共文化生活中并没有"文化权利"一词，因为所有的文化权利都由国家控制，是不能分割的，在由意识形态主导的文化政策中，通常用"满足人民群众日益增长的物质和精神文化需求"来描述国家与个人之间的文化权利关系。这是一种单向式的供给关系。改革开放以来，精神文化领域公民与国家之间的依附关系不断松动，公民的文化利益形式日益丰富和复杂化，公民文化表达、文化接近和分享的愿望日趋强烈。加之公民社会的逐渐形成，文化利益集团与国家、公民之间的权利博弈逐渐展开，以及人权理论对中国社会发展的影响逐渐加深，公民文化权利作为一种公民的基本权利得到了国家承认。

在全球范围内，尊重并落实公民文化权利是公共文化服务的基本前提和核心命题。作为基本前提，公共文化服务必须以落实公民文化权利为基点，准确定位政府角色、服务范围和服务目标；作为核心命题，公共文化服务的根本目的就是推动公民文化权利实现程度的最大化，进而实现社会整体文化利益的最大化。

（三）推动公共文化服务民主化

公共文化服务民主化包含两重含义：一是公共文化服务提供的公平化；二是公共文化服务决策机制和监督机制的民主化、分散化。

---

① 联合国教科文组织认定的文化权利包括：受教育和获取信息、文化认同、参与文化生活、保护文化财产和文化财产继承、创造权、受益于科学进步、受益于保护文化和艺术产品中的道德和物质财富、国际文化合作。

在公共文化服务公平化方面，要通过财政支付转移、政策倾斜化、服务差异化等多种方式，努力实现公共文化服务在全体公民中的大体公平。①

在公共服务决策的民主化方面，应该积极学习国外先进经验，包括"一臂间距"、文化委员会、决策分权化等机制，努力克服我国公共文化服务中长期存在的决策高度集中于政府部门甚至少数主管部门首长的问题，让专家、社区公众和非政府机构都积极参与公共文化服务的决策和监督过程，不断提高公共服务决策的专业化、民主化水平，以科学、透明、民主的方式打造高效率的新型公共文化服务体系。②

（四）推动公共文化服务主体多元化

在市场经济条件下，公共文化服务如果完全依赖于国家，无论是服务效率和服务水平都无法满足社会需求，尤其是公共政策之外的准公共文化产品的提供领域。因此，必须大力推动公共文化服务主体多元化，引导企业、第三部门、个人等社会力量成为公共文化服务的主体。唯有如此，才能最大限度地调动社会资源在最大限度上满足公共文化需求。

---

① 一些欧盟国家在公共文化服务中，通过国有高雅艺术团体制度性定期到边远地区巡回演出，增加博物馆、图书馆等不可移动公共文化设施中的文物、图书的移动性等方式来促进公共文化服务的公平性。

② 近年来，西方国家在公共文化机构管理评价标准的制定和修订过程中，十分注重服务的高效和服务对象的多样化需求与满意度。同时，政府公共文化行政也开始注重建立与公众之间的长期互动关系，针对公众多元的文化需求结构，设计和提供理想的文化产品或服务，并通过各种渠道了解公众的期望，并将此信息作为改进工作和管理的方向；注重公众对公共文化事务管理过程的参与，鼓励公众在参与过程中积极表达观点、看法和意愿。参见任珺《公共文化服务体系研究综述：2004~2007》，章建刚、尹昌龙、张晓明主编《中国公共文化服务发展报告（2007）》，社会科学文献出版社，2007，第82~83页。

第六节　文化安全：全球视野中的文化竞争

一　对文化安全的几种认识

十六届四中全会明确提出，文化安全是国家安全的重要内容。十七届六中全会通过的《中共中央关于深化文化体制改革推动社会主义文化大发展大繁荣若干重大问题的决定》指出，要不断解放和发展文化生产力，提高文化开放水平，推动中华文化走向世界，积极吸收各国优秀文明成果，切实维护国家文化安全。

与经济安全、政治安全相比，文化安全是全球化时代国家安全问题的新兴因素，属于非传统安全。关于文化安全的内涵，国内学者从不同角度对国家文化安全的内涵进行了诠释。

第一种观点认为，"国家文化安全是一个国家以文化生存与发展为基础的集合，一种由这种集合的动力结构规定和影响一个国家文化生存与发展的全部合法性与合理性的集合体"。① 这种观点主要强调国家对文化主权的牢牢掌握，将国家文化安全的核心归结为，以美国为首的西方国家集团以经济和文化的强势威胁了当代中国以及像中国一样的许多发展中国家的国家文化安全。由于其出发点的防御性，这种国家文化安全观从本质上体现出浓厚的文化保守主义色彩。

第二种观点认为，当代国家文化安全的核心问题是各国人民都不希望自己所属的"国家—民族"的"基本价值"和"文化特性"会在全

---

① 胡惠林：《文化政策学》，书海出版社、山西人民出版社，2006，第360页。

球化大潮下消失或退化。① 这种观点不仅注意到了全球化条件下国家文化安全已经是发展中国家和发达国家都被迫面临的一个普遍问题（尽管各国面临的具体问题各不相同），而且注意到了国家文化安全的新变化，即跨国合作、共同治理等因素对传统意义上的国家文化主权的超越。这种观点以国家—民族"文化特性"的保持取代"文化主权"的掌控来刻画文化安全的核心内容，显然更具开放意识和全球视野。但是，全球化语境下，民族国家的文化特性其实是在国际文化网络中和全球交往中不断被重塑和改造的。一个奉行文化上"熔炉"政策的加拿大与一个奉行"多元文化主义"政策的加拿大、一个改革开放的中国与一个封闭自守的中国，其所体现的"文化特性"和"基本价值"显然是有所不同的。因此，将国家文化安全聚焦于其"文化特性"，仍然不能充分概括文化安全的内涵。

第三种观点认为，国家文化安全是关乎民族文化身份、主流价值观念、文化产业和文化创造力等"民族生死存亡，牵扯国脉传承的重大的文化利益"的。② 这种观点看到了文化安全与国家重大文化利益的联系，并将文化的生产能力和创造能力纳入文化安全的范畴，从而显示出更为开放、进取的色彩，但仍未充分注意到全球化背景下国家文化利益与文化竞争之间的内在关联。

第四种观点认为，如果国家文化在长期的国际竞争中处于劣势，才可能使国家发展速度缓慢，从而导致国家的不安全。因此，只有文化（"谎言"和"谣言"）引起的国家安全问题和文化发展与未来国家安全问题，而不存在"国家文化本身"的安全问题。"消解国家文化安全的观点，只承认有文化'谎言'引起国家安全问题和文化发展与国家

---

① 潘一禾：《文化安全》，浙江大学出版社，2007，第 32 页。
② 张玉国：《国家利益与文化政策》，广东人民出版社，2005，第 109～134 页。

未来安全问题，并且强调若要发展文化、维护未来的国家安全，即便中国文化现在仍不够强硬，也必须强化常态的文化竞争。"① 这种观点不再局限于"国家文化安全"概念的提出者将国家安全问题与国家间文化竞争交流混为一谈的框架，而是将"国家文化安全"问题拆解为国家安全与国家文化发展这两个相互区分的范畴，进而使国家文化发展与国家间文化竞争成为讨论"国家文化安全问题"的关键词。相比前三种观点，这种观点对全球化背景下国家文化竞争发展的实质无疑具有更为深入的认识，是对"国家文化安全"这一概念的重要理论突破。正如一些学者所指出的，"在新一轮的全球化背景下，文化上的不安全感从根本上说是来自文化市场的竞争力不足，甚至来自对竞争能力的自卑感，来自对自己的文化的吸引力和道义感召力的不自信"。②

国内学者对文化安全的探讨深化了人们对文化安全的认识，也为维护文化安全的政策设计提供了重要的帮助。但是，还应该认识到，全球化使国家间的文化交往与政治、经济、社会因素密切融合，也使国家的"文化"问题不再局限于文化领域，而是成为与社会诸领域密切融合的发展要素。因此，文化安全并不只是一个纯粹的文化问题，也是一个国家正常发展的必要条件。从这个意义上讲，全球化时代国家文化安全的基本内容就是指一个国家实现正常发展所需要的文化条件。

在全球化时代，全球文化产品与服务在国境之间的流动还受到边界、关税和条约的限制。从文化产品与服务与贸易的角度看，国家间的文化经济利益边界依然清晰，文化产业的竞争实力在很大程度上决定了

---

① 郭宾、秦德智：《对国家文化安全观点的再思考》，《山西大学学报（哲学社会科学版）》2011 年第 34 卷，第 136 页。

② 张晓明、胡惠林、章建刚：《寻找动力，重新起步》，张晓明、胡惠林、章建刚主编《中国文化产业发展报告（2011）》，社会科学文献出版社，2011，第 10～11 页。

一个国家在国际和国内文化市场的影响力。在这种背景下，文化产业越是具有优势的国家，其文化安全的信心就越强，文化产业处于竞争劣势的国家，自然会感到文化安全受到威胁。但是，有这种受威胁的感觉，并不能说明一个国家正常发展所必备的文化条件已经受到威胁，除非这种威胁就是来自敌对国家具有敌意的文化颠覆活动。以互联网为技术支撑的全球文化信息的无界流动已经成为人类文化交流和文化共享的基本方式。当国家、边界对人类文化交流和共享的约束性越来越小的时候，如果依然用"文化主权"一类的传统概念和传统视野去理解国家文化安全问题，很容易在观念上滑向文化保守主义，从而为国家的文化发展与繁荣自缚枷锁。

二　国家文化安全的内涵

从其表现形态来看，这些内容大体可分为两类。一类可以称为表层安全领域，这类安全领域包括了国家的文化传播主导权的安全、国家的文化生态和文化资源安全、文化产业安全；另一类可称为深层安全领域，包括意识形态安全与国家认同安全、文化价值观安全等。

（一）国家文化生态与文化资源安全

文化生态是一个借用生态学术语来描述全球或国家层面不同层次、不同民族、不同特质的文化间共存与互动关系的概念。良好的文化生态意味着不同层次、不同民族、不同特质的文化之间能够良性互动，相互包容、彼此吸收而又保持各自的特质。每一种文化都能够充满活力、健康发展的文化多样性是文化生态安全的重要标志。正如《世界文化多样性宣言》指出的，文化多样是交流、改革、创新的源泉。对人类来讲，就像生物多样对于维持生物平衡那样必不可少。在全球化语境下，一种文化对于人类社会的价值不仅在于其增加了人类文化的多样性，更在于其吸收其他文化，不断创新，为人类整体文化发展做出贡献的能力。全球化使不同历史背景、不同价值观念、不同地域、不同群落、不同民族、不同宗教背景的文化进入了同一竞争平台，空前发达的全球性文化交流和文化传播使人类文化多样性得到展示。但同时，发达国家的文化与价值观通过强势的文化传媒机器和强大的文化产业不断向全球各个国家渗透，落后国家和弱小民族的民族文化生存空间不断被挤占，民族国家的文化生态和文化多样遭受空前威胁。全球化还在不同文化之间造成"马太效应"，使强势文化更加强势，加剧了弱势文化生存的困难。因此，通过各种手段，努力保持民族文化的独特性、多样性，促进我国文化在全球文化交往中不断获得新的发展、新的活力，是我国文化政策的重要目标。

文化资源安全主要是指一个国家的民族文化传统及其文化遗产传承、保护方面的安全，其中文化遗产又包括物质文化遗产和非物质文化遗产。文化资源安全的重要性体现在三个方面。其一，文化资源安全是一个国家在全球化语境下保持其文化身份，获得长久发展的基本条件。文化的认同和凝聚力是民族国家发展、延续的最有效保证，而文化认同的基础恰恰是民族国家的文化传统、价值观念和它们植根其中的文化遗产。以色列人能在亡国 2000 年之后顽强地重建自己的国家，犹太文化强大的凝聚力是根本内因。中华民族数千年来历尽磨难，而国家始终能够延绵、统一，是因为中华文化绵延赓续，不曾中断。在全球化语境下，文化资源的丧失意味着国家长久立国的基础受到动摇。因此，进入 20 世纪晚期，包括英、法、日、韩等国在内的许多国家都将民族文化资源的保护与弘扬作为重要的国家战略。其二，文化传统和文化资源是

全球化语境下民族国家文化创造力的源泉。人类社会进入现代进程以来，源于希腊文明的欧美国家率先进入现代化进程，强大的国力和生产力使这些国家成为科学技术和人文、社会科学知识的创新源头，成为尚未进入现代化的国家学习和模仿的对象。在进步主义的线性历史观和文化观的影响下，原本代表人类创造能力的科学技术成为标志不同发展水平的国家的意识形态，民族国家被贴上了"落后"与"先进"的标签，而全球范围内的文化交流也变成了落后国家向西方发达国家学习"先进文化"，以及发达国家强势文化传播压迫落后国家民族文化传统传承空间的过程。经济与社会发展的落后，通过西方发达国家文化传播的放大效应，转化成"后进"国家和民族对自身文化传统的深深自卑。落后国家进入现代化的过程转化成"后进"民族的传统文化资源被改造、遗弃和失去活力的过程。许多民族国家的传统知识和文化资源被看成"进步"和"发展"的阻力而遭受抛弃，诸多的少数民族文化、语言甚至遭受了毁灭性的损失。20世纪以来，尤其是20世纪70年代以来，对进步主义和现代性的反思使人们认识到，经济增长并不能解决人类发展的所有问题，文化的创造性也是民族竞争发展的重要领域。对民族国家而言，在继承民族文化传统和文化遗产的基础上进行创新发展，才是文化发展的必由之路。其三，全球文化产业的兴起使文化资源成为各国争夺对象。20世纪后半期以来，发达国家经历的从后工业社会向知识社会、从服务经济时代向知识经济时代乃至文化经济时代转型，则更加凸显了文化的资源意义。那些曾经在《共产党宣言》中被宣判为"烟消云散"的富有魅力的"前现代"的知识和信仰被镀上新的魅力光环，成为被商业力量"开发"或有待开发的"文化金矿"，被国际文化产业巨头竞相争夺。好莱坞版的卡通电影《宝莲灯》、日本版的电视剧《西游记》和以《三国演义》为题材开发的网络游戏都是中国传统文化资源被外国企业进行商业化开发的典型案例。近年来发生的高句丽历史之争、端午申遗、韩医与中医之争所揭示的，正是国际文化资源争夺激烈化的生动写照。

中华民族具有全球各国无与伦比的文化资源和历史传统，在参与全球化过程中，我国的传统文化资源、非物质文化遗产和少数民族语言与文化正在加速流失。因此，保护、开发和弘扬中华民族赖以生存和发展的文化资源，已经成为国家文化安全的重大任务。

（二）国家文化传播主导权安全

文化的生命力蕴藏于传播过程中，缺乏传播就缺乏影响力和生命力。在全球化时代，各种文化的生存和发展空间在很大程度上取决于其传播能力。一个国家要使自己的民族文化得到传承和发展，必须要掌握本国文化的传播主导权，即掌握其国内文化空间中的文化内容与传播渠道的主导权。文化传播主导权的实质即允许谁来传播和允许传播何种内容。在传统的民族国家内部，从早期的书报印刷媒体到近代的广播、电视媒体，文化传播的主导权都是由国家权力掌握的，即国家通过文化政策和法规约束本国的传播主体（传媒企业、教育机构），进而对传播者和传播内容进行主导。但是，民族国家主导本国文化发展的格局在全球化时代已经发生了重大改变。

首先是国际文化传播的发展对民族国家文化传播的主导权构成了重大挑战。在当代国际传播格局中，存在着两种明显的不对称现象。一是以美国为代表的发达国家占有绝对优势；二是在发达国家中美国占有突出的优势。联合国教科文组织的市场调研表明，发达国家与发展中国家之间的文化传媒产品流通，存在着极为突出的不对称格局：在全世界跨国流通的每100本书籍中，有85本是从发达国家流向发展中国家的；

在跨国流通的每 100 小时的音像制品中，有 74 小时的音像制品是从发达国家和新兴工业国家流向发展中国家的；在跨国流通的每 100 套电脑软件中，有 85 套是从发达国家和新兴工业国家流向发展中国家的。50 家西方传媒集团占据了全球 95% 的传媒市场。文化传播交流的不对称使发达国家的文化内容和文化产品大量占据其他国家的文化传播空间，使后者的价值观和本土文化传承受到严重威胁。

美国是当今世界文化传播力量最为强大的国家，借助其强大的经济实力和英语的语言优势，美国建立起了全球最强大的文化生产机器，并在此基础上形成了超强的文化传播力和渗透力。20 世纪 80 年代，美国控制了全球 75% 的电视节目生产和制作，许多第三世界国家的电视节目有 60% ~80% 的栏目内容来自美国。"梦工厂"好莱坞电影占据了美国以外世界市场份额的 50% 以上。美联社和合众国际社使用 100 多种文字，向世界各地的用户昼夜发布新闻，每天发稿约 700 万字，并带有大量图片。CNN 利用其信息和传播优势，进入了全球 212 个国家和地区，拥有的观众超过 10 亿。"美国之音"电台，使用 52 种语言播音，每周播放时间超过 1200 小时，宣传美国的对外政策和介绍美国的社会文化，开展政治宣传和文化渗透。

在被称为"第四媒体"的互联网领域，美国更是占尽先机。美国通过 ICANN（互联网域名与地址管理机构）掌握着全球 13 台互联网根服务器，控制全世界网址及网站的域名分配，建立了对全球互联网的根本控制权。美国可以根据需要，随时截取各国的互联网信息、停止甚至瘫痪一个国家的互联网服务。美国不仅牢牢控制着整个国际互联网络的终极运行安全，而且拥有全球最多的网站。此外，英语的传播优势以及美国在个人电脑操作系统中的统治地位，都使美国实际上掌握了新媒体领域全球最强大的传播优势和控制权。透过强大的文化传播机器和庞大的贸易网络，美国文化以席卷全球之势在其他国家传播。

美国还利用其在传播领域的技术优势，展开对其他国家的信息干涉，为美国文化的扩张清道辟障。2008 年，美国国会在新通过的年度预算中为国务院提供 1500 万美元的经费，用以研发能够协助网民打破电子防火墙的"对抗新闻检查的工具和服务"。这笔专款是国务院民主、人权和劳工署 2008 年预算的一部分，将通过竞争授予研制反制网络控制技术的软件开发商，使互联网受到严密控制的国家的网民能广泛和安全地使用互联网。美国国会通过的预算法案表示，发起这项反新闻检查的努力是为了提高包括中东和亚洲在内的封闭社会的信息自由。①也就是说，从技术上抵消或降低相关国家对其国内互联网信息的控制能力（或者说从技术上确保美国文化对其他国家的渗透能力和影响力）是美国的重要目标。

美国的文化传播优势不仅严重威胁了发展中国家的文化传播主导权，也威胁着发达国家。一些发达国家明显感受到美国文化扩张对本国文化传播在商业和政治上的严重影响。早在 20 世纪 80 年代，欧盟就通过了"电视无国界"指令，这一方面是为了促进欧盟内部国家间的文化融合与交流；另一方面也是为确保欧盟各国的电视台播放不低于50% 时间的欧洲节目，以抗衡美国电视节目所表达的价值观对欧洲各国文化特质的威胁。法国在 WTO 谈判中坚持"文化例外"立场，明确反对将文化产品视为普通的国际贸易产品。为保护法语文化和法国文化在国内的传播优势，法国政府的文化干预政策贯穿于从电视制作的融资到电视作品播放时段、播放时间等各个环节。按照规定，法国每家电视台播放作品的比例是：至少 60% 的欧洲作品和 40% 的法语原文表达作品，

---

① 若思：《美国国会加大反制网络控制的努力》，http：//www.voanews.com/chinese/archive/2008－01/w2008－01－08－voa64.cfm。

这两个比例需要在各电视台的高收率时段优先保证。① 在发达国家，对美国文化产品威胁体会最为深刻的是加拿大。在加拿大文化市场上，国外图书占其图书总销售额的 45%，外国期刊发行年销售收入占 63%，国外电影发行收入占电影发行收入的 85%，国外电影占加拿大影院屏幕时间的 94%～97%。② 在占领加拿大文化市场的这些国外文化产品中，美国文化产品占绝大部分。为维护本国文化利益，加拿大政府从20 世纪 50 年代起就开始制定保护本国文化传播主导权的相关政策，并逐渐形成了由财政资助、"加拿大内容要求"、税收措施、外国投资和产权限制、知识产权保护措施等手段构成的本国文化发展保护与促进政策。③ 在对外文化贸易领域，加拿大积极坚持"文化例外"的立场。1988 年，加拿大在与美国达成的《自由贸易协定》中，正式写进了"文化例外"，最终将这一原则带进了《北美自由贸易协定》。法国、加拿大等发达国家与美国文化传播霸权的斗争还延伸到国际社会。近年来，美国以 WTO 为阵地和法、加等国以联合国教科文组织（UNESCO）为阵地，围绕文化贸易自由和文化多样性展开争夺，其背后的较量正是全球发达国家和发展中国家对美国文化传播霸权的联手反击。虽然UNSCO通过的《保护文化多样国际公约》等文件标志着反击力量已经取得某些阶段性成果，但 WTO 框架下加拿大在与美国的期刊争端中败诉的事实说明，在全球范围内，各国反击美国文化传播霸权、维护本国文化传播主导权的道路依然漫长。

其次，传播技术的发展对国家文化传播主导权构成了重大挑战。在机械复制时代，国家只要有效掌控视听产品、印刷品的出版、印刷、发

---

① 侯玉瑶：《法国文化产业》，外语教学与研究出版社，2007，第 150 页。
② 张玉国：《国家利益与文化政策》，广东人民出版社，2005，第 204 页。
③ 张玉国：《国家利益与文化政策》，广东人民出版社，2005，第 206～214 页。

行、频道、波段等发放环节，就可以有效掌握文化传播的主导权。但在电子传播和数字化传播时代，卫星电视使全球电视节目传播和接收摆脱了地域和国界的制约，一个拥有卫星信号接收器的家庭可以收看到世界范围内的卫星节目，一个拥有互联网的个人也可以通过互联网上无数的节点进入全球任何开放的信息库。就传媒主体而言，数字技术和媒体汇流的结果已经使任何数字媒体的使用者成为内容和信息的生产主体，传播内容的生产方式和生产主体构成发生了前所未有的变革。与此同时，媒体革命悄然兴起。一台联网的电脑就是一个微型的个人电台和电视台。网络传播的交互性还使信息的接收者能够随意改编、加工、原创并发布信息，造成新的信息集聚、放大和扩散效应。信息传播的全球化、网络化使主权国家很难通过传播政策规制和物理隔离手段来限制或引导文化内容的传播，从而令传统的管理手段捉襟见肘。技术创新对民族国家传播主导权构成的挑战迄今尚在发展演进之中，如何既能顺应技术创新的历史大势，促进文化表达与创新的繁荣，全面解放公民的文化创造力能较好解决国家对文化传播的有效引导，已经成为我国必须面对的文化难题。

（三）文化产业安全

国家文化产业安全的实质是在全球市场竞争中提升本国文化产业竞争力。在市场竞争中，文化产品和普通商品一样，在不受约束的情况下，具有强大生产能力的国家和企业就会占据市场的绝大部分份额，从而对其他弱势的文化企业构成致命性打击。在马歇尔计划里，美国对二战后西欧国家的援助里就包含了极有文化企图的条款。按照其中的规定，大量的美国影片可以合法地进入欧洲市场。在英国、德国、意大利等国家，洪水般的美国电影涌入戏院，"有

效地扼杀了他们各自的民族电影，迫使他们只能生产某种专业影片或在第三世界国家寻求生存"。①

在当今的全球文化市场中，发达国家处于绝对优势，以好莱坞影片为代表的西方文化产品更是被喻为文化"压路机"，其所到之处，无不占尽先机，致使其他国家的民族文化产业几乎无法抵抗。在企业领域，由于核心文化企业占有相当大的市场份额，具有长期可持续的强大盈利能力，因此，无论对传统企业中的服务业、制造业巨头，还是对强大的国际文化、传媒巨头，都具有强大的吸引力，是其进行战略收购、控股的重要目标。同时，核心文化企业在文化传播、观念影响领域不可替代的作用也使其成为重要的政治影响工具，因此也是重要的战略目标。在我国融入全球经济、文化发展体系的情况下，文化产业发展必然面临上述威胁。尽管目前我国对新闻、出版、广播等核心传播领域仍然采取了严格的外资准入控制，但在电影、娱乐等文化产业领域，对外资已经实现了相当程度的开放。随着文化领域对外开放的不断深入，我国对国际文化资本的控制会不断放松，国际文化产品和资本的挑战将会更加突出。

对于国际文化产品和资本的威胁，各国通常的做法是采取审慎的产业政策，限制国外文化资本对本国文化产业的渗透、挤压和控制，为本国文化产业健康发展创造宽松的环境，尤其是新闻、出版、广电等核心部门。法国的电影产业政策和加拿大的出版实业政策都很有代表性。法国对本国电影产业的保护与扶持主要是通过 CNC（国家电影中心）来进行。CNC 的主要手段有：对电影产业进行经济扶持、促进法国电影

---

① 〔美〕弗雷德里克·杰姆逊：《对作为哲学命题的全球化的思考》，弗雷德里克·杰姆逊、三好将夫编《全球化的文化》，马丁译，南京大学出版社，2005，第 63 页。

在国外的放映、发展电影教育、保护电影文化遗产等。① 为应对美国文化产品的威胁，加拿大在出版业实施了一整套明显的保护政策。这套政策包括立法、项目资助、税收调节、投资限制和内容要求等。② 法国和加拿大的这些产业保护政策取得了明显的效果。在法国，尽管近年来电影发行数量逐年上升，但美国电影在法国的市场占有率却得到有效遏制，总是在30%～40%。在加拿大，对出版业的保护政策有力地推动了加拿大文化的繁荣。20世纪60年代，在加拿大图书市场上几乎看不到任何新出版的加拿大人创作的文学作品，加拿大不存在作家群体，加拿大作家在海外也没有什么影响。但现在，情况已经完全改变了，已经有二三十名加拿大作家在加拿大和英语世界拥有了广泛的影响。

　　法国和加拿大的做法证明，在全球化语境下，保护性政策依然是发展民族文化产业的战略措施。但保护性政策也存在不利之处：它可能会隔断本国核心文化企业参与全球性竞争外部环境，削弱其全球竞争的动力和进取雄心，从而不利于企业长期成长。在需要提高本国民族文化传播力和影响力的外向型国家文化战略中，对文化产业的保护与对外开放之间必然需要一种平衡战略。文化产业面临的威胁与其说是跨国资本和政治意图的威胁，不如说是在与强大竞争对手的博弈中自身缺乏竞争力

---

① 法国国家电影中心代表国家对电影制作进行资助，资助分为两类，一类是自动资助，另一类是选择性资助，属于贷款扶持。在法国，每卖出1张电影票，国家电影中心均要从票价中提取11%的特殊附加税，其中一部分被汇到电影制片人"自动资助基金"的个人账户里。2004年，法国共有151个制片人（公司）获得自动资助，占电影制作法国投资方出资的8.9%。同年，通过选择性资助，法国国家电影中心共资助了63部电影，占法国电影市场制作总数的31%。见侯玉瑶《法国文化产业》，外语教学与研究出版社，2007，第116～117页。

② 根据加拿大法律，外资不允许在加拿大设立独资图书出版社、期刊社、报社和发行公司；不允许外国人收购加拿大人拥有或控股的图书出版企业；不允许外资收购加拿大期刊。加拿大政府通过四种项目直接资助本国出版商，包括"图书出版产业发展项目""加拿大期刊基金""出版商贷款项目""文化产业发展基金"，1997～1998年度，加拿大政府对图书出版的资助占图书出版商总收入的6%。见张玉国《国家利益与文化政策》，广东人民出版社，2005，第225～231页。

的威胁。

文化产业竞争的核心是内容竞争。一部典型的欧洲电影所能吸引的观众数只是典型的美国电影的1%。[①] 好莱坞大片风靡全球，其内容的吸引力是基本前提。提高我国核心文化产业竞争力的一个重要方面，就是加强内容原创，创新制作技术。这需要国家以更明确的政策，促进具有全球文化视野的创意人才和经营管理人才成长、涌现。同时，也需要我国的文化政策更加具有开放意识和全球意识。

因此，在全球化语境中，维护文化产业安全不能只依靠保护，更为重要的是培养统一开放、竞争有序的市场，提升国家文化产业的竞争力。

（四）国家意识形态与文化认同安全

我国社会主义制度建立以来，就处于与资本主义制度斗争中。作为社会主义制度的核心基础，马克思主义意识形态长期以来是以美国为首的西方资本主义阵营进行文化渗透与和平演变的对象。从冷战时期开始，西方国家对社会主义国家的文化渗透就包含双重战略目标：一重目标是向中国等社会主义国家传播西方资本主义生活方式和自由主义价值观，破坏这些国家人民的政治信仰和他们对本国文化的忠诚，并尽可能造成这些国家的文化危机，以达到其政治目的；另一重目标则是培养社会主义国家人民对西方文化观和价值观的认同，企图以其文化观和价值观"重塑"整个世界。

前美国商务部高级官员大卫·罗斯科普曾经赤裸裸地表示，"如果世界趋向一种共同的语言，它应该是英语；如果世界趋向共同的电信、安全和质量标准，那么，它们应该是美国的标准；如果世界正在由电

---

① 〔美〕泰勒·考恩：《创造性破坏》，王志毅译，上海人民出版社，2007，第87页。

视、广播和音乐联系在一起，节目应该是美国的；如果共同的价值观正在形成，它们应该是符合美国人意愿的价值观"。[①] 美国国家利益委员会起草的《美国国家利益》报告，把在全球化信息传播中保持领先地位、确保美国价值观继续积极地影响其他国家的文化列为"重要利益"。美国国土安全局文化总干事卡洛琳·帕克·梅耶斯说："20世纪，美国文化和价值观一直是我们国家最大的财富，并向全球扩展。21世纪，战争（包括我们正在进行的反恐战争）的得失成败将取决于人们的心灵和头脑——不论是在美国国内还是国外，取决于我们能否赢得人们的心灵和头脑。"[②]

改革开放以来，中国已经从经济上完全进入全球化过程，加入WTO后，中国与全球经济的接轨全面加速，到2007年，中国外贸依存度超过60%，成为全球外贸依存度最高的大国之一，中美、中日、中欧的经济联系达到了前所未有的紧密程度。经济全球化的过程也是中国国家意识形态继承、创新和发展的过程。改革开放30年来，中国国家意识形态也从马克思列宁主义、毛泽东思想为指导发展到以马克思列宁主义、毛泽东思想、邓小平理论、"三个代表"重要思想和科学发展观为指导。对于资本主义，中国国家意识形态中已经不再将其列入消灭的目标，而是认为人类的基本经济制度、社会制度和民主制度并不只有一种，社会主义和资本主义完全可以和平共处，各自发展，相互吸收，人类社会也将从这两种制度的相互吸收和学习中受益。在文化领域，中国一方面大力发展文化产业，全面提升国家文化创造力，另一方面不断发展和完善公共文化服务体系，改善国民的文化福利。同时，不断深化与

---

① 转引自 http：//www. gter. net/news/html/200503/1110839868. html。

② Carolyn Parher Mayee, *A Letter From Our Director General*, http：//www. hscb. org, 转引自张玉国《国家利益与文化政策》，广东人民出版社，2005，第108页。

西方国家的文化交往，主动引进大量的国外文化娱乐产品，文化市场的开放程度不断扩大。在政治领域，中国以增量、渐进的方式，不断增加政府执政的透明度，提升社会生活的民主内涵。经济领域的成功、文化领域的发展、政治领域的进步使中国国家意识形态的吸引力和凝聚力大大增强。在这种背景下，中国与西方国家在文化领域的斗争已经从冷战时期针锋相对的意识形态斗争转向文化价值观和文化经济利益的争夺。中国在意识形态和国家文化认同领域的防卫态势逐渐转变为更为进取的文化"走出去"战略，中国文化的国际影响力和国家文化认同凝聚力也显著提升。

但是，意识形态和文化领域的国际斗争并未终结，而是更为复杂。改革开放以来，西方国家的价值观通过电影、电视、动漫、电子游戏、图书等内容产品不断渗透到社会各个阶层，对流行文化的主要消费群体——青少年——的影响更大。20世纪80年代后期以来，以美、日等国家为代表的外国动漫产品占据了中国电视动漫播出时间的绝大部分，其份额一度超过中国电视动漫播出时间的90%。这种传播格局使中国少年儿童的价值观、伦理观受到西方文化潜移默化的影响，也使他们的传统文化教育受到严重冲击。不仅如此，国外卡通、游戏中的暴力成分也严重影响着少年儿童的心理健康和人格培育。① 同时，在冷战后出现民族分裂主义、原教旨主义等势力影响下，分裂势力开始严重威胁我国国家主权完整。这些分裂势力无一不把文化割裂作为通向其分离目标的核心手段，他们不仅挑动民族文化分裂，而且在国际社会大力传播"台独"文化、"藏独"文化、"疆独"文化。西方国家则以人权为借

---

① 研究表明，在美国，每1小时的卡通片平均向儿童展示41处暴力或杀戮场面。一个美国儿童平均每天看3小时的卡通片，到7年级时他已经在屏幕上看过8000次谋杀和10万个暴力场面。一个处于青春期的美国少年到18岁时已经杀死了4万个游戏对手或敌人。

口，为这些势力提供种种便利，甚至公开支持其文化分裂活动。所有这些问题都对我国国家安全构成了新挑战。可以预见，这些文化挑战将会长期存在。

从保护国家文化认同安全的角度来看，我国必须加强文化建设。一方面，要大力发展本国的文化产业，既要增强本国文化产品的吸引力和传播力，为青少年的文化消费创造更多的内容健康、富有吸引力的文化娱乐产品，又要加强对新媒体和文化内容的监管力度，为全社会创造一个表达自由、创作繁荣、内容健康的文化消费空间。另一方面，要通过积极的文化战略，大力弘扬中国文化及其核心价值，提高国家软实力和文化吸引力。

第二章 文化大发展大繁荣：
机遇和挑战

第一节 社会主义文化发展的规律和特点

社会主义文化是中国特色社会主义发展的重要组成部分，它与经济建设、政治建设和社会建设一起，构成了我国社会主义事业发展的四根支柱。从历史发展和市场化转型的角度思考、归纳市场化条件下社会主义文化发展的规律、特点和历史教训，对推动我国文化大发展大繁荣具有重要的理论借鉴意义。

一 社会主义文化发展的几个规律

对社会主义文化发展规律的思考，既要着眼于社会主义文化发展的历史实践，也要充分吸收市场经济国家的经验。从中外文化发展历史经验来看，在市场经济条件下，我国社会主义文化发展必须遵循以下规律。

（一）要正确对待文化产品的多种属性，尊重文化发展的规律

文化产品具有意识形态、教育、审美、娱乐、商品等多重属性，分别体现着文化的不同价值维度。意识形态属性体现了文化产品与统治阶

级的价值理念、价值立场之间的关系，统治阶级从维护统治地位的需要出发，要求文化产品必须符合自身的价值立场。教育属性是文化产品蕴涵的意识形态观念和道德立场对消费者的意识形态、道德判断等价值行为的影响和塑造作用。审美属性体现了文化产品的艺术特点和价值内涵对人的精神启迪和陶冶功能，其根本原则是情感价值的表现、互动与提升，即所谓"悦心悦志"。娱乐属性是文化产品满足消费者精神—心理需求、愉悦消费者身心的功能，其根本原则是快乐，即所谓"悦耳悦目"。商品属性则体现了文化产品作为精神—物质复合物所具有的劳动价值和市场交换价值。

市场化条件下推动文化发展，关键在于正确对待文化产品的多重属性，尊重文化发展的规律。首先，要处理好文化产品的审美属性、娱乐属性与意识形态属性和教育属性之间的关系。在当代，文化产品的诸属性之间存在着两种紧张关系。一是文化产品的审美属性、娱乐属性与其意识形态属性和教育属性之间的紧张关系。文化产品的根本属性是审美属性，文化产品包含的娱乐属性、意识形态、道德观念都渗透在其审美形式之中，并且只有通过这一属性才能实现。过度强调意识形态属性和教育属性必然导致文化产品的审美属性和娱乐属性大大削弱，阻碍文化创造的繁荣。因此，既要避免完全抛开文化产品意识形态属性、对文化生产放任自流的做法，又要防止片面强调意识形态属性的做法。市场化条件下推动文化发展，关键是要防止后者。二是文化产品的娱乐属性与审美属性之间的紧张关系。在传统社会里，追求审美属性通常代表着精英文化的立场，而追求娱乐属性通常代表着通俗文化和大众文化的立场。消费社会的形成和网络社会的兴起使文化产品娱乐属性获得更大的独立性，精英文化与大众文化之间的边界日趋模糊。在这种背景下，要高度重视文化产品的娱乐属性，将满足人们的娱乐需求作为文化发展的

重要目标。

其次，要处理好文化产品的社会效益和经济效益之间的关系。文化产品对促进思想解放、弘扬社会正义、凝聚社会认同、推动制度创新有巨大作用，这是其社会效益。文化产品通过市场机制进行生产、流通和消费，获得经济收益，这是其经济效益。在经济利益最大化的驱动下，生产者可能生产与社会主流价值观念相背离、格调低下的文化产品，从而对社会发展造成巨大的负作用。因此，在市场条件下发展社会主义文化，要以社会效益为衡量文化产品效益的最高标准，努力实现社会效益与经济效益的协调。

（二）要正确认识国家在文化发展中的作用，合理定位国家的文化职能

在市场经济条件下，国家、公民都是文化利益的主体，而文化市场则是国家和公民文化利益实现的基本前提。出于维护自身和公民文化利益的目的，国家通过法律和行政资源履行自身的文化职能，调节自身与公民之间的文化利益关系，修补市场失灵和失范，规范、繁荣文化市场。

国家文化职能表现在促进、保护、监管和公共文化服务等方面。促进职能要求国家通过政策和立法，积极落实公民的文化权利，促进文化表达的多样性，推动文化市场的繁荣。保护职能要求国家积极推动文化遗产的传承和保护，保护以文化表达自由为核心的公民文化权益。监管职能要求国家对文化内容表达和文化市场竞争进行法律化监管，维护国家意识形态安全和文化市场的公平。公共文化服务职能要求国家通过公共财政转移支付等手段，向全社会提供公益性的文化产品和服务，以弥补市场缺陷，提高国民的文化福利，促进文化公平。

我国的文化体制和机制设计形成于计划经济背景下，与市场经济的要求相比，国家文化职能存在着不少"越位"与"缺位"。"越位"表现为对文化产品意识形态属性过于敏感、文化内容监管过程中非常规性干预太多、严格控制媒体数量、垄断出版资源等。"越位"抑制了文化表达自由，约束了国民文化创造力的发挥，也影响文化企业竞争力的提升。"缺位"表现为知识产权保护机制不完善、文化市场规范性制度薄弱、公共文化服务机制陈旧、效率低下、文化法规短缺等问题。"缺位"降低了文化管理职能的效率，不利于文化市场的公平竞争和公民文化公平的落实。因此，只有遵循市场经济的要求，进行国家文化职能的合理定位，克服"越位"与"缺位"，才能推动我国社会主义文化健康发展。

（三）要以解放和发展文化生产力为目标，大力发展文化产业

文化生产力是通过文化产品生产能力和生产效率表现出来的文化创造力。发展社会主义文化，从根本上讲就是解放和发展文化生产力，以丰富的文化产品与服务，满足全体公民日益增长的精神文化需求。只有文化生产力得到解放和发展，社会文化生活才能更加丰富，公民的文化创造力才能更好地发挥。解放文化生产力主要是通过思想解放以及体制和机制改革等手段，不断克服制约文化发展的体制和机制因素，使文化创造得到充分涌流。发展文化生产力，则是将充分涌流的文化创造力转化为文化产品生产和提供能力。

文化产业是当代文化生产力的核心部分。文化产业以市场机制为资源配置的基本手段，吸引高新技术、资本和创造性人力资源向文化生产领域集中，促成了文化价值生产与经济价值生产的整合，开创了社会生产的新形态。在全球化背景下，国际文化竞争在很大程度上是各国文化

产业实力的竞争，文化产业发达，竞争力强，文化传播力强，影响力和软实力就强。因此，无论是促进文化发展，还是参与国际文化竞争，都必须以解放和发展文化生产力为目标，大力促进文化产业的大发展大繁荣。

（四）要以推动文化公平为目标，建构合理、高效的公共文化服务体系

推动社会和谐，保障公民文化权利是社会主义文化发展的重要使命。这意味着，国家不仅要通过市场机制向不同文化消费者提供丰富的、可选择的产品，而且需要以公共文化服务弥补市场力量在不同公民之间造成的文化接近权和文化消费权的显著差异，推动公民之间的文化公平。要实现这一目标，有赖于建构一个合理、高效的公共文化服务体系。

由于历史环境和认识上的原因，在计划经济条件下，社会主义国家普遍采取国家包揽公共文化服务的模式，这种模式排除了国家以外的其他社会力量在公共文化服务中的作用，实质是一种前现代式的、代理式的公共文化服务提供模式。在市场化条件下，由于私人利益重新确立，公民经济社会地位分化，社会文化需求呈现多样化与差异化，国家以全面代理方式提供公共文化服务的模式已经无法满足社会需求。同时，私人利益的确立导致了公共领域的产生，公民社会力量日益壮大，并在社会公共产品的提供中发挥着越来越重要的作用。在这种背景下，政府不应也没有必要继续包揽公共文化服务，而应充分发挥企业、非营利组织和个人在公共文化服务中的作用，实现公共文化服务全面向社会开放。"社会能自发形成需求并且通过市场满足的，国家就不用干预；不能自发形成需求并得到满足而需要进行干预的，国家能间接干预就不直接干

预；非干预不可时，能委托专业团队操作的，就不自己直接上手；甚至当一定要有专业团队时，除非必要也不指定人选。"① 发达国家的经验表明，只有充分吸纳全社会的普遍参与，才能更好地掌握公众对公共文化服务的差异性需求，并保证公共文化服务的决策、执行和监督的科学性、民主性和透明性。

因此，建构我国公共文化服务体系，需要以开放的观念，广泛吸收国外公共文化服务的经验和做法，形成以国家为主导、以社会力量为主体、全社会共同参与的全新模式。

（五）要建构合理的文化管理体制，为文化发展提供良好的制度环境

良好的制度环境能够为文化发展提供宽松、有利的外部环境，最大限度地减轻文化发展的阻力和代价。这样一个制度环境包含了规范的市场竞争环境、宽松的政治环境、合理的监管环境、自由的表达环境、完善的法律和政策环境等。所有这些，都需要通过文化管理体制的合理建构来生成。

建构合理的文化管理体制，一要解放思想，坚持对文化体制进行改革与创新，不断革除文化体制中抑制文化生产力发展的因素；二要按照市场对国家文化职能的要求，科学地制定文化政策，加快文化管理领域的立法；三要按照文化发展的规律，科学地建构文化管理的格局，使文化管理部门目标清晰、职能明确、协调顺畅。总之，市场化条件下文化管理体制建构的目标，应该从根本上改变文化领域长期存在的法律规范

① 章建刚、尹昌龙、张晓明主编《中国公共文化服务发展报告（2007）》，社会科学文献出版社，2007，第10页。

不足、行政干预过多的格局，为文化发展、繁荣创造法制化、规范化的制度环境。

二 社会主义文化发展的特点

从我国文化发展的历史经验和面向未来、面向现代化、面向全球化的要求来看，我国社会主义文化发展的主要特点有三个方面。

（一）坚持意识形态的正确性

我国社会主义文化发展最鲜明的特点就是坚持意识形态的正确性，即坚持马克思列宁主义、毛泽东思想和邓小平理论在意识形态领域的指导地位，用"三个代表"重要思想统领社会主义文化建设。这有利于先进文化的导向，也有利于维护国民的政治认同，是中国特色社会主义文化发展的重要组成部分。

意识形态的正确性，不是从意识形态出发，对所有文化产品进行居高临下的政治的、道德的审视，而是要科学划分意识形态内涵较强的文化产品与一般文化产品的边界，让一般文化产品获得相对独立的发展空间，从而推动文化更好地发展。

（二）坚持以社会主义先进文化为前进方向

坚持社会主义先进文化的前进方向是我国社会主义文化发展的又一重要特点。我国社会主义文化发展是在极为复杂的历史环境中进行的。从社会转型的角度看，我国社会正经历农业社会向工业社会、工业社会向后工业社会以及计划经济社会向市场经济社会的多重转型，各种前现代、现代和后现代的文化价值观念交相杂糅，相互影响，构成了斑驳杂错的文化生态。从全球文化传播的角度看，文化全球化浪潮将不同民族、不同时代、不同意识形态的文化置于共同的交流平台，全球化与地方化、文化相对主义与文化多元主义相互碰撞，公众在文化价值选择和趣味选择上面临空前复杂的挑战。如果不进行必要的价值引导，文化发展必然陷于价值冲突与价值选择的混乱之中。因此，必须坚持马克思列宁主义、毛泽东思想、邓小平理论和"三个代表"重要思想对文化发展的指导地位，坚持以面向现代化、面向世界、面向未来的，民族的、科学的、大众的社会主义文化来引领文化前进的方向，坚持"以科学的理论武装人，以正确的舆论引导人，以高尚的精神塑造人，以优秀的作品鼓舞人"。

（三）坚持开放性的基本立场

我国社会主义文化发展的另一个特点是以开放性立场对待文化发展，在弘扬主旋律的同时，提倡多样化。从延安时期的"民族的、科学的、大众的文化"到社会主义建设时期以来提出的"百花齐放、百家争鸣"的文化发展观，以及21世纪以来的"弘扬主旋律，提倡多样化"的思想，都体现了中国共产党对文化发展的开放性立场。当今世界，尊重文化多样性已经成为全球的普遍价值观。任何文化，都不可能以孤立自闭的方式获得发展。因此，发展社会主义文化，必须像胡锦涛同志指出的那样："一切有利于加强我国社会主义文化建设的有益经验，一切有利于提高我国人民精神境界的文化成果，一切有利于发展我国社会主义文化事业和文化产业的管理方式，都要积极研究借鉴。"

三 社会主义思想文化发展的历史教训

在社会主义文化发展的道路上，苏联和中国都经历了深刻的历史教训。这些教训虽然产生于计划经济的背景下，但对在市场经济条件下发展社会主义文化依然具有重要的启发意义。

（一）发展社会主义文化，要坚决避免将文艺职能简单地政治化

二战后的苏联，"文革"期间的我国，都曾经有过将文化职能简单政治化的历史。文艺政治化以阶级立场来看待文艺的属性，将文艺的职能简单化、片面化和绝对化，将文艺看成阶级斗争的工具，只强调文艺的政治教育功能，而忽视乃至取消文艺的审美、娱乐和认识功能。将文艺职能简单地政治化，使文艺沦为政治的附庸，极大地损害了文艺创作的正常发展。在这种背景下，不同的意见被压制，社会文化生活变得压抑而萧条。文艺职能的简单政治化还导致了对艺术家的人身摧残，历史文化遗产也横遭浩劫。在我国，甚至出现了全国数亿人民只能看8部样板戏、2部小说的荒唐现象。这些教训启发我们，过度强调文化的政治属性或意识形态属性，只会导致文化创造的萧条和文化生活的匮乏，在市场经济条件下也不例外。

（二）发展社会主义文化，要坚决避免人为的思想禁锢和文化专制主义，要为思想文化的表达提供民主、宽松的环境

在社会主义历史上，曾经存在过人为的思想禁锢和文化专制主义，严重影响了社会主义文化的正常发展。这种教训在苏联历史上尤为突出。

在苏联成立之初的 20 世纪 20 年代，虽然国家遭受了连年战争破坏，但这一时期的思想文化路线和体制相对宽松，艺术流派和团体众多，思想活跃，决策民主，在几年之内就涌现了相当一批优秀的文艺作品和有价值的学术著作。随着 20 世纪 30 年代斯大林文化思想体制的建立，文化领域的领导意志取代了民主决策制，书报检查制度不断趋于严苛，不同文化团体和艺术流派被取消，社会主义现实主义成为唯一的艺术创作法则。这一切导致了 20 世纪 30～40 年代苏联文化学术领域的一片萧条，"剑拔弩张的批判持续不断，作家学者连受迫害，学术思想和文艺创作遭受种种禁锢。教条主义和注释风气风靡一时，创造性的研究成果寥寥无几"。① 这与我国清代文化高压下的学术风气何其相似！

这一历史现象启示我们，没有真正意义上的表达自由，文化不可能繁荣。发展社会主义文化，要切实落实文化民主，坚决避免人为的思想禁锢和专制主义做法，建立宽松的文化环境，在最大程度上保护文化表达自由。

（三）发展社会主义文化，必须坚持法制化的基本原则，把法制化管理作为文化发展的第一规则

在社会主义国家发展的历史上，曾多次出现法制精神遭到破坏、艺术家和文化发展受到严重摧残的现象。历史启发我们，发展社会主义文化，必须坚持法制化的基本原则，把法制化管理作为文化发展的第一规则。社会主义国家必须通过文化立法确保宪法赋予公民的文化权利，为文化表达与批评提供明确的法律准则和依据。法制原则的确立，能够使文化表达的多样性、创造性和社会核心价值观念受到社会主义契约精神

---

① 马龙闪：《苏联剧变的文化透视》，中国社会科学出版社，2005，第 216 页。

的保护，避免文化表达和文化创造的自由性受领导人的个人好恶、监管人员的主观判断、媒体传播的偏好所影响和干扰，从而从根本上保护文化的原创力。

法制化管理是激发文化原创、保护市场活力的优化机制，有利于从根本上改变文化管理高度行政化带来的周期性治理、运动式执法、擦边式博弈等现象，对保持文化市场的长期有序和稳定具有重要意义。

（四）发展社会主义文化，必须尊重文化发展的历史规律

苏联和我国的历史教训还启发我们，文化发展不能靠行政命令或领导个人意愿来推动，而必须通过表达自由与创作繁荣来推动；不能割断文化现象自身的历史以及各类思想文化之间的联系，去追求某种道德上的超越性或纯粹性（例如样板戏中的高、大、全形象以及与之相联系的"三突出"表现手法）。发展社会主义文化，必须遵循"三贴近"的规律，从人民群众审美、娱乐和表达的现实需求出发，推动文艺创造的繁荣，真正做到"以高尚的精神塑造人，以优秀的作品鼓舞人"。

在当代，文化产业已经成为文化发展的直接推动力，数字内容产品和基于互联网的文化产业飞速膨胀，而传统文化产业不断衰落，文化产业的国内外市场日益对接，文化产业与科技、金融的结合日益紧密化。这些重要趋势要求我们，发展社会主义文化，必须从文化发展的最新趋势和内在规律出发，不断改革文化管理体制和机制，不断创新促进文化发展的政策措施。只有如此，社会主义文化大发展大繁荣才会早日实现。

第二节　社会主义文化大发展大繁荣面临的机遇和挑战

"十七大"以来，建设社会主义和谐文化，推动社会主义文化大发

展大繁荣成为落实科学发展与建构和谐社会的基本战略之一。实现这一目标，一方面要抓住有利于文化发展的机遇和有利条件，推动文化加快发展，另一方面要通过改革和创新，克服阻碍文化发展和繁荣的制约因素。

一　我国文化大发展大繁荣的重大机遇

机遇是促进发展的重要外部因素。改革开放 30 年的经济发展和思想解放进程从总体上提供了我国文化大发展大繁荣的有利环境和条件。这集中表现在文化的消费需求增长强劲、文化创意产业发展迅速、文化投资快速增长和文化发展观念解放等方面。

（一）人民群众文化消费需求空前扩张，为文化的大发展大繁荣提供了强大的需求动力

文化消费是一种具有"增值效应"的消费，它不仅为文化产品和服务生产提供购买力，而且本身也涵养着消费者的文化创造潜力，培育着新的文化需求。只有当国民文化需求转化为旺盛的文化消费时，国民文化创造性才能充分"涌流"，具有高度创造性的文化产品才能大量涌现，国家的文化凝聚力和吸引力才能显著提升，文化的大发展大繁荣才可能实现。

改革开放 30 年使我国城乡居民生活水平快速提高，2006 年我国人均 GDP 超过 2000 美元，城乡居民家庭恩格尔系数分别下降到 35.8% 和43%。经济发展促使国民文化消费需求快速增长，文化消费更加多样化。2001～2006 年，我国农村居民家庭人均文教娱乐用品及服务消费支出从 192.6 元增加到 305.1 元，年均增长 9.6%；城市居民家庭人均

文化娱乐用品及服务消费支出从 261.7 元增加到 591 元，年平均增长 17.7%。两者均高于同期城乡居民家庭人均可支配收入的增长速度。"十一五"期间，随着我国社会保障体系和公共服务体系的不断完善，城乡居民的文化消费潜力将进一步释放，文化消费的结构和品质也将继续提升，消费对文化发展的拉动力将更加明显。

在国民文化消费需求快速提升的同时，我国"高文化"消费群体的崛起对文化发展与繁荣也产生了不可忽视的影响。改革开放 30 年来，我国培养了大批具有高等教育水平的人口。2005 年，在全国人口中，具有大学程度（指大专及其以上）的人口达 6764 万人，[①] 这一数字还在以每年 500 万人以上的数量增长。高等教育人群文化艺术修养普遍较高，其文化需求的质量、内涵、层次都要显著高于其他教育层次的人群。这一群体的消费需求，为我国文化产品与服务创新、升级提供了最强劲的力量。

（二）文化创意产业蓬勃发展，为文化大发展大繁荣提供了强大的动力

作为文化创意内容密集、技术密集和资本密集的"三密"产业，当代文化创意产业是世界"文化经济化"与"经济文化化"汇流的产物。"文化经济化"将作为精神生产过程的文化创造过程和作为物质生产过程的经济活动扭结在一起，让文化以商品和服务的形式进入日常生活。"经济文化化"使物质产品中的审美内容、思想内容、符号因素等文化附加值不断增加，使用价值在产品增加价值中的份额不断下降，创造了超越精神财富与物质财富传统区分的新社会财富——精神—物质型

---

① 2005 年 11 月全国 1% 人口抽样调查数据。

财富。在全球范围内，文化创意产业已经成为文化发展最重要的推手。社会文化产品的丰富、文化生产的提高、文化市场的繁荣、公共文化服务的完善以及国家文化传播力与影响力的扩张，都需要以发达的文化创意产业为基础。

近年来，在市场需求国家激励政策的合力推动下，我国文化产业进入了快速发展时期。2006 年，我国文化产业实现增加值 5123 亿元，对 GDP 增长的贡献率为 3.41%。同年，我国动漫片产量达到 82300 分钟，比上年增长 92.5%，网络游戏产值 42.4 亿元，比上年增长 73.5%，占国内市场份额的　半，在投入公测运行的网络游戏中，国产产品占到 71%。由于国内产业的快速发展，外国产品主导我国这两大文化消费领域的局面在短短数年内得到改变。这一现象有力地证明，文化创意产业的繁荣发展是文化大发展繁荣的根本动力。

（三）文化领域的投入快速增长，有利于文化的发展与繁荣

近年来，我国文化领域的投入明显增长。文化产业已经形成境内与境外两个市场并举、投资主体多元化的格局。不少地方政府出资创建文化创意产业园区或基地，以优惠政策吸引文化企业创业，并设立"产业基金"或"专项基金"，促进文化创意产业发展。在资本市场，一个有利于文化产业繁荣发展的投融资环境已经初步形成，国内企业可以通过并购交易、上市融资、风险投资、银行授信、债券融资、信托计划等多种投融资模式获得发展资金的支持。融资渠道的多元化使优秀的文化企业能够迅速筹集巨额的发展资金。以巨人网络为例，通过 2007 年下半年在美国纽约证券交易所上市，这家企业一举筹得 8.87 亿美元的资金。这相当于 2006～2007 年我国平均每年电影制作资金总额的 3～4 倍，为企业扩张规模和开拓全球市场提供了有力的资金保证。

在公共文化服务领域，国家相关部门投入大量资金，启动了"2131工程""送书下乡工程""万里边疆文化长廊工程"等有针对性的公共文化工程。"十五"期间，全国文化事业费以年均 19.8% 的速度增长。"十一五"期间，国家对公共文化服务建设更加重视，国家财政和社会力量对公共文化建设的投入进一步增长。同时，随着公共文化服务领域的逐步开放，第三部门、企业、个人对公共文化服务的资助也进一步增长。

教育、科技的发展是文化发展、繁荣的前提和基础。"十五"期间，国家财政性教育经费年均增长 15%。2001～2007 年，我国研究与试验发展（R&D）支出总量增加 3 倍，年均增长率达 22%。科技、教育投入的快速增长，为文化的发展和繁荣增加了强大的推力。

（四）新的文化发展观逐渐形成，为文化发展提供了强大的思想动力

促进文化大发展大繁荣不仅需要需求、生产和投入的支持，而且需要思想观念的解放与创新来支持。"十六大"以来，我国在文化发展领域不断解放思想，创新观念，形成了市场经济条件下促进文化发展繁荣的新文化发展观。新文化发展观认为，当今世界，文化与政治、经济相互交融，文化在综合国力中的地位越来越突出。文化发展是社会主义建设的重要组成部分，其根本目标是满足人民群众日益增长的文化需求、切实保障人民群众的文化权益、促进人的全面发展。因此，必须在坚持社会主义先进文化对文化发展价值导向的前提下，通过文化体制改革来解放文化生产力，促进文化产业和公共文化服务的发展。新文化发展观从市场经济条件下文化发展的规律出发，回答了全球化语境下我国文化发展的作用、目标、动力、方向和途径等重大问题，这不仅标志着新的

发展条件下文化观念的自觉，而且标志着我国在发展领域的又一次重大思想解放。

新文化发展观的形成，不仅为市场经济条件下解放和发展文化生产提供了思想理论依据和直接推力，而且把文化发展提高到了促进和谐发展的战略高度，使文化在全面可持续发展中的地位空前突出。这一重大的思想解放必将为我国社会主义文化大发展大繁荣产生极大的推动作用。

二 我国文化大发展大繁荣面临的重大挑战

我国文化大发展大繁荣既面临着重大机遇，又面临着一些重大挑战。这些挑战体现在推进文化领域思想解放、解决文化内容产品相对短缺、提升文化创意产业竞争力、发展和完善公共文化服务体系等方面。只有正确对待这些挑战，才能克服不利因素，充分利用各种重要机遇促进我国文化大发展大繁荣。

（一）推进文化领域解放思想的挑战

我国社会主义文化大发展大繁荣是一个具有深刻转型意义的命题。这意味着要从计划经济时代文化发展的观念和体制中解放出来，形成一套与市场经济条件相适应的促进文化发展和繁荣的思想观念和机制。

如果说，"十六大"以来逐渐形成的新文化发展观在关于文化商品属性、市场经济条件下文化发展的基本规律、文化体制改革的必要性等方面完成了一次重要的思想解放，那么，深入推进文化体制改革，从体制、机制上完成对全社会文化生产力的解放，则需要一场更为深入的思想解放。这场思想解放的实质是能否破除既有观念的束缚，真正做到按

照市场化条件下文化发展的规律来发展文化。

我国的文化管理体制形成于计划经济背景下，在经济领域市场化转型以后，文化管理领域并未完成与市场经济条件相适应的转型。面对文化领域的新问题和新发展，文化管理中往往存在着对传统手段、体制的路径依赖。首先，就文化内容监管而言，我国实行事前监管制度，通过书刊号、准映证、媒体数量管制等手段，对文化内容表达进行约束。这种制度安排在实际操作中不可避免地存在主观性、随机性强的特点，容易导致过度强调政治正确的非常规干预，不利于最充分地实现人民群众的文化表达权。国际经验表明，在文化内容监管的效果方面，事后监管优于事前监管，立法监管强于内容审察监管，程序性干预强于主观性干预。要解决文化内容监管效果的优化问题，从对传统路径的依赖中解放出来，思想解放是关键。其次，政府文化主管部门既是文化政策的决策部门，又是财政投入的决策和执行部门。这种高度集中化的决策机制带有鲜明的计划经济烙印，不利于充分实现资金的使用效率。解决文化投资决策中的高度集中化问题，需要充分尊重公民文化权利，借鉴发达国家的经验，由政府部门、独立专家、普通消费者和第三部门共同参与决策，形成公开、透明、互动、反应灵敏的民主化、分散化决策机制。实现这一目标，解放思想是关键。最后，在文化管理体制上，我国传统的管理模式是党（中宣部）和政府双头管理，广义的文化部门又被划分为广播电影电视、新闻出版、文化博物、体育、旅游等若干垂直管理领域。这种模式造成文化领域政府职能交叉、多头管理、不同部门间条块分割等问题。要解决这些问题，必须更深入地解放思想。

因此，要本着对国家和民族长远利益负责的态度，解放思想，积极进取，对约束文化发展的现行体制和机制进行大胆创新。唯有真正做到了思想解放，我国的文化发展机制才会从真正意义上完成对计划经济条件下形成的传统管理模式的转型与重构，才能建立起一种合理的、基于市场经济的文化发展体制和机制。

（二）解决文化内容产品相对短缺的挑战

文化内容产品的充足与丰富是文化繁荣的重要前提。从国内消费的角度看，满足国民的文化消费需求、塑造社会主义核心价值观、增强国家文化凝聚力、提高国民的文化素质和创造性，都要求向不同层次、不同趣味的消费者提供高品质的文化原创内容。从国际竞争的角度看，只有成为文化内容生产大国，才能成为真正意义上的文化大国。

20 世纪 90 年代以来，数字技术的发展，使"媒体过剩"和"媒体汇流"在我国同时出现，文化消费领域的内容短缺问题日益凸显。首先是广播、电视等传统媒体的频道大量增长，出现媒体过剩、原创内容不足的现象。然后是数字电视、网络电视、网络广播等各类新媒体迅速发展，文化内容产品短缺问题更加突出。从消费主体的角度看，数字化传媒技术的发展还造就了一个在文化的接近方式、文化内容的消费习惯和文化趣味等方面，与以往时代的人们完全不同的消费群体，这个不断扩大的新文化消费群体对内容原创产品的需求也加剧了内容产品的短缺。

内容短缺已经成为制约我国文化软实力提升的重要因素。促进文化大发展大繁荣，提升我国文化软实力，迫切需要克服文化内容相对短缺的挑战，以大批富有普遍性吸引力的高品质文化内容产品占领国内外文化市场。克服这一挑战，关键在于通过体制创新进一步解放国民的文化创造力，切实保障文化领域的表达自由，形成一种能使国民文化创造力充分"涌流"的文化发展机制。

（三）提升文化创意产业竞争力的挑战

文化创意产业竞争力是国家文化发展、繁荣的核心指标之一，也是提升文化软实力的主要手段。提升国家文化竞争力，关键在于提升文化创意企业的竞争力。从国际范围来看，发达国家的大型文化创意企业发展历史较长，经历了在相对规范的市场环境下的充分的市场竞争，在管理经验、企业品牌、市场开发、行销网络、资本积累等方面占有较大的竞争优势。相比之下，我国文化产业由于起步较晚、国内文化市场发育不充分等原因，整体竞争力较弱。在开拓国际文化市场方面，我国文化企业对全球文化产业发展的政策、规律缺乏深入细致的研究，也缺少跨国文化企业巨头所拥有的全球行销网络与长期积累的国际市场开发经验。在国内市场，随着文化领域对外开放的逐渐深化，我国文化企业将面临国际文化企业巨头的直接竞争。提升竞争力是我国文化创意企业的重大挑战。应对这一挑战，必须加快完善文化产业法规、规范文化发展的市场环境，让企业在充分竞争的市场条件下创新发展，不断提高竞争力。

（四）发展和完善公共文化服务体系的挑战

公共文化服务是国家文化发展的重要组成部分，它与文化产业一起构成国家文化发展的两个引擎。高效、优质的公共文化服务是文化发展、繁荣的重要保障。落实公民文化权益，培养公民的文化素质和文化创造力，发展文化产业，都需要一个完善的公共文化服务体系。

我国公共文化服务体系在总体上带有明显的计划经济烙印，社会力量参与不足，国家投入占财政支出比例过小，产品提供模式不够灵活，体系建设重硬件轻软件、重形式轻内容的现象比较普遍，服务的监督与绩效评估机制还不健全。因此，我国亟须借鉴发达国家的先进经验，建构与市场经济相适应，以国家为主导力量，以社会力量为主体，公民个人积极参与的民主、科学、高效的公共文化服务体系，为文化的大发展大繁荣提供基础保障。

第三节　制约我国文化"软实力"的几个因素

在全球化背景下，文化"软实力"是国家影响力的重要组成部分，也是在国际竞争与全球秩序建构过程中谋求有利位势、降低交往成本的有效手段。改革开放以来，我国在经济发展领域取得发展奇迹，但文化软实力发展滞后，导致我国在国际交往的一些重要领域处于被动状态。例如，由于文化软实力的不足，面对西方媒体对中国出口产品"廉价、劣质、有毒"等无理指责，面对西方媒体在西藏问题上对中国歪曲性、污蔑性的攻击，我们缺乏有效的应对手段，结果使国家的经济、政治利益受损。

提升国家文化软实力是我国实现全面、协调、可持续发展的重大战略任务。在经济上，提升文化软实力会增加我国产品在国际市场上的文化附加值，促进"中国制造"向"中国创造"的升级。在外交上，提升国家文化软实力有利于传播和谐中国、和谐亚洲、和谐世界的国家政治理念，有利于维护我国的国家形象，能够最大限度地降低我国全面发展的国际交往成本。

进入 21 世纪，我国开始全面重视国家文化软实力的建构。十五届五中全会首次提出发展文化产业，标志着我国发展文化经济的战略觉醒。《国家"十一五"时期文化发展规划纲要》提出要进一步推动文化体制改革，积极培育文化市场，大力发展文化产业，建构公共文化服务

体系，标志着我国发展文化软实力的目标更加自觉。胡锦涛同志在"十七大"报告中明确提出，要提高国家文化软实力，这标志着发展文化软实力已经成为我国文化发展的基本战略目标之一。

近年来，随着我国文化产业和公共文化服务事业的发展，国家文化软实力虽然显著提升，但依然滞后于国家的战略需求。这制约了综合国力的进一步提升和国家软实力的发挥。造成我国文化软实力发展滞后的原因既有历史因素，也有现实因素，主要体现在以下几个方面。

（一）居民文化消费需求实现程度较低

居民文化娱乐消费需求是发展文化软实力的根本动力。按照国际经验，当一国人均 GDP 达到 2000 美元时，居民的家庭人均文化消费支出应占家庭人均消费支出的 20%。2006 年，以美元计算的我国人均 GDP 达到 2042 美元，但城乡居民家庭人均文化教育娱乐服务消费支出分别只占家庭人均消费支出的 13.83% 和 12.63%，明显低于这一比例。《中国文化产业发展报告（2006）》课题组的研究也指出，目前我国居民文化消费实现程度不足 1/4。这表明，我国居民文化消费支出远低于国际一般水平，消费需求实现程度严重不足。

居民文化消费需求实现程度过低既影响了国民文化艺术素质和文化创造力的普遍提升，又制约着文化产业的发展，已经成为提升我国文化软实力的重大瓶颈。深入研究这一不合理现象，揭示制约我国居民文化消费水平的深层原因和机制，是我国文化软实力研究工作的一个重要任务。

（二）文化市场发育不成熟

文化市场担负着连通产业发展与消费需求的重要功能。我国的文化市场是在改革开放过程中兴起的，市场发育还很不完善。其主要表现在以下几个方面。一是文化市场还处于"扫黄打非"的被动监管层面，法制化、规范化的市场监管长效机制还没有建立，这在网吧等新兴媒体服务行业尤其突出；二是知识产权保护力度不够，盗版、侵权现象严重，不利于文化产业健康发展；三是诚信自律、交易规范、公平竞争等内生性市场机制发育不足，导致文化市场成熟缓慢；四是文化市场专业鉴定、交易、代理和市场运作人才缺乏，加剧了市场交易的不规范；五是部分文化产业行业市场定价机制不合理，如国内动漫节目，电视台播出价格仅为生产成本的1/10左右，导致多数动漫生产企业难以收回成本，抑制了产业的健康发展。

发展文化软实力需要成熟、完善的文化市场来保护和促进国家的文化创造力。因此，建构制度成熟、交易规范、诚信自律、监管完善、公平竞争的文化市场也是提升我国文化软实力的重要前提。

（三）文化发展不平衡

这种不平衡表现在三个方面：城乡文化发展不平衡，东部地区与中西部地区文化发展不平衡，少数民族地区与其他地区文化发展不平衡。其中，具有根本性的不平衡是城乡之间存在的巨大差距。

在文化消费支出方面，2005年城乡居民家庭人均文化教育娱乐消费支出的相对差达3.7倍，农村居民人均文化教育娱乐消费支出仅为城市居民的27%。在公共文化服务投入和设施方面，城乡二元机制使我国公共文化投入长期向城市倾斜，优质教育资源、公共图书馆、公共博物馆、体育设施集中在城市，广大乡村地区公共文化服务设施严重稀缺，文化、教育发展远远落后于城市地区。2005年，我国共有乡镇级文化站34593个，占全国群众艺术馆、文化馆（站）总数的83%，但

获得财政拨款和上级补助的仅占全部群众艺术馆、文化馆（站）财政拨款和上级补助的34%。

城乡文化发展的不平衡导致占我国总人口56%的农村人口的文化、教育、娱乐消费水平长期处于低水平状态，极大地制约了国家文化创造力的全面提高。解决这一问题是提升我国文化软实力的重大挑战。

（四）文化管理体制、机制制约文化发展

我国现行文化管理体制的基本格局形成于计划经济时期，随着市场经济体系的全面建立和文化经济的崛起，文化管理体制存在的问题逐渐显现，较为突出的问题主要有四个方面。一是部门条例、规定较多，普遍性法律较少，政策变动频繁，不利于文化市场长期稳定地发展。二是文化管理条块分割，文化企业的跨媒体、跨区域整合受到束缚。在媒介汇流和新兴媒体不断出现的情况下，这种传统管理体制不利于国内文化企业快速成长的缺陷日益突出。三是对文化内容生产事先审查的监管方式在一定程度上束缚了文化的原创力，不利于国民文化创造性的充分涌流。四是公共文化服务决策过程高度集中于文化主管部门，公共文化服务重形式轻内容、重硬件轻软件的现象较为普遍。

国家文化软实力的提升必须建立在科学、合理的文化管理体制与机制之上。加快文化管理体制、机制改革，充分解放文化生产力，是我国发展文化软实力必须解决的问题。

（五）文化产品与服务出口能力弱

文化产品出口能力是度量国家文化软实力的重要标志。与发达国家相比，我国的文化产品出口能力较弱。这主要表现在两个方面：一是核心文化产品贸易领域存在较大逆差。以2003年为例，当年我国图书、报刊、音像等领域的版权出口为 1427 种，而进口版权达到 15555 种，出口数量不及进口数量的 1/10。近年来，这一比例虽有降低，但核心版权贸易逆差严重的格局并未改变。二是文化产品出口总量小，占全部出口额的比例低。2006 年，我国实现文化产品和服务出口 47.9 亿美元，仅占当年全国出口总额 9601 亿美元的 0.50%。这一比例远远落后于美、日、英等国际文化贸易大国，与我国文化大国的地位极不相符。

文化产品与文化服务出口是传播国家文化核心价值、展示国家文化形象的基本途径，也是打造国家文化软实力的基本手段。文化产品与服务出口能力弱是制约我国文化软实力提升的瓶颈因素。克服这一瓶颈因素，一方面，要通过创新机制释放公民的文化创造性，增强我国文化内容原创能力和文化产品吸引力；另一方面，要积极推动国内文化企业实施"走出去"战略，让企业在国际市场竞争中提升竞争力。

提升我国文化软实力是一个长期的战略任务。实现这一目标，最重要的是要深入解放思想，形成一种与市场经济环境相适应的国家主导，个人、企业、非政府组织共同参与的国家文化创新发展机制。这一机制既是文化体制发展改革的目标，也是提升国家文化软实力的制度基础。

第四节 深化文化体制改革面临的问题与路径选择

随着改革开放的不断深化，文化建设在我国社会主义建设中的地位日益突出，文化发展问题已经成为决定我国能否实现全面、协调、可持续发展的关键因素之一。2011 年 10 月，十七届六中全会通过了《中共中央关于深化文化体制改革 推动社会主义文化大发展大繁荣若干重大问题的决定》，首次提出建设"社会主义文化强国"的目标。这是继 2003 年文化体制改革试点实施和 2006 年《关于深化文化体制改革的若

干意见》出台以来，我国文化发展改革领域的又一个里程碑，标志着文化体制改革进入更加自觉、更加主动的发展阶段。在此背景下，回顾改革开放以来文化体制改革取得的成就，深入思考深化文化体制改革面临的问题和路径选择，对推动文化体制改革向纵深发展无疑具有重要意义。

一　文化体制改革的成就与启示

改革开放以来我国文化体制改革取得的重大成就突出体现在四个方面。

一是在文化发展的理念和认识上取得一系列重大突破。随着文化体制改革的不断深入，我国发展领域逐渐形成一系列新的发展理念，如解放文化生产力，大力发展文化产业，建构公共文化服务体系，以文化产业推动经济增长的转型，以高度的文化自觉和文化自信推动文化发展，尊重人民群众的文化权益，关注人民群众的文化生活新期待，建设社会主义文化强国，等等。这些新的文化发展理念，作为新文化发展观，为文化发展和文化体制改革提供了强大的思想动力。

二是建立了市场条件下文化发展的开放格局。改革开放以来，在积极推动文化事业单位向企业转型、大力培养壮大各类国有文化企业的同时，我国文化演艺、广告、文化产品流通、影视制作、互联网服务等领域逐步对民营资本开放。加入 WTO 以后，外资逐渐进入我国影院改造、音像制品、电子出版物和书报刊分销、广告经营等领域。通过向民营资本和外资不断开放以及鼓励文化企业在境内外上市等方式，我国逐步建立起市场条件下文化发展的开放格局，占据主导地位的国有文化企业与不断发展的民营文化企业和外资文化企业相互竞争、相互补充，成为推动社会主义文化大发展大繁荣的市场动力。

三是文化事业单位改革取得重要进展。早在 20 世纪 80 年代中期，针对全国专业艺术表演团体数量过多、布局不合理的状况，我国文化部门就开始了文化体制改革的尝试。2003 年文化体制改革试点工作开展以来，我国文化事业单位改革的力度不断加大。"十一五"期间，我国文化事业单位改革取得突破性进展。到 2010 年 8 月，全国转企改制的国有文艺院团达到 228 家；全国 35 家国有制片厂和 29 家省级电影公司全部完成转企改制；全国新闻出版领域企业法人单位的数量占到法人单位总数的 96.3%；全国建成出版、报业、期刊集团和国有发行集团 106 个；在境内外上市的新闻出版企业 41 家。文化事业单位改革的突破性进展为促进文化市场的公平竞争和进一步深化文化体制改革创造了有利条件。

四是形成了公共文化服务体系与文化产业双轮驱动的发展模式。文化体制改革的重大成果之一是对公共文化服务与文化产业进行区分，形成了文化领域双轮驱动的发展模式。对于公共文化服务，强调强化公共财政的支持和主导作用，同时吸收社会力量广泛参与；对文化产业，强调市场主体和竞争作用。这种区分从根本上理顺了国家、市场和公民在文化发展中的相互关系，为文化发展创造了顺畅的体制环境，极大地促进了文化发展。

在公共文化服务领域，从 2004 年到 2009 年，全国财政支出中"文体广播事业费"从 587 亿元增加到 1393 亿元，年均增长 19%。"十一五"期间，全国有 1734 个公共博物馆、纪念馆和爱国主义教育示范基地实现免费开放，基本实现乡乡有综合文化站。同时，在西新工程、东风工程、农家书屋工程、广播电视村村通工程、农村文化信息资源共享工程等一系列重大文化工程的推动下，我国广大农村边远地区、边境少

数民族地区的公共文化服务水平得到显著改善。在文化产业领域，从2003年到2010年，我国文化产业增加值从3577亿元增加到11052亿元，占国内生产总值的比重增长到2.75%，年均增长超过17%，远超过同期我国经济增长速度。从行业看，2010年，我国动画片产量已突破20万分钟，居世界第一；电影产量达526部，比2005年增长一倍，进入世界前三名。

文化体制改革的重大成就启示我们，必须坚持用科学发展观指导文化建设，不断深化文化体制改革；必须坚持并不断改善党对文化事业的领导作用；必须坚持以满足广大人民群众的精神文化需求为出发点和根本目的，切实保障人民群众的文化权益；必须坚持解放思想，努力创新文化发展的体制和机制，不断开拓社会主义文化建设的新局面。

二　当前文化体制改革面临的问题

尽管文化体制改革已经取得一系列重大成就，但由于对市场经济条件下文化建设基本规律的认识不足，以及文化领域利益格局重构和思想解放的程度等因素的影响，文化体制改革进程不可避免地存在着一些问题，主要包括四个方面。

一是文化立法滞后，文化体制改革缺乏法律环境的有力支持。透明、公正，不断完善的法律环境是一切改革取得成功的保证，我国的文化体制改革也不例外。长期以来，我国文化领域存在着立法总量不足、高位阶法律少等问题。截至2011年，在全国人大层面仅颁布了《文物保护法》《著作权法》《国家通用语言文字法》《非物质文化遗产保护法》等少数几部直接涉及文化管理的法律。文化管理主要依靠相关部门颁布的条例、规章、命令和指导意见来实现。由于受到部门利益、部门权限、部门立法水平、社会氛围等各种因素的影响，这些行政法规在立法目标的科学性、法律效果的公正性、监督执行的稳定性等方面，都已经远不能满足文化繁荣发展和落实公民文化权利的需要，严重影响着文化体制改革的深入推进。

二是文化市场开放程度不足与版权保护不力并存，社会文化原创力受到抑制。长期以来，国有文化事业单位和国有文化资本在文化市场的关键领域占据主导地位，民营资本和外资进入文化市场受到很多限制，不同所有制企业之间的竞争、重组面临巨大障碍。在国有文化部门内部，由于管理体制条块分割、区域分割等原因，文化企业之间的兼并、重组同样十分困难。在被全社会普遍寄予厚望的电信网、广播电视网和互联网"三网融合"改革中，广电部门的改革滞后、电信部门的高度市场垄断、广电与电信部门利益之争都表现得极为突出，导致"三网融合"推进缓慢。文化市场的人为分割与总体开放程度低、公平竞争环境缺失等因素使文化市场中跨行业、跨区域、跨所有制的兼并重组无法实现，难以形成规模和实力能够与国际文化产业巨头企业抗衡的文化企业，这在很大程度上制约了我国文化软实力的提升。

同时，由于缺乏严格有效的版权保护机制，我国音像、音乐、图书、影视、网游、软件等领域盗版现象猖獗。长期、大面积的严重盗版和侵权现象从根本上抑制了文化企业和个人进行文化原创活动的积极性，对文化繁荣发展极为不利。

三是对公民文化权利的保障不够充分，文化民主建设滞后。公民文化权利包括进行文化艺术创造、表达、批评的权利，享受全社会文化创造成果的权利，文化创造成果受保护的权利，也包括参与公共文化事务决策和对公共文化服务部门进行监督批评的权利。在我国，公民享受全

社会文化创造成果的权利受到的重视较多，但在文化管理领域的内容审查、书报刊号控制、版权保护、公共文化服务决策等各个环节，还广泛存在着对公民文化创造权和监督权重视和落实不够的现象。这一方面从文化原创力的源头上抑制了我国文化大发展大繁荣的创造性基础，另一方面使政府文化部门较多地保持了计划经济时期决策高度集中的特点，从而在制度层面抑制了我国文化民主的推进。这两个方面都对文化建设产生了长远的负面影响。

四是社会配套改革滞后，文化发展的社会性支持不足。文化发展是社会发展的有机组成部分，需要政府、市场和第三部门广泛参与，文化体制改革的推进也需要以广泛的社会改革措施来配合。当前，我国与文化体制改革相关的社会改革滞后可以归纳为两个方面。一方面，由于住房、医疗、教育和社会保障领域的改革滞后和不到位，居民的文化消费意愿和消费能力受到抑制，导致全社会文化消费不足，制约着文化发展繁荣。另一方面，由于政策领域长期对第三部门（公民社会）的发展持严格谨慎态度，第三部门（公民社会）发育不足，对文化发展的贡献非常有限，这导致文化发展的主体局限于政府文化部门、个人和企业。这些因素从基础层面上削弱了社会力量对文化发展的全面支持，使我国文化发展从起点上就落后于竞争对手。

三 深化文化体制改革的路径选择

我国的文化体制改革是在改革开放时代背景中逐步展开的。30 多年经济建设取得的巨大成就，使我国综合国力和人民群众的生活水平极大提高，全社会的精神文化需求前所未有的高涨，文化消费的日益多样化、差异化成为基本趋势；改革开放以来我国教育事业的飞速发展，使全体国民的教育水平和文化艺术素质获得极大提高，人民群众的精神文化需求和创造能力层次极大提升；对外开放与国际交往不断加深、当代科学技术的飞速发展，使文化在综合国力竞争中的重要性日益凸显；科学发展观的提出，使文化在促进增长方式转型，推动社会全面、协调、可持续发展中的地位空前突出。所有这些因素，为深化文化体制改革提供了强大的改革动力、需求动力、科技动力、竞争动力和发展动力。十七届六中全会又为深化文化体制改革提供了新一轮政策动力。我们只有抓住机遇、有所作为，才能全面深化文化体制改革，推动社会主义文化大发展大繁荣。

在新的历史条件下深化文化体制改革，需要加强以下方面的工作。

一是加强社会主义核心价值体系建设。社会主义核心价值体系是我国文化软实力的核心，是中国文化"走出去"的价值基础，也是文化体制改革和文化建设的灵魂。在新的历史条件下深化文化体制改革，要把创新、丰富和发展社会主义核心价值体系的内涵放在文化建设的核心位置。要通过文化交流和对话，广泛吸收人类文明的先进成果，建构广泛的价值共识，全面提升社会主义核心价值体系的吸引力和影响力，为文化体制改革和文化大发展大繁荣奠定坚实的价值基础。

二是要加强文化立法。改革开放以来，我国文化体制改革主要依靠政治推动和政策推动。随着文化体制改革的不断推进，全面加强文化立法，建构完善的文化法制环境已经成为深化文化体制改革的重要条件。要加快出台《出版法》《广播电视法》《电影法》《文化产业促进法》《博物馆法》《图书馆法》等高位阶、基础性的文化法律，全面提升我国文化法律的层次，为深化文化体制改革奠定法律基础。

三是要进一步完善文化市场环境。完善文化市场环境关键在于充分开放文化市场，保护版权。除新闻、时政类报刊和媒体外，要逐步实现

所有文化领域充分开放、国有制占主体的各种所有制文化企业公平竞争的市场格局。要深化改革力度，以"三网融合"为突破口，从体制层面破解广电企业无法上市、电信企业与广电企业不能兼并的难题，推动文化领域充分实现跨行业、跨地域、跨所有制的兼并重组，培养具有全球性影响力的文化传媒巨头。同时，要全面加强金融体系、财税体系支持各类文化企业的政策体系，以解决文化企业融资难问题为抓手，继续完善文化产业投融资环境。

四是要加强对公民文化权利的保障。公民文化权利是社会文化创造力的基础。保障公民文化权利，一方面要以落实公民文化表达权为核心，切实落实公民进行文化创造、批评和监督的权利，加强知识产权保护，营造宽松、自由的文化表达空间，激发全社会文化创造的潜力。另一方面，要围绕充分落实公民对公共文化服务事务的决策参与权、批评权和监督权来建设文化民主，推动全社会的文化民主进程。

五是要加强社会配套改革。与文化体制改革相关的社会配套改革需要从两个方面推进。一方面，要深化和完善教育、医疗、住房等公共福利体系改革，释放全社会的文化消费潜力。另一方面，要以更加开放的态度对待第三部门（公民社会）的发展，充分发挥第三部门在社会主义文化建设中的积极作用，形成三部门广泛参与的文化发展格局。

我国文化体制改革的实质是建立与对外开放和市场经济相适应的文化管理体制和发展机制。"十二五"至"十三五"期间是我国文化体制改革不断深化和全面攻坚的阶段。在十七届六中全会精神的指导下，进一步解放思想，积极探索文化体制改革的路径和方向，不断突破文化体制改革的难点，将文化体制改革推向新的深度，是我国文化发展的必由之路。

第三章 文化产业的中国实践

第一节 昆明市盘龙区文化产业发展战略定位研究

从 1997 年到 2007 年，云南省文化产业经历了蓬勃发展的 10 年。当年，云南省政府制定了三大发展目标：旅游文化大省，绿色经济强省，通往东南亚的大通道。云南省提出"建设民族文化大省"战略，可以说是开了全国各地"文化大省"建设风气之先河。2003 年以来，文化体制改革试点推动文化产业快速发展，云南省文化生产力更是得到空前的解放。2006 年是"十一五"的开局之年，云南省文化产业增加值占全省 GDP 的 5.2%，在全国排第六位，在西部排第一位。根据这一增长势头，云南省完全有可能在"十一五"时期内，使文化产业的增加值达到占全省 GDP 的 8% 以上，使其成长为新兴支柱产业。我们完全可以说，一个"文化云南"的新纪元已经开始。

但是，云南的经济、社会发展还处在一个较低的水平，云南的文化产业还处在一个初期阶段。在《国家"十一五"时期文化发展规划纲要》已经出台，全国 2/3 以上省份提出建设文化大省战略，东部发达地区出现从文化产业向创意产业大规模升级的形势下，云南省如何保持发展势头，真正从一个少数民族文化的"资源大省"，成长为"文化产业大省"；如何以推动文化产业与传统产业部门合流，带动后者转型升级，并进而将云南省从一个"文化产业大省"发展为"文化经济大

省"；如何以文化和经济的两轮驱动云南品牌走向世界，引领时代风尚，创意现代生活；等等，都还是有待解决的重大战略问题。

2006 年，受昆明市盘龙区政府委托，研究盘龙区"十一五"文化产业发展规划，使我们有机会对上述问题进行探索，寻求可能的答案。我们试图回答的问题是：云南是否能够走出一条以文化带动经济发展的独特的现代化道路？昆明市是否能够为推动云南省民族特色文化经济，发挥创意中心城市的功能？昆明市盘龙区是否有可能率先成为适宜创意人才聚集的地方？

一 从追赶型到跨越式：云南发展模式的战略转型

（一）发展现状：云南与全国的差距

研究云南省的发展，需要首先了解云南省处在什么发展阶段，前景可能如何，等等。2006 年，云南省实现 GDP 4001.87 亿元，人均 GDP 为 8961 元，以年末汇率计算，人均 GDP 达到 1148 美元。世界银行经济学家钱纳里等人提出，一个国家或地区人均 GDP 在 728～1456 美元时，属于工业化初期阶段；在 1456～2912 美元时，属于工业化中级阶段；处于 2912～5460 美元时，属于工业化后期阶段。根据这个标准，目前云南省经济发展整体上处于工业化初期阶段。

从经济社会发展的水平来看，云南省在城市化率、人均工业增加值、人均 GDP、城乡居民人均可支配收入等多项重要指标上均落后于全国平均水平，而城乡居民家庭恩格尔系数则高于全国（见表 3 - 1）。这表明，云南省整体发展水平落后于全国平均水平。从发展速度来看，2001～2006 年，云南省 GDP、工业增加值、城市化水平的年平均增长率等指标均低于全国平均水平（见表 3 - 2）。因此，"十一五"期间，云南省经济社会发展的首要任务是加快经济发展速度，缩小与全国平均水平的差距。

表 3 - 1　2006 年云南省经济社会发展的部分指标与全国平均水平的比较

指　标	云南省	全　国	云南省占全国平均水平的比例（%）
城市化率（%）	30.5	43.9	69.5
人均 GDP（元）	8961.0	15930.8	56.2
工业增加值对 GDP 的贡献率（%）	35.2	43.1	81.7
人均工业增加值（元）	3138.4	6873.5	45.7
城镇居民人均可支配收入（元）	10070	11759	85.6
农村居民人均纯收入（元）	2250.5	3587	62.7
城镇居民家庭恩格尔系数（%）	42	35.8	117.3
农村居民家庭恩格尔系数（%）	49	43	114.0

资料来源：《云南省 2006 年国民经济和社会发展统计公报》《中华人民共和国 2006 年国民经济和社会发展统计公报》。

表 3 - 2　2001 ~ 2006 年云南省与全国经济指标增长速度比较

单位:%

指　标	云南省	全　国	云南省占全国平均水平的比例
GDP 年均增长率	9.46	9.73	97.2
工业增加值年平均增长率	10.23	11.05	92.6
城市化水平年平均增长率	1.19	1.28	93.0

资料来源：根据相关年份《云南统计年鉴》《中国统计年鉴》以及《云南省 2006 年国民经济和社会发展统计公报》《中华人民共和国 2006 年国民经济和社会发展统计公报》相关数据计算得出。

（二）传统工业化道路：多重制约中的发展困境

从云南省处于工业化初期阶段这一现实出发，云南省应采取优先发展工业，努力提高工业增加值对 GDP 的贡献度的发展战略，达到逐步赶上并超过全国经济发展平均水平的目标。但是，由于多种因素的制约，云南省并不适宜走传统工业化发展道路。

云南省走传统工业化发展道路首先受到产业基础的制约。云南省的工业基础薄弱，规模偏小，对 GDP 的贡献度明显低于全国平均水平。2006 年，云南省的工业增加值为 1407 亿元，只占全国工业增加值的 1.56%。同年，云南省工业增加值对 GDP 的贡献率为 35.2%，而同期全国平均水平为 43.1%，云南省明显低于全国平均水平。

从工业增加值的增长速度来看，2001～2006 年，云南省年平均增长 10.23%，增长率相当高，但仍低于同期全国平均增长水平。由于工业总量偏小，且年平均增长速度慢于全国平均水平，2000～2006 年，云南省 GDP 占全国的总量由 2.18% 下降至 1.91%。同期，云南省人均 GDP 占全国平均水平的比例由 65.7% 下降到了 56.24%。因此，如果延续现有的工业发展模式，"十一五"时期云南省与全国之间的发展差距将会进一步扩大。

2006 年，我国人均 GDP 已经超过 2000 美元，并很可能在 2012 年前后提前实现人均 3000 美元的"小康"水平。按照目前的发展基础，云南省经济总量必须以平均每年 15% 以上的速度增长，才可能与全国同期实现"小康"，但这显然是一个难以实现的增长速度。从缩小云南省与全国经济发展差距、实现"小康"的角度看，"十一五"期间云南省工业部门需要超常规发展。但在经济发展基础和外部环境没有显著改善的情况下，云南省工业实际上很难取得超常规发展。

云南省走传统工业发展道路的另一个制约因素是资源条件。目前，云南省工业发展还处于重型工业化阶段。根据《云南省第一次全国经济普查主要数据公报》，2004 年云南省工业行业大类中就业人员数居前四位的行业为煤炭开采和洗选业、非金属矿物制品业、有色金属冶炼及压延加工业、化学原料及化学制品制造业。2005 年，云南省的主要优势工业行业为烟草制品业、电力与热力的生产和供应、化学原料及化学制品制造业、有色金属冶炼及压延加工业等。这表明云南目前处于以原材料、基础工业为重心的重型工业化阶段，资源依赖型加工产业仍占主导地位，缺乏高技术含量、高科技、自主创新产品。由于原材料、矿产、能源等基础工业对自然资源和环境依赖性很强，所以云南传统工业的发展速度和规模都会受资源条件的制约，很难在较长时期内维持超高速的增长，以满足云南追赶型现代化发展模式的需要。

此外，云南走传统工业化道路还受区位条件和自然条件制约。云南省是我国生物多样性和生态多样性程度最高的地区之一，是我国多条重要江河的上游和水源保护地，关系到全国或较大区域范围的生态安全。全省山区面积占94%，环境承载能力弱，在传统的工业发展模式下，云南省正面临土质退化、水体污染、森林资源锐减、生物多样性减少等严重的环境问题，不适合大规模发展或接收东部发达地区转移来的高能耗、高污染、大量占用农田的传统工业。从全国主体功能区规划的角度看，云南大部分地区属于限制开发区域。国家"十一五"发展规划中涉及云南的限制开发或禁止开发区域就有川滇干热河谷生态功能保护区、川滇森林生态及生物多样性功能保护区、滇桂黔喀斯特石漠化防治区等。因此，云南应该选择以环境友好型的产业为发展重点，实现可持续发展。

城市体系欠发达和城乡经济二元结构突出的特点也制约了云南的传统工业化之路。昆明市是云南省省会，2006年，其经济规模、工业增加值、社会固定资产投资等指标均占到全省1/3左右，进出口总值、全年获得专利授权数、在校大学生人数等重要指标均占全省的2/3以上，增长极地位十分突出（见表3-3）。但云南省的城市体系欠发达，全省除昆明市属于人口在200万人以上的超大城市外，其余均为人口50万以下的中小城市，50万～100万人口的大城市和100万～200万人口的特大城市处于断档状态。这种不合理的城市体系，阻碍了城市之间产业的垂直整合与水平分工协作，大大降低了昆明市对其他城市工业发展的辐射作用，制约着全省工业经济的发展。从城乡差别来看，云南省城镇地区和广大农村地区之间存在着巨大的经济差距。以 2006 年为例，当年农村人口占全省总人口的 70%，但人均纯收入只占城镇居民的 1/5 强。城乡收入水平的巨大差距大大挤压了全省工业产品的需求空间，制约着全省的工业化发展之路。

表 3 - 3   2006 年昆明市与云南省经济社会发展部分指标比较

指 标	昆明市	云南省	昆明市占全省的比例（%）
GDP（亿元）	1203.14	4001.87	30.1
工业增加值（亿元）	458.88	1406.95	32.6
进出口总值（亿美元）	47.04	62.3	75.5
全社会固定资产投资（亿元）	654	2220.5	29.5
社会消费品零售总额（亿元）	484.2	1188.88	40.7
普通高校在校学生总数（万人）	20.64	28.42	72.6
全年获得专利授权数（件）	1126	1637	68.8
城市化水平（%）	58.99	30.5	193.4

资料来源：《云南省 2006 年国民经济和社会发展统计公报》《昆明市 2006 年国民经济和社会发展统计公报》。

（三）新型工业化道路：难以跨越的实力差距

走新型工业化发展道路，是云南工业化发展的必然选择。新型工业化道路是对我国改革开放以来 20 多年粗放式工业化道路全面反思的结果。其内涵是以信息化带动工业化，以工业化促进信息化，走出一条科技含量高、经济效益好、资源消耗低、环境污染少、人力资源优势得到充分发挥的工业化之路。

信息产业发展水平和科研发展水平是走新型工业道路的两项核心竞

争力。数据表明，云南省这两项指标均落后于全国平均水平。在信息产业发展方面，2005 年，云南省信息产业实现增加值82.2 亿元，占全省GDP 的 2.5%，全国信息产业实现增加值9004 亿元，占 GDP 的 4.94%，占比几乎是云南省的两倍。同年，在云南省各类单位就业人数中，信息传输、计算机服务和软件业就业人数占全省总就业人口的0.12%，而全国平均水平为 0.17%。在科技与教育发展水平方面，每10 万人在校大学生人数、人均科研经费内部支出、人均科学研究与试验发展经费支出等多项指标，云南省全面落后于全国发展的平均水平（见表 3‐4）。由于经济发展水平与全国平均水平的差距，在相当长的时间内，云南与全国科研发展平均水平之间的差距很难整体缩小。因此，从总体上看，单纯依靠新型工业化道路也很难缩小云南与全国平均发展水平之间的差距。

表 3 ‐ 4　2005 年云南省与全国部分教育与科研指标比较

指　标	云南省	全　国	云南省占全国平均水平的比例（%）
每 10 万人拥有在校大学生（人）	904	1613	56.04
每 10 万人获得专利授权数（件）	3.1	16.37	18.94
每 10 万人拥有科技人员数（人）	125.6	291.76	43.05
人均科研经费内部支出（包括科研机构、高校、企业）（元）	104.78	369.86	28.33
人均科学研究与试验发展经费支出（元）	31.75	187.37	16.95
人均技术市场成交额（元）	35.77	118.65	30.15
人均教育经费（元）	393.41	553.9	71.03

资料来源：根据《中国统计年鉴 2006》和《云南统计年鉴 2006》相关数据计算得出。

现实已经告诉我们，云南省不可能走依靠传统工业部门实现现代化的道路。目前规模偏小的现代工业部门不足以拉动经济的发展，脆弱的自然生态环境也不足以支持现代工业的发展和城市化的大规模扩张。巨

大的区域差异和城乡二元经济结构阻碍了中心城市对全省工业经济的辐射作用和拉动效果。以高科技带动新型工业化道路，也由于科技、教育、文化、体育等方面的基础条件不足，劳动力整体素质较低，很难取得理想效果。因此，云南的现代化之路，需要跳出对工业化发展模式的路径依赖，走以第三产业发展带动第一产业和第二产业发展的跨越式发展之路。

二　文化云南：走向民族特色文化产业大省的独特道路

（一）文化资源：一个可持续发展的独特优势

云南拥有罕见的民族文化多样性，全省 26 个少数民族的文化绚丽多彩。各个民族古老的神话传说和世代流传的服饰、建筑、音乐、舞蹈交相辉映，使云南成为充满魅力的神奇土地。云南文化资源的突出优势是资源的多层次、多样性汇集。从无机层面的气候类型、地理环境的多样性，到有机层面的生物资源、基因种群的多样性，再到社会层面的民族文化、人文资源的多样性，这些资源的多样性和富集化程度在全球范围内都是罕见的。特别是其中最高层次的文化资源，是云南省各族人民世世代代积累下来的智慧结晶，是发展文化产业取之不尽、用之不竭的战略源泉。它为云南提供了一条有别于通过工业化实现现代化的发展路径，即跳过工业化发展阶段的约束，优先发展以文化产业为龙头的第三产业，进而以第三产业带动第二产业和第一产业的发展路径。

印度、爱尔兰等国家发展软件业的成功经验表明，在全球化时代，一个传统工业部门相对落后的国家或地区完全可以实现服务业的高速发展，并且达到世界先进水平。如果说在实现服务业高速发展的过程中，印度、爱尔兰所依赖的是本地丰富的信息和软件人才资源，那么，对云南省而言，实现服务业高速发展的战略优势则是其丰富的文化资源。云南省发展文化产业的关键是充分发挥文化资源战略优势，实现从资源优势到产业优势的转化。

文化产业的发展主要依赖三种消费方式的推动。一是体验消费，主要是消费者通过亲身参与，感受外部环境对身心的作用，各类旅游观光、生态观光、文化观光、主题娱乐以及各类演艺观赏活动都是典型的体验消费；二是内容消费，主要是消费各种以文化内容为主体的产品，如图书、报刊、CD、广播电影电视、动漫、网游产品；三是符号消费，主要是消费各种注入了文化附加值的产品，如品牌消费，以及与文化符号相关的版权消费。这三种消费方式都依赖于对文化资源的开发与创意。因此，云南省必须从自身资源与条件出发，寻求适合本省实际情况的文化资源开发路径。

在文化资源的开发路径选择中，云南可以从相关省、市文化产业发展的轨迹中得到启示。北京市依托全国最雄厚的文化传媒资源，采取了先发展资本密集型文化创意产业，传媒资源过剩后再发展数字内容产业的战略路径；浙江省依托本省强大的制造业，采取了先发展文化产品的制造与销售，积累资金后再发展创意产业的战略路径，走出了一条从强大的文化产品制造业向强大的文化内容产业的升级之路；上海市依托国内一流的文化娱乐服务环境和工业生产能力，在大力发展文化产业的外围层和相关层的同时，积极发展创意产业，使文化产业服务于本地工业生产能力的提升。

相对于上述省、市，云南省传媒资源不够强大，大规模复制、传播能力不强，制造业基础薄弱，文化资本相对短缺，本地消费能力也有限，无法模仿它们的发展路径。但是，云南拥有世界级的旅游观光体验

文化资源，昆明市还具备了吸引全球创意人才集聚的条件。因此，云南文化产业发展路径可以定位为以旅游文化产业为先导，为云南经济社会全面发展积累资金；以宜居环境为条件，吸引创意人才集聚，发展文化内容产业，推动文化产业升级；以符号消费和创意设计为手段，全面提升传统产业的经济效益，为新型工业道路开辟新途。云南文化产业的发展轨迹表明，这样的发展路径是符合云南产业发展规律的。10 多年来，云南省在全球的知名度不断上升，文化旅游业得到超常规迅猛发展，创意产业力量逐渐会汇聚。云南已成为全球重要的影视拍摄基地的事实充分说明了这一点。

（二）文化产业：一个打破弱势格局的战略选择

在传统工业化的格局下，由于工业部门规模偏小，云南工业生产长期不能满足本省人民生产生活需要。在按支出法统计的云南省生产总值中，云南省进出口项目长期处于净流入大于净流出状态。1997～2005年，在云南省由最终消费、资本形成总额、净出口（货物与服务净流出总额－货物与服务净流入总额）三项组成的支出法云南省生产总值中，净出口项全部为逆差，并呈逐年扩大之势。2005 年，云南省在国内外贸易中货物与服务净出口的逆差达 838.79 亿元，占到云南省当年生产总值的 24%（见表3－5）。这意味着当年云南本地生产严重不足，只能满足本省总消费需求的 3/4，生产性缺口达到 GDP 的 1/4。这其中的缺口大部分是由工业生产能力不足产生的。云南省工业总产值在全国的区位商也表明，云南工业部门过于狭小。一般来说，某个行业区位商越大，表明该行业在这个地区专业化程度越高，越具有区域优势。当某个行业区位商等于 1 时，表明该行业在这个地区的专业化程度与全国相当，产品基本自给自足，已不具有区域优势。2005 年云南省的工业总产值为 1432.76 亿元，工业部门在全国的省际区位商为 0.48，这意味着云南省工业部门的供给量还不到本省对工业产品消费需求的一半。

表 3 - 5   2005 年按支出法统计的云南省国内生产总值构成

单位：亿元

云南省生产总值	按支出法统计的云南省生产总值构成		
	最终消费	资本形成总额	净出口
3472.89	2321.75	1989.93	-838.79

资料来源：《云南统计年鉴2006》。

从经济发展的轨迹看，云南省对省外的贸易逆差已经形成惯性，在经济增长方式没有明显改变的情况下，这种长期的逆差状态还将持续下去。文化产业的发展给云南省增强经济实力、缩小贸易逆差、打破经济发展的惯性逆差提供了重大契机。

云南文化产业产生于改革开放之初云南旅游产业的起步时期，但文化产业真正显示潜力并展示魅力则是在云南提出建设"民族文化大省"后，特别是在 2003 年文化体制改革以后。近年来，云南省围绕建设文化产业大省的目标，像当年抓烤烟一样抓文化产业的发展，通过全方位的政策推动与产业辅导，使本省文化产业飞速发展，创造了"云南现象"。从文化产业占 GDP 的比例看，2005 年云南省文化及相关产业增加值为 183.58 亿元，占本省 GDP 的 5.29%，成为本省继旅游产业之后又一个新的可持续发展的支柱产业。这一比例明显高于重庆、四川、广西等西部省份，也高于湖南、湖北、河南等中部省份。与东部地区的省份相比，这一比例高于浙江、福建等省，与北京、上海的水平接近（见表 3 - 6）。同年，云南省旅游产业总收入 430 亿元，占本省 GDP 的 12.38%，远高于 4.18% 这一当年全国平均水平。这说明，以文化旅游产业为核心的服务产业实际上已经成为云南参与全国经济竞争的优势部

门。文化产业是可持续发展的朝阳产业，增长空间巨大，其快速发展对打破云南对省外贸易的长期弱势格局具有重要意义。

表3-6 2005年云南省与全国部分省份文化产业规模的比较

省 份	文化产业增加值 （亿元）	文化产业增加值占本地 GDP 的比例（%）	人均文化产业增加值 （元/人）
云南省	183.58	5.29	412.5
北京市	388.4	5.69	2525.4
上海市	509.23	5.6	2864.1
广东省	1205.43	6.6	1311.1
浙江省	439	3.3	896.3
福建省	163.39	2.5	463.6
江苏省	331.98	1.81	444.1
湖南省	271.08	4.2	428.5
河南省	339.64	3.2	362.1
湖北省	160.75	2.47	214
四川省	115.87	1.57	141.1
重庆市	66.66	2.2	238.2
广西壮族自治区	138	3.38	309.4

资料来源：根据网上信息整理、计算得出。

云南的文化产业虽然已经取得了突出成就，但其发展依然受到本地人口消费水平偏低和产业发展整体水平不高的双重制约。从人口消费水平看，2005 年，全省城镇居民人均文化娱乐服务消费支出仅 388 元左右，为全国平均水平的 84.9%，农村居民人均文化娱乐服务消费支出约 91.3 元，为全国平均水平的 61.7%。2005 年，云南全省人均文化产业增加值为 412.5 元，高于中部地区的河南、湖北和西部地区的四川、重庆、广西等省份，但与北京、上海、广东等有较大差距（见表 3-6）。从产业发展水平看，云南文化产业中最发达的是以体验消费为核心的旅游观光业。以文化内容消费为核心的产业发展滞后，只有演艺业相对发达，以符号消费为特征的产业整体发展不足，对传统产业的提升作用弱。

由于本地消费能力有限，文化需求过于狭窄，难以支持文化产业在长时期内的高速增长。因此，只有坚持将服务于外来旅游者作为消费性服务业的方向，将服务于云南省传统产业作为生产性服务业的方向，才会大大扩展文化产业的服务方向，使云南经济走上宽阔的发展道路。

在信息社会的背景下，文化产业竞争的制高点是以信息技术与传媒手段对文化符号资源进行开发，以高科技加高投入获取高回报。好莱坞大片、日本动漫、韩国网游产品都属于此类模式。因此，云南发展文化产业蕴涵了以文化符号和信息手段促进传统产业的内涵，是对新型工业化道路的二次创新。不仅如此，文化产业还为工业生产注入了丰富的文化内容，降低了工业发展对物质条件的依赖程度，解除了环境和资源瓶颈对云南工业发展的制约。这为云南经济的腾飞提供了无限广阔的创造性空间。

（三）文化经济：一个西部崛起的战略雏形

云南发展文化产业的最初目标是发挥本省文化资源优势，建立新的支柱产业，促进本省经济的快速、可持续发展。从近年来的产业发展过程看，云南文化产业取得了重大发展，文化产业不仅已经成为本省经济发展的重要支柱产业，而且成功带动了云南经济发展模式的全面转型。以旅游热点丽江、香格里拉、大理为例，在飞速发展的文化旅游产业促进下，这些地区的经济增长速度明显快于省内其他地区。从1995年至2005年，云南全省人均GDP增长1.57倍，而上述三地分别增长了2.77倍、5.68倍和6.91倍。1995年，这三地的人均GDP分别是全省平均水平的191%、71%和47%，2005年则分别上升到全省的206%、

185% 和 144%（见表 3 - 7）。同时，这些地区还实现了经济发展与环境保护、文化资源开发与地区形象提升的良性循环，进入了可持续发展的轨道。

表 3 - 7　云南省部分旅游市、县人均国内生产总值增长情况

地 区	1995 年人均 GDP（元）	2005 年人均 GDP（元）	1995 年人均 GDP 占全省平均水平的比例（%）	2005 年人均 GDP 占全省平均水平的比例（%）	1996 年至 2005 年人均 GDP 增长倍数
云南省	3044	7835	100	100	1.57
大理市	5814	16112	191	206	2.77
丽江市古城区（丽江县）	2174	14529	71	185	5.68
香格里拉县（中甸县）	1426	11277	47	144	6.91

资料来源：《云南统计年鉴 1996》《云南统计年鉴 2006》。

"十一五"期间，云南文化产业正在迎来一个新的战略机遇期。从国内看，"十一五"第一年，我国整体上人均 GDP 已经达到了 2004 美元，东部多个省、市已经进入 3000 美元的阶段，东部地区的主要大城市则进入了 5000～10000 美元的阶段。在全国范围内，城乡居民家庭恩格尔系数全面下降，文化娱乐消费需求快速上升。云南省应当利用我国经济快速发展的有利环境，发挥本省作为世界性旅游文化目的地和中国与东南亚、南亚陆上大通道的区位优势，抓住泛亚铁路建设和中国—东盟自由贸易区建设等历史机遇，全面推动本省文化经济的发展。

在体验消费产业领域，云南各地应该以富有特色的文化身份提升本地的区域形象，推动自然环境风光体验与民族民间文化体验之间的密切融合，打造与云南旅游文化资源相匹配的世界级旅游文化服务水平。各地还应大力开发基于本地丰富民族民间文化和历史传统文化的歌舞、音乐、戏曲等表演艺术，满足全球旅游者对云南民族民间地域文化的消费

需求。对于经过市场检验的杰出产品，则应筹集资金，将其打造成世界级的传世精品，从全球演艺市场长期获取收益。

在内容消费产业领域，应大力开发基于云南民族民间和历史文化传统题材的音乐、电影、电视、动漫、网游等现代数字内容产品，建构云南文化资源的"在线"收益平台。

在符号消费产业领域，应利用文化创意产业对传统产品的价值提升作用，从云南丰富的民族民间和历史传统文化中获取灵感，进行创意设计，开发文化符号，打造云南品牌的文化内涵。利用文化符号和品牌内涵的财富增值效应，提升传统产业。以云南的特色产业——花卉业为例，2005年，云南生产鲜花40亿枝，产值60亿元，如果通过文化符号的注入对其进行价值提升，使之像荷兰的鲜花那样誉满全球，那么即使产量保持不变，云南花卉业每年的产值也将成倍增加。

云南特色产业众多，绿色资源丰富多样，符号消费的产业开发空间十分巨大。在以创意产业提升传统产业发展战略的促进下，云南正在全面进入经济发展与环境保护、资源节约、传统文化传承相协调的文化经济时代。一种以地域性民族文化为内涵、以文化旅游为主线、以品牌运作为核心、以特色文化产业聚集为布局、以文化经济全面融合为目的的发展道路已经显现雏形。

三　创意昆明：打造民族特色文化经济的独特发展模式

（一）文化昆明：时空交错中的后现代生活场景

在云南文化产业的发展中，昆明市具有独特的地位。昆明市不仅在文化产业占全省总量比例中有举足轻重的地位，而且拥有世界级的文化

资源集聚。昆明市会聚了云南 26 个民族的文化与生活，是"民族文化大观园"。昆明历史文化积淀厚重，古滇国文化、南诏大理文化、中原文化、南亚文化、中南半岛文化跨时空交汇于此，文化魅力非同一般。近代以来，云南陆军讲武堂、护国运动、"驼峰航线"、西南联大、"一二·一"运动等人文和历史文化品牌为这座城市的精神打上了时代变迁的烙印。作为云南经济、文化中心，昆明生态良好，四季如春，生活舒适，风格特别。前现代社会生活中的耕牛、火把，工业化社会的厂房烟囱，后现代社会的"创库""网吧"，在这里和谐共存，呈现出一幅时空交错的后现代生活场景。

同时，昆明市与云南广大农村之间存在着明显的城乡二元消费结构。2005 年，云南省农村居民家庭人均生活消费支出为 1789 元，同期昆明市城市居民家庭人均生活消费支出为 7248 元，是全省农村居民生活消费支出水平的 4.15 倍。这种巨大的二元结构使昆明在云南全省娱乐服务消费中占有极其重要的地位，在服饰、餐饮、家居装饰、康体娱乐、珠宝文化、茶文化、花卉文化等领域都引领着云南全省乃至更大区域的风尚。

环境的宜居，文化的会聚，消费的时尚，使昆明吸引了大量文化、艺术、传媒、创意设计人才和民族、民间工艺人才。这些因素的聚集，使昆明成为一个生产创意、孕育灵感的城市，成为一座知识经济时代的文化金矿。而这座金矿的开发则依赖于创意产业的发展。

（二）创意昆明：从消费到生产，以创意产业提升传统产业

经过多年文化大省的建设，云南已经是我国著名的文化产业大省，文化产业在省内各地已经呈现全面开花之势。但是，从横向比较看，与国内文化产业强省、强市相比，云南文化产业总量偏小的特点十分明

显。从对比可以看出，云南省和昆明市文化产业的优势部门是核心层；北京市的优势部门是核心层；上海市在外围层和相关层上具有优势；浙江省在外围层有突出优势（见表3-8）。从增加值来看，2005年北京市文化产业核心层创造的增加值为225亿元，上海市文化产业核心层创造的增加值为84.04亿元。2004年浙江省文化产业中比例最低的核心层也创造了95.66亿元的增加值。而2005年云南省文化产业核心层增加值为76.4亿元，远低于这些省、市，呈现出优势不优、总量偏小的特点。

表3-8 昆明市、云南省与北京市、上海市、浙江省文化产业内部比例

单位:%

省、市	核心层	外围层	相关层
昆明市	40.6	33.1	26.3
云南省	41.62	30.90	27.48
北京市	57.9	30.7	11.5
上海市	16.5	43.9	39.6
浙江省	16.8	11.5	71.7

说明：浙江省数据为2004年，其余省市为2005年。云南省、昆明市文化产业增加值按2005年本省修订的统计标准，其余省、市按国家统计局标准。

资料来源：根据互联网信息整理得出。

从产业发展的层次构成看，云南文化产业发展整体层次较低，内容产业和创意产业发展不足。在体验消费方面，包括昆明在内的广大地区仍然停留在文化旅游和文化观光层面，高收益的主题性娱乐体验产业发展缓慢。除《云南印象》、纳西古乐等少数演艺节目成为精品并走向世界外，民族民间歌舞、音乐资源整体开发不足。在内容消费方面，依托云南丰富的民族民间文化资源和历史文化资源开发的影视、动漫和网络游戏产品严重不足，未能占据当今国内、国际文化产业竞争的制高点。在符号消费方面，除昆明拥有一定规模的创意产业外，全省大部分地区

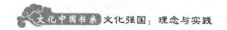

的品牌打造和创意设计能力较弱，制约着全省文化产业的结构提升和规模扩张。

昆明市是全省最大的文化产品及文化服务的集散、消费中心，文化资源丰富，各类人才集中，经济技术实力雄厚，基础设施完善。因此，"十一五"期间，云南文化产业发展的一个重要任务就是充分发挥昆明市文化创意资源集中的优势，促进文化产业升级，全面提升本省传统产业。

从云南文化经济发展的基础和特点来看，昆明市创意产业对全省文化产业及传统产业的提升作用集中体现在以下三个方面。

首先是以创意人才和创意资本的集聚为纽带，建立与全球创意产业的链接，做强本省创意产业。创意产业是依托个人的创造性、技能和智慧及对知识产权的开发来进行的生产性活动。从价值链看，创意产业的前端是大量的创意工作者、创意工作室和中小型创意公司，这些创意工作者和创意企业开发创意，是创意产业价值链的源头。"十一五"期间，昆明市要积极创造吸引创意人才的创业环境和生活环境，大量吸引国内外优秀创意人才到昆明工作、生活。从资本投入的角度来看，创意产业价值链中端的产品开发和后端的发行环节是资本密集环节。因此，昆明市还应该积极培育创意产业的投融资环境，吸引全国和全球创意资本向本地会聚，在昆明建成国内重要的创意产业集聚区，为做大、做强云南创意产业创造条件。

其次是重点开发文化内容消费产业，占领文化产业发展的高端。云南文化产业的资源优势是丰富的文化资源。在媒体已经过剩的时代，全球文化产业竞争的制高点是文化内容产业。在云南文化产业整体发展水平较低的背景下，重点发展文化内容产业既可以将云南迅速推进到全球文化产业竞争的前沿，充分开发本省丰富的文化资源的潜价值，又能带动文化产业结构全面升级，是一箭多雕的策略。

最后是大力发展符号消费产业，以品牌符号提升云南传统产业。在文化经济时代，一切消费都已经附着了浓厚的符号色彩。这种符号色彩既体现在产品外观、功能的创意设计方面，也体现在产品的品牌、版权方面。通过注入符号化的创意与设计内容，云南的农业、制造加工业和传统服务业都可能获得巨大的文化附加值收益。

因此，只要将昆明突出的城市创意潜力发展为强势的文化创意产业实力，并以这种创意实力全面提升云南的各项传统产业，云南的经济前景将十分诱人。

四 聚集盘龙：经营西部创意人才聚集的独特条件

（一）创意盘龙：一个无法回避的先天劣势

在云南省"十一五"期间大力发展文化经济、建设创意昆明的总体趋势与格局中，作为昆明市主城区之一的盘龙区，其文化产业的发展将采取何种定位？可能扮演何种角色？创意昆明的发展战略是否适用于盘龙区？回答这些问题，需要分析盘龙的文化产业发展现状和创意产业的发展环境。

从文化产业的发展现状来看，2005 年，盘龙区文化产业总量在昆明市主城区四个区中占第 3 位，占昆明市文化产业总值的比例也列第 3 位，与其他三区之间基本处于同一水平；从文化产业对 GDP 的贡献率来看，盘龙区为 7.4%，显著高于其他三区；从文化产业的区位商和人均增加值来看，盘龙区均排在第 2 位，仅次于官渡区（见表3 - 9）。这些数据表明，盘龙区文化产业总体发展水平在昆明市各区、县中处于较

为领先的地位，产品与服务输出能力较强。这与盘龙区服务业高度发达的产业结构相符合。

表 3-9　2005 年昆明市 4 个主城区文化发展状况比较

城　区	文化产业增加值（亿元）	文化产业增加值占本区生产总值的比例（%）	文化产业增加值占昆明市文化产业总增加值的比例（%）	人均文化产业增加值（元）	文化产业增加值的区（县）际区位商
盘龙区	8.9	7.4	12.5	1401.6	1.2
五华区	10.19	3.37	14.3	1143.7	0.97
西山区	7.58	6.07	10.65	1016.1	0.87
官渡区	10.03	3.34	14.1	1501.5	1.28

资料来源：根据昆明市统计局相关数据及《云南统计年鉴 2006》计算得出。

从文化产业的结构来看，2005 年盘龙区文化及相关产业中"核心层""外围层"及"相关层"的比例为 12.5∶43.2∶44.3。同期昆明市的比例为 40.6∶33.1∶26.3。盘龙区的"核心层"所占比例还不及昆明市的 1/3。尤其是新闻出版及广播、电影电视和音像业三项，当年增加值仅为 300 万元，是当年昆明市文化产业中该三项增加值的 1/37，总量只占本区文化及产业增加值的 0.3%。这表明，盘龙区文化产业的文化内容原创能力很低，在创意产业发展中处于劣势地位。因此，"十一五"期间，盘龙区文化产业发展的根本任务是努力提高文化内容的原创能力，打造本区文化产业的创意优势，进而实现创意产业对本区传统产业的全面提升。从这一点看，盘龙区与昆明市在文化产业的整体发展方向上是一致的。

盘龙区所面临的整体环境与昆明市有很大不同，盘龙区在昆明市创意产业发展中扮演何种角色，要从其所处的产业环境来分析。从创意人才数量和现代传媒资源来看，云南省、昆明市主要文化艺术事业单位和广播、电视、新闻传媒单位都集中在五华区，因此与五华区相比，盘龙区文化娱乐、传媒人才的数量与整体素质，以及现代传媒资源都处于绝对劣势；从政策环境方面看，昆明市主城区其他三区都是省、市级的文化体制改革和文化产业发展试点单位，拥有政策方面的优势，只有盘龙区不拥有试点区的政策优势；从科技资源看，盘龙区拥有全省最集中的农林科技人才，但由于昆明市和云南省大部分重要科研机构和大学集中在五华区，昆明高新技术开发区和云南软件园也都在其他区，盘龙区在科技人才和科技资源方面总体上也处于劣势；从创意资本方面看，盘龙区虽然拥有"云南印象"集团这样的优秀创意企业，但是缺乏"昆明国际印刷包装城"和"云南传媒集团"这样的战略性文化创意产业项目和战略性投资，创意产业增长的空间还未真正打开。

因此，盘龙区的产业基础和产业环境均不利于发展创意产业。

（二）宜居盘龙：一个不可复制的区位优势

从全球范围看，创意人群喜欢常居于大城市边缘或近郊区。这些地方环境质量好于市区中心，适合休闲，又方便与城市中心进行文化信息沟通，因而是创意人员最喜欢居住的地带。昆明市实施新区划后，新盘龙区保持了作为昆明市中心城区的传统优势，辖区扩展到盘龙江上游水源保护地区，面积增加了300多平方公里，宜居空间更为广阔，出现了发展创意产业的空间和条件。

新盘龙区内大部分地区是昆明市的水源保护区和绿色生态区，森林占全区总用地面积的65.85%，生态环境良好。盘龙区城市边缘与松华坝水源保护区之间的广大地域，处于昆明市的上水方位，滇池的主要水源盘龙江流经区内。这一地区拥有昆明市近郊最好的生态环境，景观优美，水土空气洁净，特别适合文化创意产业人才居住。相比之下，昆明的"母亲湖"滇池周边地区却因湖水污染难以治理，不再是优质居住

生活地区。昆明市远郊区、县未经污染的森林、湖畔则因远离城市，不利于信息的交换和市场联系。因而，文化多元、商业繁荣、时尚消费集中、服务业发达的盘龙区是昆明市创意人才的最佳集聚地。

创意人才是发展创意产业的前提和基本条件。盘龙区应当充分利用宜居盘龙优势，精心打造居住、休闲、养生、体验、创意一体化的生活环境，明确打出"创意昆明、集聚盘龙"的口号，全面吸引创意人才进住本区，为本区创意产业的勃兴积聚力量。

（三）集聚盘龙：一个引凤筑巢的后发战略

全球创意产业发展的规律是创意资本追逐创意人才，创意人才追寻创意环境。因此，在鼓励创意人员在本区集聚的同时，盘龙区应当优化创意人员的居住、工作环境，激发他们在本区从事产业活动和经营活动的热情，吸引创意资本，进而形成创意产业集聚。

至此，盘龙区发展创意产业的路径已经明晰，即以优良的宜居环境会聚创意人才，形成区域性创意人才的集聚；以高效的信息服务营造创意平台，形成创意产业的集聚；以优秀的创意人才吸引创意资本，推动创意产业的壮大；以有效的手段链接全球创意网络，形成全球创意产业的区域节点，进而实现以创意产业全面提升文化产业和传统产业的战略目标。

这种方式是一种先引凤、后筑巢的后发战略。其意义在于，盘龙区可以避开创意产业基础薄弱、产业环境整体不利的缺陷，从打造创意人才的集聚条件入手，逐步建立本区文化创意产业的发展机制，以渐进的方式走上创意产业的发展之路。

五　几点结论

第一，在经济现代化的战略路径选择上，由于多重因素的制约，云南省不适合走传统工业化道路。走新型工业化道路也无法完成云南实现现代化的使命。云南省、昆明市应当在发展现代工业的同时，选择发展旅游产业、文化产业等第三产业作为本省实现经济现代化的战略方向，走以服务业带动工业发展的跨越式发展道路。

第二，在文化产业发展的战略路径选择上，云南省、昆明市不具备依托强大的加工制造业从文化制造业向文化内容产业推进的条件，也不具备依托强大的传媒资源发展资本密集型文化产业，进而发展文化内容产业的条件。云南省、昆明市应该发挥文化资源丰富、宜居环境良好的战略优势，从会聚创意人才入手，走以创意人才会聚创意产业、以创意产业提升传统文化产业、带动传统产业的道路。

第三，昆明市是云南创意产业资源和创意人才最集中的地区，也是适合发展创意产业的宜居城市。云南省应当积极回应全球性创意产业聚集中心不断出现的趋势，将昆明市打造成西部创意之都和全球创意人才网络的节点，使昆明市成为云南文化创意产业走向全球的创意基地。

第四，昆明市实行新区划后，盘龙区出现了发展创意产业的新的条件和空间。盘龙区应该顺应云南省、昆明市经济发展的趋势和文化产业发展的战略选择，将发展文化创意产业作为"十一五"期间经济、社会发展的战略重点。

第五，在缺乏发展创意产业的传媒资源和人力资源的背景下，盘龙区应抓住本区位于昆明水源保护地和上水位置、生态环境优良的特色，大力打造本区的宜居性环境，吸引创意人员在本区集聚。盘龙区应重点

打造创意工作者所依赖的文化氛围和信息环境，激发本区创意产业与创意人才和创意资本的连接，实现创意产业的腾飞。

第二节　后奥运时期北京文化创意产业的机遇与挑战

一　北京文化创意产业的战略定位

从产业规划的角度看，城市定位与发展的需要是一个城市文化创意产业发展定位的依据。北京是首都，是首都圈（京津冀都市圈）的首位城市，也是国际性大都市。这种特殊地位决定了北京文化创意产业的发展目标要从三个层次进行战略定位，即北京市的战略性支柱产业、首都圈的文化创意和设计中心、全国文化创意中心和全球创意中心。

北京文化创意产业战略定位的第一个层次是本市经济、社会与文化全面发展的战略性支柱产业，这是由北京市经济和社会发展的需求决定的。

第一，文化创意产业是促进北京市产业升级与发展的强大引擎。2005年，北京地区生产总值中第三产业的比例达到 GDP 的 67%，接近70% 这一国际上公认的服务经济的门槛。按照国际经验，在经济发展进入服务经济阶段后，城市发展的动力进入投资导向和创新导向混合的阶段，创新能力和创新精神成为城市经济增长的主要动力。"十一五"期间，北京市面临加快产业结构转型与升级的战略任务，科技创新和文化创意是北京市实现这一转型的两大引擎。文化创意产业通过创意设计为传统产业注入丰富的精神内容和文化内涵，提高产品的文化消费价值，并通过创造与传播文化符号来帮助传统产业打造品牌，提升产品的竞争力。同时，文化创意产业本身是典型的现代服务业，它通过高技术与高文化的融合，为北京市经济快速增长和持续发展提供了保证。

第二，文化创意产业能够推动北京市文化生产力的释放和实现。文化创意产业的发展依赖于城市的人文积淀和文化创意能力。北京是千年古都，又是我国的政治、商业和文化中心，文化遗产和其他文化资源丰富。同时，北京也是国际性大都市，荟萃了全球各种文化创意人才和文化创意资源。文化创意产业的发展可以激活北京市独一无二的文化资源，把丰富的文化优势及资源优势转化为强大的文化生产力和竞争优势，使北京所蕴涵的文化创造潜力得到最大限度的释放和实现。随着北京市加快文化创意产业发展战略的落实，文化创意产业对北京市文化创造潜力的释放速度将会明显加快。

第三，文化创意产业能够加快北京市科技生产力的发展与转化。北京是我国科研院所和研究型大学最集中的城市，科研力量为全国城市之首。但长期以来，由于体制和机制的原因，大量科研成果不能迅速转化为生产力，造成了生产力的浪费。文化创意产业是高科技与高文化的战略性结合，它通过创意、创新和创造的结合，推动科技生产力和文化生产力相互结合，为科技成果的应用性转化和开发创造新的需求空间，实现了科技生产力的发展与转化。

第四，北京市面临庞大的文化创意产业本地需求。2006 年，北京市常住人口达到 1538 万，到北京的境外旅游者超过 363 万，外地游客超过 1250 万。① 根据《北京统计年鉴 2006》提供的相关数据推算，2005 年北京市常住人口的文化娱乐消费和境内外到京旅游人口的文化娱乐服务消费支出共达 210.58 亿元，其中常住人口的文化娱乐消费 168

---

① 《北京统计年鉴 2006》。

亿元，境内外旅游者在京景点门票和文化娱乐消费支出 42.58 亿元。加上在京机构和国外驻京机构的团体性文化消费，当年北京本地市场的文化娱乐服务终端消费支出实际上远大于 200 亿元。此外，北京市文化创意还需要满足本市二、三产业升级和发展的生产性消费需求，以及由文化体制改革引起的政策性需求。因而，北京市文化创意产业的本地需求规模非常庞大，且处于快速增长中。

第五，文化创意产业是建设和谐首都的战略手段。文化创意产业具有多种溢出效应，这些溢出效应对和谐社会的建设具有重要的推动作用。从环保效应来看，文化创意产业具有低能耗、低污染或无污染的特征，是一种绿色产业。从文化效应来看，文化创意产品丰富人的精神世界，提升人的文化素质与品位。各国文化产业发展的经验表明，全球文化创意产业的发展会引起人们对本地地域文化和文化传统的高度认同，促进本土文化的复兴和重新定位，并营造城市文化氛围和提升城市文化形象。从社会效应看，文化创意产品的消费能够提高人的创意能力，激发人的创造性潜能，促进社会和谐。文化创意产业对劳动力需求弹性大，能够多层次、大容量吸纳劳动力。这些溢出效应表明，发展文化创意产业是北京建设和谐首都重要的战略手段。

二 后奥运时期北京文化创意产业发展的机遇

近年来，在奥运经济和文化创意产业发展战略的促进下，北京市文化创意产业迅速扩张。2006 年，北京市文化创意产业实现增加值 812.1 亿元，占地区生产总值的 10.3%，已经成为该市重要的支柱产业之一。①

---

① 《北京统计年鉴 2007》。

从国际经验来看，奥运会主办城市在奥运会结束后的 3～5 年内，都会经历所谓的后奥运时期，这一时期，由于举办奥运会所带来的投资热、旅游热、传播热和经济的快速增长都会面临一个下降、消化的趋势。后奥运时期，北京文化创意产业是否会出现这样的情况？从发展机遇来看，三种因素的合力决定了后奥运时期北京市文化创意产业仍将迎来一个快速发展的时期。

第一种因素是产业政策。经过近年来不断发展，北京市已经形成促进文化创意产业快速发展的政策体系和产业发展规划，如《北京市"十一五"期间文化创意产业发展规划》《北京市促进文化创意产业发展的若干政策》等。后奥运时期，随着文化体制改革的深入和文化创意产业政策的进一步完善，北京市文化创意产业发展的产业环境将会更加宽松，文化生产力将会得到更大的释放。

第二种因素是文化创意产业区域整合与品牌扩张。这种整合与扩张的动力来自内外两方面。从外部经济环境来看，后奥运时期也是我国经济进行区域整合、整体优化的关键期，全国范围内的区域经济整合将更加深入，区域整合将加速，以城市群为支撑的区域性经济增长极对经济增长的贡献将更加突出，不同区域之间的经济互动也会更加密切。这种区域性经济整合对文化创意产业的跨地域整合提供了强大的外部动力，也为文化创意产业与传统产业的融合提供了重要机遇。从内部动力讲，经过近年来快速发展，我国文化创意产业全面勃兴，各省、市文化产业都取得了显著增长，全国 2/3 以上的省、市、区提出了建设"文化大省"和"文化立市"的目标。2006 年文化产业增加值已经占全国 GDP 的 2.45%。后奥运时期，通过加强区域整合和品牌扩张壮大企业实力、提升产业整体实力，进而打造文化产业的国际竞争力已经成为我国文化创意产业繁荣发展的必然趋势。北京作为文化创意产业基础雄厚、实力

强大的大城市，必将是这一趋势的最大受益者，在全国乃至全球文化创意产业版图中的地位将会更加突出。

第三种因素是我国经济增长方式的转型。后奥运时期正值"十一五"中后期和"十二五"前期，我国经济从注重量的增长转向注重质的增长，整体上从工业经济、粗放型经济转向知识经济、内生性经济。这一转变需要从整体上提升经济品质，创立全球性品牌，实现"中国制造"向"中国创造"的飞跃，对文化创意产业产生巨大需求。

三 后奥运时期北京市文化创意产业面临的三重挑战

从整体环境方面讲，后奥运时期北京文化创意产业面临巨大的发展机遇。但是，要将这些机遇转化为实际的发展成果，北京市文化创意产业必须克服三重严峻挑战。

（一）提升产业结构的挑战

在数字化时代，数字化传播是文化创意产业扩张、发展的重要前提。核心文化创意产品的创意、设计、复制、传播与消费皆依赖于数字技术和网络服务技术。由软件业、信息产业和文化内容业相结合而产生的数字内容产业是文化创意产业价值链的高端。数字化技术打破了广播电视电影、动漫、网络游戏、网站、音像出版物、图书与报刊等产业之间的壁垒，实现了文化、艺术、审美创造和消费娱乐的统一，促进了文化观念、艺术价值和意识形态的传播，产生了强大的经济效益。好莱坞的电影、日本的动漫、韩国的网络游戏等都是数字内容产业的先锋。它们的成功表明，占领了数字内容产业的高端，也就在文化创意产业竞争中占据了有利位势。

从产业构成来看，北京市文化创意产业的特点是以软件业和出版业、传媒业为主体。2005 年，北京市文化创意产业创造的增加值中，最高的三项依次为软件网络及计算机服务、出版发行和版权服务、广播电影电视服务，三项之和几乎占文化创意产业总增加值的 2/3。[①] 从面向全球创意产业高端、服务全国的立场出发，北京市应努力促进软件产业和文化内容产业的结合，大力发展数字内容产业，以数字内容产业提升传统的文化产业。

但由于文化体制的原因，北京市软件业是企业主体，而出版和版权业、广播电视业是事业主体，这从机制上造成软件业和传统文化产业（特别是出版和版权业）之间链接不畅，造成如图书出版、戏剧与音乐演出等传统文化创意产品不能充分转化为数字内容产品，从而无法实现文化创意产品的多元化开发以及价值链的网络化，也无法实现传统文化产品的大规模数字化传播与消费。体制和机制因素对数字内容产业发展的抑制是后奥运时期北京文化创意产业发展的重大挑战。

（二）培养全球竞争力的挑战

后奥运时期是我国全面推动文化大发展大繁荣的重要时期。培养文化产业国际竞争力，提高文化创意产品在全球的市场份额和影响力，是我国文化创意产业发展的重要目标。全球竞争力可以通过多种指标衡量，如文化产业的生产效率、产品的品牌、产业的总体规模、在全球文化产业分工中所处的位置等。但对我国这样一个迫切需要推动本国文化产品"走出去"、增加文化产品的对外出口的国际文化贸易弱国而言，用文化产品和文化服务对外输出能力来衡量文化产业全球竞争力更有现实意义。

按照国家统计局文化产业分类标准统计，上海市和北京市是 2005

---

① 北京市统计局。

年我国文化产业增加值最大的两个城市。从增加值的结构看，2005 年
北京市文化产业核心层（新闻服务、广播电视服务、出版发行和版权
服务、文化艺术服务）增加值为 225 亿元，远高于上海市的 84 亿元。
从核心层占本地文化产业增加值的比例看，北京市为 57.9%，是上海
的近 4 倍。① 从具有本地化特色的文化创意产业角度看，2005 年北京市
文化创意产业增加值最多的前 3 个行业分别是软件、网络及计算机服
务、出版发行和版权服务以及广播电影电视服务。2005 年上海创意产
业增加值最多的 3 个行业分别是研发设计创意、咨询策划设计创意和建
筑设计创意（见表 3-10）②。相比之下，北京市在文化内容的创意与设
计方面占有明显的优势。这表明，北京是我国大陆地区文化内容原创能
力最强的城市。

表 3-10　2005 年北京市文化创意产业与上海市创意产业创造增加值前 3 行业比较

单位：亿元，%

排　序	北京市		上海市	
	行业	增加值	行业	增加值
1	软件、网络及计算机服务	265.0	研发设计创意	240.8
2	出版发行和版权服务	114.7	咨询策划设计创意	136.8
3	广播电影电视服务	77.9	建筑设计创意	98.7
前 3 行业增加值	457.6		476.3	
前 3 行业增加值占总增加值比例	65.3		86.7	

资料来源：《上海创意产业发展特点和重点行业走势分析》，浦东生产力促进中心网，2006 年
8 月 16 日；《北京统计年鉴 2007》。

---

① 《北京统计年鉴 2006》；《2005 年上海市文化产业发展情况》，中国上海网，2006 年 9 月
20 日。

② 由于发展文化创意产业的区域条件不同，北京、上海提出了不同的文化创意产业定义。
上海从服务长三角全球制造业基地的角度出发，提出了创意产业的概念，将创意产业划
分为研发设计创意、建筑设计创意、文化传媒创意、咨询策划创意和时尚消费创意五大
类。北京市则从本市特点出发，提出文化创意产业的概念，并在国家统计局文化产业的
概念基础上，加入了计算机及软件服务、设计策划两个创意性比较突出的大类。

作为我国的文化创意中心和文化内容原创能力最强的城市，北京应当努力提升文化创意产品的国际竞争力，发展成具有强大牵引力和影响力的全球性文化创意中心。北京市明确提出要建设旅游文化、出版发行版权贸易、文化会展、动漫网络游戏、文艺演出、古玩艺术品交易、影视创作交易、创意设计等八大文化创意产业中心。建设八大文化创意产业中心的核心目标正是将北京市打造成全球文化创意中心。因此，无论从建设全球创意中心这一目标出发，还是从发挥对全国文化创意产业的牵引和提升作用出发，北京市文化创意产业都需要增强国际化程度，尤其是要扩大产品出口额、提升产品的全球竞争力。

（三）京津冀都市圈文化创意产业区域整合的挑战

京津冀都市圈包括北京、天津以及河北的石家庄、唐山、保定、秦皇岛、廊坊、沧州、承德、张家口、邯郸、衡水、邢台共 13 个城市，区域面积占全国的 2.3%，人口占全国的 7.23%。2005 年，京津冀都市圈 GDP 约占全国经济总量的 9.3%，略高于珠三角，在我国三大都市圈中排行第 2 位。京津冀都市圈经济总量虽然很大，但经济国际化程度相对较低，国际竞争力还比较弱。进出口总额占全国总量的 14%，利用外资占全国总量的 15%，都远低于长三角和珠三角。[①]

后奥运时期，我国经济发展的区域化趋势将更加明显，京津冀都市圈要在加强区域经济整合，促进区域内经济、社会协调发展方面将面临更加迫切的任务。在京津冀都市圈的新一轮区域经济整合过程中，文化创意产业的发展具有特殊的作用和意义。首先，京津冀都市圈是我国三

---

① 《2005 年我国三大都市经济圈经济运行发展概况》，中国政府网，2006 年 4 月 13 日。

大都市圈中品牌竞争力较弱的区域。在新一轮区域经济整合中，以文化创意产业带动品牌创立、促进传统制造业和服务业的文化内涵、提升创意设计的内涵，对这一区域经济整体的转型与升级具有重大意义。其次，文化创意产业是京津冀都市圈寻求经济增长的新突破口。京津冀都市圈是三大都市圈中生态环境最脆弱、自然生态严重失衡的区域。传统产业的增长受到环境承载力的严重制约，但这一区域文化资源和科技资源最集中。因此，发展文化创意经济，建立可持续发展格局，是区域经济发展的必然选择。再次，京津冀都市圈是三大都市圈中经济一体化程度最低的区域。中心城市和其他城市之间经济发展水平存在较大差距，经济发展缺乏区域层面的协调和衔接。内部整合、均衡发展的需求最大。因此，需要加速区域内部整合。文化创意产业是科技与文化密切融合的新兴产业，又是区域内各城市竞相发展的战略产业。因此，它为区域产业整合提供了新的窗口，是最可行的接入渠道。

要实现以文化创意产业促进区域经济整合的目标，首先要解决文化创意产业自身在区域内的整合发展。从京津冀都市圈内文化创意产业的发展格局来看，北京文化创意设计和服务实力在京津冀都市圈中首屈一指。2004 年，北京市文化产业增加值为 328.7 亿元，是天津市的 4.9倍、河北省的 2.8 倍，占北京市 GDP 的 5.4%，占京津冀三省市文化产业总增加值的 63.9%，是区域内文化产业增加值占本地 GDP 比例最高的城市。同年，北京市文化产业从业人口达到 51.4 万，分别是天津市和河北省的 3.8 倍和 1.4 倍，文化产业增加值在本地 GDP 中的比例分别是天津市和河北省的 1.4 倍和 3.9 倍（见表 3 - 11）。从文化产业内部结构来看，在京津冀三省市中，北京市文化产业的核心层（新闻服务、出版发行和版权服务、广播电影电视服务以及文化艺术服务）比例最高，达到 57.1%，占有绝对优势；相关层（文化用品、设备及相关文化产品的生产和销售）比例最低，只占 13.5%（见表 3 – 12）。这表明，无论是增加值的总量，还是核心层的文化内容原创设计能力，北京市文化产业在京津冀都市圈中都占有绝对优势，并在区域内文化产业分工体系中处于高端引领和原创核心的地位。因此，如何以北京为中心，实现京津冀都市圈文化创意产业的区域整合与发展，是后奥运时期北京文化创意产业必须面对的又一重大挑战。

表 3 – 11　2004 年京津冀都市圈主要城市及河北省文化产业发展状况比较

省　市	本地 GDP（亿元）	文化产业增加值（亿元）	文化产业增加值占本地 GDP 的比例（%）	文化产业从业人口（万人）
北京市	6060	328.7	5.4	51.4
天津市	2931.9	66.91	2.3	13.63
河北省	8836.9	118.8	1.4	38
石家庄市	1633	31.2	1.9	7.3
保定市	1065.8	22.5	2.1	6.6
唐山市	1626.3	13.6	0.8	4.2

资料来源：北京市委宣传部联合课题组《北京市文化创意产业发展研究报告》（未刊）；田英法、李树奇《发展文化产业　建设文化大省》，河北经济网，2006 年 9 月 28 日；天津市统计局《天津文化产业初具规模　人均产出远超全国平均水平》，天津滨海新区网，2006 年 2 月 17 日。

表 3 – 12　2004 年京津冀都市圈三省市文化产业构成状况比较

单位：%

省　市	文化产业核心层占总增加值比例	文化产业外围层占总增加值比例	文化产业相关层占总增加值比例
北京市	57.1	29.4	13.5
天津市	24.6	10.1	65.3
河北省	31.7	53.4	14.9

资料来源：北京市委宣传部联合课题组《北京市文化创意产业发展研究报告》（未刊）；田英法、李树奇《发展文化产业　建设文化大省》，河北经济网，2006 年 9 月 28 日；天津市统计局，《天津文化产业初具规模　人均产出远超全国平均水平》，天津滨海新区网，2006 年 2 月 17 日。

四　后奥运时期北京市文化创意产业发展的对策思考

（一）推动文化创意产业的跨行业整合，加快释放文化生产力

从产业发展的现状看，由体制和行业分割造成的影响，已经成为制约北京市文化创意产业发展的重要因素。因此，后奥运时期，北京文化创意产业发展的一个重要任务就是通过政策创新和体制改革，建立起软件设计开发业与传统文化产业特别是出版业、设计业之间的内在链接。软件业与文化内容服务业之间的跨行业结合及跨体制嫁接，将是北京数字内容产业发展的重要保证。

（二）加快文化创意产业发展的国际化水平，提高文化产业国际竞争力

提升北京文化创意产业的全球竞争力，必须进行文化创意产业的全球布局。

第一，文化创意人才国际化。在人才建设方面，北京要加大文化创意人才和文化创意产业管理、经营人才培养和引进力度，从人才的构成和素质两个方面提高文化创意人才的国际化指数，增进城市对创意人才的宽容度，优化城市的环境优美度和宜居性，创造面向全球的文化创意产业人才会聚地。要尽力吸引、吸收国际人才加盟或进入文化创意企业，使企业和行业的原创队伍国际化，丰富文化创意的多样性，使不同文化背景人员相互激发，开发适应不同市场的、具有国际竞争力的文化创意产品。同时，北京市应该通过引入优秀的文化创意产业国际经营人才，为文化创意产业产品进军全球市场开拓行销渠道。

第二，文化创意资源开发国际化。丰富悠久的历史文化资源是民族国家文化创意产业的宝贵财富。但在全球化背景下，发达国家文化创意企业往往能够利用其先进的经济技术手段，对其他国家文化资源进行无偿的开发和使用，并在全球市场获得巨大收益。因此，北京市文化创意产业的发展，也应该以全球化的视野，努力发现并开发全球各国、各民族的文化资源，扩大北京文化创意产业在全球文化市场上的份额。

第三，文化创意企业国际化。这包括两个方面的内容：一方面是北京本地文化创意企业在国家政策允许的范围内，通过引入外资或与国外企业相互参股，实现管理团队和经营渠道的国际化；另一方面是北京本地文化创意企业通过对外投资，在国外建立企业并开发产品，实现跨国经营，并逐步建立起全球生产和营销网络。

第四，价值链国际化。北京市文化创意产业要走向全球，还应当积极推动产业价值链的国际化。全球网络化时代的到来，使像电影、动漫、网络游戏这类复杂文化创意产品的生产可以分散在全球不同角落分工完成。这种产品价值链在全球地理上的分散化，为具有核心竞争力的地方性企业提供了参与全球文化创意产品生产的机遇。北京市文化创意产业应该积极参与全球价值链的分工，争取更多的发展机遇。

（三）带动京津冀都市圈文化创意产业整合，实现文化创意产业与区域经济发展的高效互动

作为京津冀都市圈文化创意产业中心，北京市应该以数字内容产业等处于产业链条高端的部门，带动区域内各城市文化创意产业的发展和升级。

在产业主体方面，北京应加强与区内其他城市之间文化创意企业的整合，发挥北京地区传媒产业和数字内容产业领域的优势，组建跨地区的传媒集团，培养一批具有强大实力和国际竞争力的文化创意企业集

团，增强本区域文化创意企业与国际市场传媒巨头进行竞争和抗衡的能力。

在价值链条分工方面，要通过内容原创与设计、加工生产和行销三个环节中的区域分工与协作，实现北京市与京津冀都市圈内其他城市文化创意产业发展的一体化。北京市作为京津冀都市圈的文化创意中心，应该重点发展内容原创设计和产品营销两个环节，而把产品的生产和加工这一附加值比较低的环节以分工生产的方式转移到京津冀都市圈内的其他城市。这样既可以促进区域内其他城市文化创意产业的发展，发挥区域内城市文化创意产业的分工与协作优势，又有利于北京集中精力开拓文化创意产业价值链的高端，打造核心竞争力。

同时，北京市还应在体制与机制创新、人才会聚、市场培育与开拓、法律环境优化等方面为区内其他城市文化创意产业的发展提供示范与引领作用。

第三节　文化产业软环境及其优化

根据国家统计局发布的数字，2004～2007年，我国文化产业增加值从3340亿元增加到6412亿元，占GDP比例的2.45%。[1] 而根据联合国贸发会议发布的数字，2005年我国已经成为全球最大的创意产品出口国。[2] 我国文化产业能够取得重大发展，很大程度上得益于近10年来我国文化产业发展环境的不断优化，特别是文化产业政策的不断创新。

---

[1]　王永章：《改革开放30年文化产业回顾及前景展望》，张晓明、章建刚、胡惠林主编《中国文化产业发展报告（2009）》，社会科学文献出版社，2009，第57页。

[2]　〔巴西〕埃德娜·多斯桑托斯主编《2008创意经济报告》，三辰影库音像出版社，2008，第107页。

近 10 年来，重建与市场经济相适应的文化市场主体和文化市场体系，打造文化产业发展的"硬环境"，一直是我国文化产业政策创新的重中之重。与此同时，文化创意产业繁荣发展所必需的"软环境"建设却未受到足够重视。"十二五"期间，我国文化产业发展将迎来新的战略机遇期。要在时代的高起点上推动我国文化产业实现新一轮大发展，就必须正视文化产业发展"软环境"建设滞后的问题，努力实现"软环境"建设与"硬环境"建设的协调发展，创造更为有利的文化产业发展环境。

一 "软环境"：文化产业繁荣发展的重要基础条件

作为一种新型经济形式，文化产业的发展实质上是由两种环境因素合力推动的。一种环境包括国家文化体制、法律环境（尤其是与文化生产相关的法律制度）、产业政策、科技发展水平、金融与资本市场、信息与通信产业发展状况等因素，这些因素透明性高、度量性强、弹性相对较低，它们构成了文化产业发展的"硬环境"。另一种环境包括文化多样性的保护与整体表现、社会的文化活力、公民的创造性潜力、国家的文化发展理念以及文化产业诸要素之间的连通性等因素，这些因素透明性相对较低、弹性较大、可测量度低，它们构成了文化产业发展的"软环境"。如果说"硬环境"对应着传统意义上的产业环境，那么"软环境"则对应着文化产业发展的文化创意环境。这种文化创意环境是文化产业活动孕育、创生的丰厚土壤，也是国家文化产业竞争力的重要来源。因此，"软环境"是文化产业繁荣发展的重要基础条件。对文化创意环境的依赖，决定了文化产业与传统产业的本质区别。

二 "软环境"：国外经验与我国的现状

在当代，欧盟、美、日和亚洲新兴国家经济发展模式、国家文化战略和文化产业政策之间存在着巨大的差异，但它们都拥有发达的文化创意产业。

这些国家在文化创意产业领域的成功和领先地位可以从"硬环境"与"软环境"两个方面获得解释。首先，这些国家都具有为文化产业发展繁荣提供基本保证的、成熟的产业"硬环境"：市场经济发育成熟，企业产权结构清晰，市场规范、产权保护机制和文化产业相关法律完善，资本市场发达，信息与通信产业发展水平较高，等等。其次，这些国家的文化政策和文化创意产业政策都对"软环境"的营造与培育给予了高度重视。其文化创意产业的发展与成功正是建立在开放的文化观念、成熟的产业环境和活跃的社会文化活力融合的基础之上。

美国、日本、欧盟和亚洲的新兴经济体对文化产业"软环境"的重视和经营主要体现在四个方面。一是高度重视并积极促进本国文化多样性。如倡导多元文化主义的文化价值观，出台面向知识经济的文化战略，在国民中积极倡导文化多样性的价值，通过各种方式激励国民积极参与本国文化遗产的保护和传承，等等。二是高度重视社会整体和区域文化的活力。如依托公共财政和非营利组织，积极开展各类地域性的文化活动与文化节庆，通过增加公共文化服务的流动性促进公众更多地接触文化艺术作品，鼓励公共文化机构与私人部门合作开展公共文化服务，以公共财政支持艺术原创活动，等等。三是高度重视文化创意人力资源的吸引和培养。如高度重视艺术教育，强调国民想象力和创造性的培养，大力推动创造性与创意资源的融合，通过打造创意城市、学习型社区和创意社区集聚文化创意人才，等等。四是大力推动文化资源、信息、资本等文化产业要素之间的创意链接。如依托成熟的市场经济模式为文化创意资本、资源和创意工作者提供创意链接，促进文化创意资源向产业资源转化，推动文化创意信息和公共文化资源在文化企业、个人、科技部门、教育部门之间实现最大程度的共享，等等。

与国外构建"软环境"的经验相比，我国文化产业的"软环境"建设还存在不少问题。首先，保护和促进文化多样性的重要性没有被全社会所充分认识，文化资源和文化价值的多样性尚未得到充分的尊重和保护。在我国，保护与促进文化多样性已经成为基本的文化政策。但在实际上，文化遗产保护投入不足、侵权行为、盲目拆迁、破坏性开发、简单模仿等因素依然在严重损害文化多样性的基础。这些行为不仅造成大量珍贵历史文化遗产因为缺乏应有的保护而损失，导致我国广大城市在建筑风格和城市风貌上日益缺乏个性、城市文化不断趋于同质化，还从源头上打击着文化创意产业灵魂——艺术原创活动的发生。文化资源和文化表现形式的多样性是文化创意产业"软环境"发育的核心因素，这一领域的受损必然严重制约我国文化创意产业"软环境"的优化。其次，我国社会的文化活力总体还显得不足。文化活动的丰富性、活跃性、国民对公共文化服务的接近性是社会文化活力的重要指标。与文化产业发达的国家相比，目前我国广大城乡社区性、区域性文化活动的经费投入、活动数量、活动频率、参与人数等指标总体上处于较低水平。我国公共文化产品和服务的移动性水平、与服务对象的接近性水平也较低，广大农村地区的文化、艺术活动尤其匮乏。这些因素从总体上决定了我国社会的文化活力处于不足状态，制约着我国文化产业发展"软环境"的改善。再次，我国文化创意人力资源培养机制还不能满足文化产业发展的实际需求。我国文化创意产业起步较晚，教育体制则长期

向应试教育和知识教育倾斜，对国民艺术教育、素质教育的重视不足。因此，直到目前，我国还没有建立起应对文化创意全面参与国际竞争的创意人才培养体系和战略。这造成我国文化创意人力资源呈整体性短缺状态，高端文化创意专业人才和文化产业经营管理人才尤其匮乏，从人力资源供给层面制约了我国文化产业"软环境"的建构。最后，我国文化产业生产要素之间的创意链接系统尚未形成，严重制约了文化创意生产力的形成。制约我国文化产业生产要素之间创意链接形成的主要因素是市场经济发育不成熟和文化体制转型尚未完成。前一因素造成文化产业资本和创意人力资源之间、文化信息资源和创意工作者之间、文化企业和创意人力资源之间都缺乏紧密的市场链接，生产要素充分组合的效率受到抑制；后一因素造成我国核心文化产业领域准入门槛较高，信息及通信企业与传媒企业的跨行业结合长期受到限制，公共文化服务机构与文化市场之间的关系尚未完全理顺，文化产业的跨行业、跨领域、跨所有制兼并、重组也受到多种制约。这不仅严重制约了我国文化产业"软环境"的优化，也直接影响了我国文化产业的发展。

三 借鉴国外经验，优化我国文化产业发展的"软环境"

国内外文化产业发展"软环境"建设水平上的差距表明，借鉴国外经验，优化文化产业发展的"软环境"已经成为我国文化产业发展环境建设的首要任务。

首先，要加强文化多样性的保护与促进力度，为文化产业提供艺术原创的资源和更多的可能性。在认识层面上，要通过教育、宣传、体验等多种方式，全面提高国民对文化多样性重要意义的认识。在保护层面上，要进一步完善立法，通过增加保护资金、建立非物质文化遗产传承人制度等方式，全面提高历史文物、城市历史建筑、非物质文化遗产、自然遗产的保护力度和保护水平。在艺术表现形式上，要鼓励突破，倡导多元，促进多样性，努力形成宽容、自由的艺术创作环境。

其次，要多管齐下，涵养社会的文化活力。实现这一目标的关键是以更加积极、主动的方式向社会提供更多的公共文化产品与服务。要努力增加公共文化服务投入，增进公共文化产品与服务的流动性，大幅增加国民接近文化艺术产品的机会。同时，要积极促进区域文化发展战略的制定，促进对外文化交流和地域间文化交流，丰富社区文化活动，激发地域文化活力。

再次，要努力建构文化创意人力资源培养体系。文化创意人力资源是发展文化产业的根本。要将教育改革与创意人才培养体系建设结合起来，推进教育体系由应试教育向创造性教育转型，打造贯通学前教育、义务教育、中学教育、大学教育、职业教育、全民教育的体系化创意人才培养机制。

最后，要全面促进文化产业要素之间的连通。要努力完善市场经济体制，推进文化体制改革，消除文化产业各生产要素之间的体制机制性障碍，全面促进文化产业资本、创意人力资源、文化资源和遗产、艺术活动、信息产业和科学技术之间相互支持、相互促进的连通。此外，还应通过降低市场准入、鼓励创意人员创业、培育文化产业集群、调整教育体制等多种方式，进一步打通文化创意经济的运行脉络。

第四章 公共文化服务体系 建设的城乡实践

第一节 新农村公共文化服务建设的使命与目标

——基于一个西部县域的考察

我国农村地区的现代化进程是从前现代社会向现代社会的全面转型，包括经济、文化、政治、社会结构等诸多领域的现代性变革以及公共领域的生成。这一进程的基本标志表现为：在经济领域，是小农经济向工业经济的转变；在文化领域，是文化生活的"祛魅化"、现代教育的普及、发展和科学意识的培养与树立、自主人格的养成等；在政治领域，是从人身依附型社会向民主社会的转型以及社会成员对政治事务的广泛参与；在社会结构领域，是从宗族社会、熟人社会、村社社会向公民社会的全面转型。我国农村现代化的过程是人们从各种前现代的附庸、依附关系中解放出来，确立私人领域的过程。在这一过程中，出于维护个人共同利益的需要，一种处于私人领域和国家之间的、关乎所有人的利益的公共领域必将逐渐形成，这一点是农村社会现代公民意识形成的重要标志。

从农村现代化转型的历史过程看，文化领域的转型和发展是现代化的基本前提。农村地区现代化进程的推动，关键在于不断推进文化的现代化转型与建构。这不仅因为文化是推动社会转型的深层动力，为各种社会变革提供观念基础，而且因为精神层面的现代化是社会变革中最复杂、最难完成的部分。从这个意义上讲，公共文化服务体系建设是新农村建设的重中之重，它不仅涉及广大农村地区人民群众文化权益的实现和精神面貌的塑造，而且影响着农村地区经济发展、民主建设和社会转型的方方面面。新农村公共文化服务体系建设是缩小城乡文化差距、促进城乡一体化发展的重要手段。因此，只有在文化发展与农村现代化进程的相互关系中，才能更深入地思考新农村公共文化服务体系建设的历史使命和目标。

一 文化发展与农村现代化的进程：基于长武地区的历史考察

长武地区农村社会的现代进程大体可以分为民国时期、计划经济时期和转型时期三个阶段。[①] 在不同阶段，文化发展体现出不同特点。

（一）民国时期：教育发展与现代化的启蒙

长武地区的现代进程是从举办现代教育开始的。民国时期，长武地区的现代教育分为两个部分：一是普通学校教育，二是各类成人教育。由于经济、地理等原因，长武历史上文化、教育非常落后。1932 年，全县仅有 31 所小学 764 名学生，高小毕业生仅 15 人，人口中 95% 以上不识字。经过社会各界努力，至 1947 年，全县有中学 1 所、小学 108 所，在校学生达到 8144 人。在成人教育方面，从 1927 年开始即推行平民教育，在各类学校平民教育部，劝令不识字男女读书识字。1940 年，长武成立了民众教育会，并在普通学校设立民教部，开办各类成人班、

---

① 长武县是陕西关中北部一个普通小县，面积 568 平方公里。2006 年，全县人口 17.5 万，人均国内生产总值 4346 元，农民人均纯收入 1700 元。

妇女班，进行初级扫肓。① 这些成人教育在一定程度上提高了全县人口的文化素质。但总体而言，民国时期长武地区的文化教育非常落后。

在文化生活方面，这一时期长武地区依然相当封闭，基本延续了明清以来以庙会、社火、戏剧等"小传统"为主体的文化传统。各类社火、庙会和戏剧演出通常由民间自发的"社火会""庙会"组织，其目的主要是祭祀、娱神，娱乐群众的功能只是附属。民国时期，长武地区公共性文化设施极为匮乏，全县仅有一座民众教育馆（1931年筹建，1938年增设图书500册）提供公共性文化服务。直到新中国成立前夕，百姓对现代文化设施依然相当陌生，多数人不知电影、留声机、收音机等为何物。

总体而言，民国时期，现代教育的发展推动了长武地区民众文化素质的提高，百姓的现代国家意识、国民意识得到启蒙。一些初级的选举等活动又使普通百姓获得了形式上的"民主"实践机会。但由于小农经济生产方式和村社社会的基本结构从根本上并未动摇，农村社会的前现代生活方式和群众的意识观念没有发生根本性变化。因而，这一时期，长武地区的社会整体现代化进程十分有限，且主要体现在教育、政治领域。

（二）计划经济时期：文化发展与现代化的推进

20世纪50年代后期，长武农村从小农经济生产进入农业集体化生产。政治环境和生产环境的改变，使破除迷信、移风易俗、学习文化知识成为农村文化发展的主流。新中国成立之初，全县就把扫除文盲作为农村工作的重大任务。各乡、村积极兴办冬学、夜校、识字班，帮助农

---

① 参阅《长武县志》，陕西人民出版社，2000，第551页。

民"在文化上翻身"。在各级组织的重视和推动下，农村扫盲运动不断深入，1956年，全县共有识字班499个，学员达到1.54万人。扫盲工作的开展使农村群众的文化和思想认识水平得到普遍提高，为开展社会主义爱国主义和集体主义思想政治教育奠定了文化基础。

在此背景下，传统的庙会作为封建迷信活动被取缔，经过改造的社火、戏剧（秦腔）演出被纳入社会主义新文化的范畴，成为农村新文化生活的重要形式，由村、队组织演出，并担负起文化宣传的重要职责。婚姻自主、男女平等、共产党好、阶级斗争与革命理想等观念的传播成为文化宣传的时代主题，农村文化生活的基本格局发生了深刻的历史性转变。

在对民间传统文化活动进行改造的同时，长武地区逐步建立了由县人民文化馆（1949年建立）、县电影放映队（1955年成立）、县剧团（1956年春成立）、县广播站（1956年12月开始播音）等机构组成的群众文化体系，并在县城建立了新型剧院、电影院、体育场等大型公共文化服务设施。20世纪50年代中期，文化馆2/3人员常年下乡，辅导农村读报组、识字班，并创建"流动图书箱"，巡回各乡村展阅，成为全县群众文化活动的重要阵地。县人民剧团长期活跃于本县及甘肃陇东地区，在演出优秀传统剧目的同时，不断编排新剧目，深受群众欢迎，每年演出300场次左右。20世纪70年代中期，全县14个公社全都建立了电影放映队，并建成了广播专线，农村电影放映和广播播出初步实现普及。

"文革"期间，各项群众文化事业遭受严重干扰，古典剧目遭禁演，民间皮影、木偶、"道场"箱具被收封，社火停演，农村传统形式的文化生活遭受严重摧残，唯有革命样板戏流行，各生产大队纷纷组织群众演出。

尽管如此，这一时期长武地区的教育事业依然取得很大发展。1978年，全县共有小学217所，学生25948人；中学26所（其中高中7所），学生8510人。中小学生总数占全县总人口的24.9%，入学率比新中国成立之初大幅度提高。同时，职业教育也得到重视，县内先后建立过农业中学、卫生班、"五七大学"等职业教育机构，培养了一批农机、机电、农技、卫生、文艺等农村急需的专业技术人才。

总的来说，与此前相比，这一时期长武地区农村文化、教育事业有了质的飞跃，群众的文化生活更加丰富，精神面貌发生了很大变化。集体化生产的组织方式、农业科技的推广以及城市文明向农村的渗透，都使农村的现代化进程获得了较大推进。但由于国家实行了"以农补工"的经济发展模式，城乡二元体制的社会结构使得农村地区在经济生活和文化生活等多个层面远离国家发展主流，城乡社会差别巨大，这严重阻碍了农村地区现代化的推进。同时，严格的户籍制度也阻碍着城乡、区域之间人口与各种社会资源的充分流动，从根源上延缓了村社社会、宗族社会的实质性解体。在现代公民意识培养方面，一方面，受社会生活和文化宣传的制约，阶级斗争、集体主义等意识形态主宰了农村群众现代公民意识的塑造，导致民主意识、法制意识等基本公民意识的实质性缺位；另一方面，受农村地区生产发展水平和生活方式的制约，根基深厚的小农意识、封建意识等前现代农村生活的意识形态并没有完全消除。

因此，计划经济时期，长武农村的现代化进程虽然在社会生产、政治、文化、教育等领域都有了显著进步，但从现代化所要求的物质条件准备、社会结构转型和公民意识的培育方面来看，现代化的道路依然漫长。

（三）转型时期：内生性现代化的成长

改革开放以来，我国进入从计划经济转向社会主义市场经济的转型期。长武地区广大农村于1982年全面实行了家庭联产承包责任制，农村社会从集体经济转变成以农户为单位的分散经营方式，社会组织结构和生产方式再次发生重大转变。

这一时期，崇尚知识、尊重人才成为全社会的风尚，长武地区的教育发展迈上了新的台阶，全县人口的文化教育水平得到进一步提高。2006年，全县有小学138所、初中1所、高中2所，小学入学率达到99%，初中毕业生升学率达到36.4%，高中毕业生升学率达到40.1%。同期，全县教师队伍素质也有很大提高，中学教师全部达到大专以上学历。随着农村经济发展以及就业的需求，这一时期长武地区的职业教育也获得较快发展。同时，从80年代初期开始，一些函授、电大在长武地区开班设点，促进了成人教育的发展。各类针对农民的实用技术和文化知识培训也纷纷展开，对农业生产和农民致富提供了有力的帮助。

改革开放之初，随着文化领域的思想解放，"文革"期间遭禁的古典戏剧、社火、皮影戏、唢呐班等传统民间文化活动得到恢复，农村文化生活逐渐恢复活力。随着市场经济的不断发展，长武农村地区的文化生活发生了新的变化。变化之一是农村公共文化服务由兴而衰。80年代初期，长武农村广播入户率曾达到90%以上，县剧团、农民业余剧团、各乡（镇）电影放映队活跃在全县农村。80年代中期，全县普遍建立了乡（镇）文化站和村文化室，丰富了农村文化生活，并向农民提供农业技术培训等服务，受到群众欢迎。但从80年代后期开始，农村戏剧、电影演出严重萎缩，广播线路日益损毁，县乡各级群众文化机构经费缺乏，群众文化工作边缘化，农村文化站和文化室名存实亡。这

一时期，只有电视在农村迅速普及，成为农村群众文化娱乐最主要的方式。在这种状况下，农村文化生活整体上日益单调化。变化之二是民间文化活动市场化。原来由村、队出面组织的社火活动逐渐出现商业化趋势，改由个人或合作组织通过收费解决组织费用。传统的民间唢呐班活跃在民间婚丧节庆活动中，并与流行音乐、西洋乐器相结合，以"混合化"的面貌发展，成为农村民俗活动的重要组成部分。变化之三是庙会活动、道场活动复活，并取得了一定的生存空间，成为农村地区现代化进程中的"文化复辟"力量。这个变化表明，在公共文化服务普遍缺位的情况下，农村文化自由发展的结果必然是一些具有消极色彩的传统文化的重新"归位"，出现文化发展方向与现代化进程的背离。

转型时期，除文化领域外，长武地区农村现代化进程还在多个向度取得了新的推进，如工业化与城镇化进程加快、新农村建设取得重要进展等。但从现代公民社会的角度来看，这一时期长武农村现代化进程最深刻的变化是农村生活中私人领域的重新确立。包产到户的实施使家庭重新成为农村经济活动的利益主体，私人利益成为农村社会生产、交往的基础，于是保护并扩张私人利益就成为农村群众学习文化、掌握科技的基本动力，也成为个人权利意识、法律意识和政治参与意识的生长点。从这个意义讲，私人领域的重新确立大大推进了农村群众现代公民意识的提高。这意味着，改革开放以来农村地区的现代化进程已经从民国时期的启蒙式现代化进程、计划经济时期的国家推动式现代化进程转变为农村群众主动求发展、求幸福的内生性现代化发展模式。

长武地区农村社会现代化百年进程中的三个阶段表明，我国农村地区的现代进程是一个由观念启蒙向内在需求、由政治驱动向利益推动的渐进式转型过程。这一进程包括生产方式、生活方式、社会结构、文化发展等诸多领域的深刻变革，是农村社会从前现代生活方式向现代生活方式的全面转型。在农村现代化进程的不同阶段，文化发展始终是社会现代化的引导力量和重要标志。对我国农村社会而言，由于与前现代生活传统渊源深厚、文化发展长期落后，且长期受城乡二元社会结构制约，其精神现代化和制度现代化的任务要远比物质现代化的任务艰巨得多。新农村公共文化服务建设所面对的正是这样一种未完成的现代性建构。因此，在新农村建设的大背景下，必须高度重视公共文化服务体系建设，将其作为推动农村文化健康发展和农村社会全面实现现代化的总抓手。

二 新农村公共文化服务建设的历史使命

新农村建设是在建构和谐社会的宏观背景下提出的历史任务，其直接背景则是我国市场经济改革进入攻坚阶段、城乡发展差距持续扩大以及全社会贫富分化加剧等。新农村建设的直接目标是推动农村社会、政治、经济和文化的全面现代化，改善农村生活环境，提高农村人口的生活水平和幸福指数。新农村建设的间接目标则是缩小城乡发展差距和贫富分化，推动全社会的共同富裕，提高农村群众的文化素质，增加国家发展的潜力。新农村建设的双重目标决定了新农村公共文化服务建设必须服从两个历史性要求：一是中国农村全面实现现代化的历史要求；二是国家全面实现二次现代化的历史要求。

农村现代化进程的历史逻辑表明，我国农村现代化的关键是精神结构和意识观念领域的现代化，也就是现代公民意识的养成和公共领域的形成。现代公民意识的养成需要全面提高农村人口的文化教育水平，也需要建立与现代化社会相适应的民主文化、法制文化，以及与公民社会和市场经济相适应的民主意识、法制意识和道德伦理操守。同时，精神

结构和意识观念的现代化也需要代表先进方向的文化创造与文化娱乐活动来滋养。因此，文化生活的繁荣也是现代公民意识和公共领域形成的重要动力。从这个意义上讲，新农村公共文化服务建设所要面对和解决的，绝不只是农村地区的"文化塌陷""文化饥渴"与"文化短缺"等问题，而是为农村社会的全面现代化提供意识形态与价值观念上的"思想原料"与"解决之道"。

我国的现代化过程是追赶式现代化，一次现代化和二次现代化交叉，构成了我国现代化进程的基本特点。一次现代化是从农业社会向工业社会转化，是从农业文明向工业文明的转化，突出了对科学、知识、理性的追求，强调经济发展、公民意识和公共领域的形成等价值目标。二次现代化则产生于发达国家迈向知识经济的背景，是从工业时代向知识时代、工业经济向知识经济、工业社会向知识社会、工业文明向知识文明的转变。

二次现代化主要包括"知识化、信息化、网络化、全球化、创新化、个性化、多样化、生态化、民主和理性、普及高等教育等"，[①] 它所强调的是生活质量的高度多样化。二次现代化理论为重新审视新农村文化建设提供了多种视角。首先，通过知识经济与生态经济相结合，新农村的发展有可能跨越工业经济的发展阶段，避免环境污染，生态环境恶化的工业化道路，走出新的发展道路。其次，信息化、网络化建设，将使农村地区与城市、与全球的发展紧密相连，使广大农村有机会参与全球生产分工，从而加快发展速度。再次，农村地区丰富多彩的传统文化活动是促进我国文化多样性的宝贵资源，文化创意经济的发展为这些前现代社会文化遗产的再生提供了重大机遇，一次现代化过程中农村传

---

① 何传启：《人类文明与现代化的关系》，www. cas. ac. cn/html/Dir/2004/09/06/5034. htm。

统文化的某些劣势正转化为优势。最后，农村地区良好的生态环境为生活质量的高度多样化提供了宜居环境，这一优势将成为城乡文化、经济交流的重要动力。总之，二次现代化正在为农村社会的发展带来重大机遇，公共文化服务在新农村建设中的施展空间非常广阔。

上述分析表明，从全面推动农村社会现代化进程和建设和谐社会的需求出发，新农村公共文化服务的战略使命有以下三个层次。

一是满足农村群众文化娱乐的精神需求，这是新农村公共文化服务建设的原动力。这一层次的使命既包含向农村提供高品质的公共文化服务和公共文化产品，也包含激励面向农村的文艺创作，积极开发农村文化市场，解放农村文化消费力。同时，还包含农村传统文化活动援助性保护及市场化开发。

二是推动农村社会的文明转型。新农村公共文化服务从根本上应服务于农村现代进程的需要。我国农村的现代进程是从前现代的乡村文明和农业文明向现代工业文明、知识文明的双重转型过程，同时也是从城乡二元社会向城乡一体化的一元社会转型的过程。这一过程需要公民意识、法律意识、道德伦理、文化知识、制度文化的全面转型与重构。因此，新农村公共文化服务必须高度重视文化服务内容和教育发展的价值引导作用，使它们成为推动农村文明转型的重要动力。

三是推动国家文化发展模式的创新。农村文化生活是我国文化创新的基因和源头，也是国家文化生活的重要组成部分。它的发展涉及国家对文化发展的模式设计以及文化领域诸多问题的制度性安排。因此，通过新农村公共文化服务的不断创新，从整体上推动国家文化发展的创新模式，将是我国文化大发展大繁荣的重要前提。

三 新农村公共文化服务建设的目标思考

新农村公共文化服务建设的使命是它对自身所担负的任务的价值承诺，这些价值承诺需要通过具体的可执行目标才能最终实现。因此，确立新农村公共文化服务建设目标，应该首先将公共文化服务的三重历史使命同农村社会发展的现实问题紧密结合起来。基于以上考虑，本文将农村公共文化服务建设的目标分为三个价值目标、两个制度目标。三个价值目标分别是娱乐目标、教育目标和保护目标；两个制度目标分别是市场目标和制度目标。

（一）娱乐目标

娱乐目标的提出是基于农村公共文化服务和设施严重缺位、农村群众文化娱乐生活品质低下这一事实。满足农村群众文化娱乐需求，首先，要从为弱势群体免费提供基本文化娱乐产品和相关娱乐设施着手。其次，要对农村文化生活品质整体提升。此外，需要建立完善的农村公共文化服务设施投资财政保障制度，还要鼓励第三部门等社会力量加盟农村公共文化服务体系，建立开放的服务体系。再次，娱乐目标的满足还应通过提供优秀的文化产品、鼓励创造的卓越性等方式进行，以满足农村群众追求卓越、不断提高鉴赏品位的需求。

（二）教育目标

新农村公共文化服务建设中，教育发展目标应是重中之重。城乡差别的重要标志就是文化教育水平的差别。因此，大力提高农村文化教育水平不仅能够全面提升农村人口素质，也是消除城乡文化鸿沟的必要手段。转型时期，农村地区大量劳动力流入城市和工业生产领域，使我国经济获得巨大的所谓的"人口红利"收益。但大量低素质、低收入的农村青壮年劳动力的长期存在，不仅延缓了我国人口总体素质的提高，也造成了广大农村地区的"文化塌陷"，拉大了城乡文化发展的差距。因而，所谓的"人口红利"，实质上是忽视农村文化建设和农村人口素质提高的"人口素质透支"，这将使我国在现代化道路上付出更多的代价。因此，新农村公共文化服务建设应该通过基础教育、职业技术教育、终身教育等多种方式全面提高农村人口文化教育水平。

（三）保护目标

新农村公共文化服务建设的重要背景之一是，保护文化多样性已成为全球共识。农村传统文化是我国文化多样性的根源之一。新农村公共文化服务建设应该高度重视传统民间文化活动、民俗、民居、民间艺术等各类非物质文化遗产，应该投入充足的资金，对这些珍贵遗产进行保护，并通过市场化开发，实现其当代价值。

（四）市场目标

市场是文化创造的活力之源，也是配置公共文化服务资源的重要手段。农村文化市场建设应该包含文化产品内容创新的繁荣，包含农村传统艺术的形式与内容创新。这一市场应该是由先进文化主导的自主、开放、有序的精神产品创造和交易的市场。它应该增加文化在城乡之间、国内外之间的流动性，推动农村社会结构变化。这一市场，应该是民主、自主、市场伦理、个人权利等现代公民意识养成和实践的场所，因为市场化是政治民主以及人的独立自主的经济基础。

（五）制度目标

制度是一切文化创新和文化压抑的先天条件。新农村公共文化服务建设应该积极创新农村公共文化服务与产品提供的组织方式，提高公共文化服务的公平性与效率，激发受到各种显性制度或隐性制度压抑的文化创造力。同时，还应从文化发展与现代进程的相互关系出发，探索促进文化整体发展繁荣的制度框架。

第二节　走向公共文化服务的"嘉兴模式"

——发达地区公共文化服务体系建设的
创新与突破

公共文化服务体系建设是新的历史条件下我国实现经济、政治、社会和文化四位一体协调发展的重要维度。建构结构合理、发展均衡、网络健全、运行有效、惠及全民的公共文化服务体系，是推动我国文化大发展大繁荣的重要动力之一，也是落实广大人民群众文化权益的基本方式。2005 年以来，党中央、国务院围绕公共文化服务体系建设进行了一系列战略部署，出台了《关于进一步加强农村文化建设的意见》《国家"十一五"时期文化发展规划纲要》《关于加强公共文化服务体系建设的若干意见》等重要文件，明确了我国公共文化服务体系建构的基本方针、指导原则和目标，将我国公共文化服务体系建设推至新的阶段。

在建构新型公共文化服务体系的过程中，经济发达地区走在了全国前列，涌现出了一批具有全国性示范意义的创新经验。如深圳市以公共图书馆网点和数字化网络为基础，在全国率先实现服务自动化的"图书馆之城"建设经验；苏州市以公共图书馆网络全覆盖为目标的总分馆网络体系建设实践；杭州市以促进城市吸引力和提高公共文化资源共享水平为目标的西湖景区整体免费开放实践；上海市图书馆以集成式新型互联网公共文化平台为特色的东方社区信息苑工程实践；江苏省吴江市为当地农民和外来务工人员提供专门文艺表演展示平台的"文化联动"实践；青岛市以完善公共文化服务网络为目标的"文化家园"建设活动。这些探索和实践，为我国各地公共文化服务体系建设提供了宝贵经验。

在经济发达地区探索公共文化服务新模式、新思路的浪潮中，浙江省嘉兴市尤其令人瞩目。2007 年 12 月 12 日，《中国文化报》头版发表的《解读公共文化服务体系之"嘉兴版"》一文指出，"嘉兴市公共文化阵地覆盖率、文化队伍、数字文化建设等部分发展指标已经在浙江省甚至在全国居于领先位置"。2008 年 5 月，嘉兴市荣获"全国文化信息资源共享工程示范市"称号。2009 年 4 月，文化部在嘉兴召开现场会，嘉兴市首创的"城乡一体化公共图书馆总分馆体系"作为"嘉兴模式"被推向全国。同年，嘉兴所有县（市）实现了全国文化先进单位满堂红，"浙江东海文化明珠"镇（街道）建成率达到 69%，县（市、区）、镇（街道）、村（社区）三级公共文化服务网络实现全覆盖，全市村级公共文化设施建筑面积近 39 万平方米，公共文化服务水平整体跨入全国先进行列。

嘉兴市围绕建设江南水乡生态型文化大市的战略目标，以建设城乡一体化先行地为契机，通过行政推动、多级投入、城乡互动、文化共享等机制，挖掘城市文化内涵，优化公共文化服务品质，在大型文化设施建设、公共图书馆服务、乡镇综合文化站和村级文化活动中心建设、群众性文化活动团体培养、基层公共文化服务人才队伍建设等领域创造了

多项领先全国的成就，创造了公共文化服务体系建设的"嘉兴模式"。

一 五个领先：嘉兴市公共文化服务体系建设成果巡礼

嘉兴市陆域面积 3915 平方公里，地处"长三角"核心地带，东、北、西分别与上海、苏州和杭州接壤，历史悠久，经济、教育、文化发达，是我国最具有发展潜力的地区之一，下设南湖区、秀洲区，辖嘉善县、海盐县 2 个县以及平湖市、海宁市、桐乡市 3 个县级市。2009 年，全市常住人口 431.2 万人，实现 GDP1917.96 亿元，人均 GDP44896 元，所辖五县（市）全部进入全国百强县前 32 位，2/3 的镇进入全国千强镇，城镇居民人均可支配收入 24693 元，农村居民人均纯收入 12685 元，城乡居民人均收入比为 1.95∶1。

进入 21 世纪以来，嘉兴市不断加强公共文化服务体系建设，努力提高公共文化服务水平，取得了重大成就。目前，嘉兴市大型公共文化设施建设、乡镇综合文化站和村级文化活动中心建设、公共图书馆总分馆体系建设、群众文化活动团体发展、公共文化服务人才队伍建设等多项重要指标都走在了全国前列。

（一）大型文化设施建设全国领先

大型公共文化服务设施建设水平是衡量一个地方公共文化服务发展水平的重要指标，也是公共文化服务品质与内涵的重要保证。进入 21 世纪以来，嘉兴市将建设高品质的大型公共文化设施确定为公共文化服务体系建设的重大任务之一。"十五"以来，全市共投入 20 余亿元，新建了"一院三馆"（嘉兴大剧院、图书馆、博物馆、群众艺术馆），以及嘉兴市体育中心、南湖国际网球中心等一大批现代化大型公共文化体育设施。① 建成于 2003 年的市文化中心"一院三馆"占地 153 亩，建筑总投资 2.63 亿元，其中嘉兴大剧院、图书馆、博物馆和群众艺术馆的建筑面积分别达到 20000 平方米、15000 平方米、15000 平方米和 8000 平方米，是当时浙江省规模最大、设施最全的文化中心。嘉兴市各县（市、区）也集中财力，修建了一批重要的大型公共文化服务设施，其中包括投资 1.15 亿元、占地 149 亩、总建筑面积 21300 平方米的嘉善县文化艺术中心（包括文化馆、博物馆、电影艺术馆、青少年宫等大型文化场馆）；投资 3200 万元、占地 20 亩、建筑面积 7780 平方米的平湖市新图书馆；投资 1.7 亿元、建筑面积 37000 平方米的桐乡市科技会展中心（集大剧院、展览馆、电影院等于一体）；建筑面积 22000 平方米的海盐大剧院；建筑面积 11200 平方米的秀洲·中国农民画艺术中心；建筑面积 10400 平方米的海宁市文化馆新馆；建筑面积 4700 平方米的南湖区文化馆；等等。截至 2009 年底，嘉兴市共有群众艺术馆 1 个，文化馆 7 个，公共图书馆 8 个，国有博物馆（纪念馆）20 个、民办博物馆 8 个，全市有广播电台 6 座，电视台 6 座。这些场馆和设施绝大多数修建标准高于国家一级标准，整体水平在全国地级市中居于领先地位。它们是嘉兴市公共文化服务体系的核心阵地和公共文化资源网络的枢纽。

目前，嘉兴市正在建设中和规划建设的大型公共文化设施还有：投资 1.35 亿元、建筑面积 19900 平方米的海宁市图书馆新馆（含查济民纪念馆）；总建筑面积 22777 平方米的桐乡市综合文化活动中心；建筑面积 12000 平方米的海盐县新博物馆；投资 1.15 亿元、建筑面积 22607 平方米的嘉善县姚庄镇文体中心；等等。按照规划，2009～2012 年，

---

① 除特别说明外，本文所引用的数据均由嘉兴市及下辖各县（市、区）的文化部门提供，或根据这些部门提供的数据汇总得出。

全市将启动新一轮大规模公共文化服务设施的建设，建成或开工建设25项重大文化工程，总投资达17.68亿元，总面积超过27.96万平方米。其中，南湖革命纪念馆新馆占地41亩，建筑面积19633平方米；马家浜遗址公园（马家浜博物馆）占地250亩，建筑面积6000平方米；海盐县文化展示中心占地48亩，建筑面积52000平方米；等等。[①] 这些场馆的面积和标准远高于国家标定的地、县级公共文化设施的标准，在全国同级别的公共文化服务设施中处于领先地位。到2012年，嘉兴市、县两级图书馆、群艺馆（文化馆）、青少年宫等公益性文化场馆将全部达到国家一级馆标准。届时，嘉兴市公共文化服务重大基础设施将整体跨上新的水平。

（二）公共图书馆服务水平全国领先

公共图书馆服务是落实广大人民群众基本文化权利的重要方面。嘉兴市紧紧抓住实现城乡公共图书馆资源共享、解决农村人民群众借书难和看书难这一主线，实施以"政府主导、统筹规划、多级投入、集中管理、文献资源共享、服务创新"为主要特点的城乡一体化公共图书馆服务体系建设模式，取得了重大突破。

嘉兴市公共图书馆总分馆体系运行特点包括三个方面：多级投入、集中管理、资源共享。多级投入，指全市图书馆总分馆体系中乡镇分馆的建设和营运经费由市、区、镇三级政府或县（市、区）、镇两级政府共同投入。在嘉兴市本级，每建一个乡镇分馆，开办经费在30万元左右，由市、区、镇三级政府各负担10万元；同时，市财政给予市图书馆总馆30万元资源购置费，用于新建乡镇分馆的一次性资源购置。乡

---

① 《嘉兴市文化发展规划（2009~2012）》。

镇分馆建成后，每年由市、区、乡镇三级政府投入 30 万元，作为日常运营经费。集中管理是指，市、县（市）馆对乡镇分馆的建设及运营经费、业务活动和人员进行统一管理和考核，以保证乡镇分馆业务的专业性、管理的连续性和服务质量与总馆的一致性。文献资源共享包含两重意义：一是指在总分馆体系内，文献资源由总馆统一采购、统一编目、统一配送，并实现文献资源统一流通、统一检索、通借通还；二是指全市数字资源的共建共享。

嘉兴市公共图书馆总分馆体系建设的总目标是，构建以市、县（市）图书馆为核心，以乡镇分馆为纽带，以村（社区）图书流通站和图书流动车为基础，以企业、学校、部队等行业系统联合加盟为补充的，覆盖全市、城乡一体、功能完善、资源共享、管理规范的新型公共图书馆服务体系。

嘉兴市从 2007 年开始从市本级试点构建图书馆总分馆体系，至 2010 年 4 月，全市建成乡镇分馆 32 个，占 74 个乡镇的 57%，其中市本级乡镇分馆已经实现全覆盖。全市乡镇分馆累计投入 3000 多万元，藏书达到 74.5 万册，报纸杂志 250 余种，有工作人员 104 人，平均每馆每周开馆时间超过 52 小时。2009 年，全市乡镇分馆累计到馆 206 万人次，共办证 37051 张，外借图书 108.2 万册。嘉兴市本级平均每个乡镇分馆年到馆人次超出 10 万，社会效益达到甚至超出全国县级公共图书馆平均水平。

在城乡一体化的总分馆体系带动下，嘉兴市公共图书馆建设整体迈上了新台阶。全市人均公共图书馆藏书、各级公共图书馆馆藏总量、各图书馆图书外借流通总量等多项指标都进入全国先进之列。全市五县（市）图书馆均达到国家一级图书馆标准。2009 年嘉兴市图书馆藏书 132 万册，居全国地级市公共图书馆第 26 位；桐乡市图书馆藏书 71.5 万册，居全国县市级图书馆第 17 位；海宁市图书馆藏书 54.9 万册，居全国县市级图书馆第 35 位；平湖市图书馆藏书 39.6 万册，居全国县市级图书馆第 84 位。2009 年，嘉兴市图书馆外借图书 124.1 万册，居全国地市级图书馆第 10 位；桐乡市图书馆、海宁市图书馆、平湖市图书馆外借图书分别为 77.3 万册、66.4 万册、55.8 万册，分别居全国县市级图书馆的第 16、18、29 位。①

嘉兴市公共图书馆总分馆体系建设的突出成果引起了社会各界的广泛关注。2008 年 4 月，在嘉兴市政府与中国图书馆学会联合举办的建构公共图书馆体系嘉兴高层论坛上，与会代表认为，嘉兴模式与苏州模式、佛山市禅城区模式代表了我国东部发达地区公共图书馆服务体系较为成功的探索，体现了我国图书馆总分馆建设的发展方向。2009 年 4 月，全国农村图书馆服务网络建设工作经验交流会议在嘉兴市举行，嘉兴市公共图书馆总分馆体系建设的成功经验被介绍给全国各地的代表。时任文化部副部长的周和平对嘉兴首创的城乡一体化的市、县、镇三级图书馆网络体系给予了充分肯定。2009 年 6 月，中共中央政治局常委李长春在嘉兴调研时指出，嘉兴市构建城乡一体化公共图书馆服务体系的做法是公共文化服务模式的一个创新，值得在全国推广。

（三）乡镇综合文化站和村级文化活动中心建设全国领先

乡镇综合文化站和村级文化活动场所建设关系到广大农村和中小城镇的公共文化服务水平和能力，一直是我国公共文化服务体系建设的重中之重。

嘉兴市在推进公共文化服务体系建设中，不断加大对镇（街道）综合文化站建设的公共财政投入力度，并通过创建"浙江东海文化明

---

① 文化部财务司编著《中国文化文物统计年鉴2010》，国家图书馆出版社，2010，第 549 ~ 554 页。

珠"工程评选来促进镇（街道）综合文化站的建设水平和服务水平。2007 年，嘉兴市根据建设江南水乡文化大市的需要，将乡镇综合文化站建设与特色文化活动和非物质文化遗产传承结合起来，开展了"特色文化镇"和市级"东海文化明珠"的评选。截至 2009 年，嘉兴全市 74 个镇（街道）均建有标准化的乡镇综合文化站，其中特色文化镇 23 个；"浙江东海文化明珠"镇（街道）达到 69%。全市镇（街道）文化站建筑总面积 8.3 万平方米，平均每个镇（街道）文化站建筑面积 1122 平方米，是全国乡镇文化站平均面积的 3 倍。其中桐乡市、平湖市都实现了 1500 平方米镇（街道）文化站全覆盖。2009 年，平湖市三个镇文化站被评为浙江省"特级文化站"，其余文化站被评为"一级文化站"，各镇（街道）综合文化站人均活动经费的平均数为 9.7 元，走在嘉兴乃至浙江省前列。海盐县于城镇、百步镇和通元镇 3 个新建的乡镇综合文化站总建筑面积达 8000 平方米。这些按高标准建成的文化站，在活动经费、基本设施和工作人员配备上，都远远超出全国乡镇文化站的平均水平，其整体服务水平在全国乡镇文化站中处于领先地位。

在强化镇（街道）综合文化站建设力度的同时，嘉兴市还特别关注村级文化活动中心（室）的建设。例如，嘉善县通过县财政拨款、"以奖代补"等形式调动镇、村两级共建村文化设施的积极性，从 2004 年开始，县财政每年投入 300 万元用于基层文体阵地建设和基层文化达标考核的奖励，在全县建成县级村（社区）文化精品示范工程 46 个、市级村（社区）文化中心（室）153 个、省级体育小康村 44 个。至 2009 年末，嘉兴市实现 100 平方米以上村文化活动中心（室）100% 覆盖，其中 300 平方米以上村文化活动中心建成率为 53%，全市创建文化示范户 2738 户，村文化活动中心（室）1097 个，建筑面积近 39 万平方米，村级公共文化设施建设水平在浙江省和全国都居于先进地位。这些村级文化活动中心（室），与市、县

（市、区）文化馆、镇（街道）综合文化站结成有机网络，在延伸市级和镇级公共文化服务、丰富农村文体娱乐生活、提供信息资源共享服务、开展图书借阅、支持公共图书馆图书下乡流动等方面发挥了巨大作用，成为嘉兴市农村公共文化服务的坚实基础。

（四）群众性文化活动团体培养走在全国前列

在嘉兴公共文化服务体系建设中，有一个引人注目的特征，就是群众性业余文体团队数量巨大、种类多样、参加人数极多。为了打响城市文化名片、提升城市知名度和吸引力，嘉兴市创办了"中国·嘉兴江南文化节""中国·嘉兴端午民俗文化节""中国·嘉兴南湖合唱节""秀洲·中国农民画艺术节""中国嘉善古镇·西塘国际文化旅游节""中国·平湖西瓜灯文化节""中国·海盐南北湖文化旅游节""中国国际钱江（海宁）观潮节""中国·桐乡菊花节"等多个以嘉兴地域特色文化为背景的大型群众性文化节庆活动。在这些节庆活动和全市"双百、双千、双万"（市区百场广场文艺演出、百场广场电影放映，全市千支农民文体队伍建设、千场戏曲歌舞演出和万场电影、万册图书下农村进社区），"送文化"，嘉兴市歌舞团"文艺大篷车"巡演，"种文化"，"周末大舞台"，"农村文化艺术节"，"城乡文体十大联赛"，"村级艺术团互动巡演"等大型公共文化活动的带动和激发下，嘉兴市五县（市）二区村（社区）级群众性文体团队风生水起，迅速增加到2500多个，参与的业余文体骨干人数近 5 万人，两项指标分别占浙江全省的1/10 左右，居全省领先地位。① 在这些村（社区）级文体队伍

---

① 根据"浙江省推进公共文化服务体系建设成果新闻发布会"发布的数字，2009 年底，浙江省全省农村已建立了近 2.5 万支业余文体队伍，集聚了 51.4 万名业余文体骨干。见 http://www.zj.gov.cn/html/showvideo/200911/24/1012241851.shtml。

中，桐乡市共有 500 多支，海宁市 450 余支，平湖市 421 支，南湖区 415 支（其中包括合唱团 150 个），嘉善县 376 支，海盐县 255 支，秀洲区 180 支。这些文化活动团队既包括一般性的歌舞、戏曲、曲艺、器乐、体育等群众文体娱乐队伍，也包括滚灯、骚子、牌子、号子、腰鼓、舞龙舞狮、马灯舞、莲湘舞、荡湖船、宣卷、田歌、踏白船、赛龙舟等江南水乡民间文艺和非物质文化遗产表演队伍。

这 2500 多个村级文化队伍是千村百镇"种"文化"种"出来的重大成果，也是嘉兴开展"一镇（村）一品"工程建设的重要支点。它们在村庄、社区、广场和节庆活动中展现着当代嘉兴社会的风貌，传达着嘉兴人的幸福和愉悦，承载着江南水乡丰富厚重的文化底蕴。它们的数量之大、类型之丰富本身就体现了富裕起来的嘉兴人对丰富多彩的文化生活的渴望和追求。

公共文化服务不仅要满足广大人民群众的文化需求，还需要对这些需求进行引导和提升。对于群众性文体队伍，嘉兴市各级文化部门一边精心呵护，为它们创造各种表演、交流的机会，一边通过专业性辅导和文体骨干培训等方式，提高它们的表演水平，并从中培育艺术队伍，孕育精品项目。例如，在嘉善县，姚庄"桃乡"艺术团通过与浙江钱江浪花艺术团签约，每年都受到后者的指导，演艺水平不断提高；在县文化馆文艺干部集中辅导、精心传授下，陶庄的鱼灯队、姚庄的女子鼓乐队、西塘的旗伞队及江南丝竹、大云的杂技表演队、丁栅的歌班和魏塘的马灯队等多支群众性文化团体脱颖而出，成为具有品牌影响的民间文艺队伍。

（五）基层公共文化服务人才队伍建设创新走在全国前列

由于体制的制约，我国基层公共文化服务体系专业人才队伍存在编

制短缺、经费不足和人员专业技术能力不足等问题。在建构城乡一体、普遍均等、资源共享、管理规范的县（市、区）、镇（街）、村（社区）三级网络公共文化服务体系过程中，嘉兴市各级文化部门高度注重公共文化服务人才队伍建设，通过不断创新，在基层公共文化服务体系人才队伍建设领域汲取了一批具有全国性示范意义的经验。其中包括图书馆总分馆体系中的分馆馆长委派制度、村级文化中心（室）专职管理员制度、镇（街道）综合文化站专职工作人员编制量化制度、综合文化站文化工作人员下派制度等。

在建设公共图书馆总分馆体系过程中，嘉兴市本级每建立一个分馆，市人事局就为总馆增加 1 名事业编制和 1 名岗位合同工编制。分馆馆长由总馆下派，业务活动对总馆负责。这一制度既保证了分馆运行过程中业务水平和标准与总馆的一致性，又保证了总馆与分馆之间资源采购、编目、配送和开放时间等环节的统一性，是总分馆体系成功运行的重要保证。

村文化活动中心（室）专职管理员制度由海宁市首创。2008 年，海宁市在全市 182 个行政村 230 个村级文化阵地招聘专职管理员 333 名，建立起一支平均年龄在 27 岁左右、大专及本科学历者占 38% 的农村文化阵地专职管理员队伍，在全国率先实现村级文化阵地专职管理员全覆盖。这一举措受到国家文化部、浙江省委宣传部的高度关注和充分肯定，2009 年被浙江省文化厅评为"浙江省基层公共文化服务创新奖"一等奖。

镇（街道）综合文化站专职工作人员编制量化制度同样诞生于海宁市。海宁市政府在《关于进一步加强镇街道综合文化站建设的实施意见》中对综合文化站人才队伍建设提出了"海宁标准"，将乡镇综合文化站专职人员配备数量与服务人口规模进行匹配挂钩：所辖人口在 3

万以下的镇（街道）综合文化站，必须配备不少于 2 名专职文化工作人员；所辖人口 3 万～5 万的镇（街道）综合文化站，必须配备不少于 3 名专职文化工作人员；所辖人口 5 万以上的镇（街道）综合文化站，必须配备不少于 4 名专职文化工作人员。建设示范性综合文化站的，必须配备不少于 3 名专职文化工作人员。"海宁标准"体现了嘉兴人对公共文化服务人才队伍建设重要性的高度自觉。

综合文化站文化工作人员下派制度是海盐县首创的。为解决乡镇综合文化站专职人员专业不对口、业务能力不强的问题，2010 年，海盐县文化馆通过面向全国公开招聘，选拔 3 名文化工作人员，经过培训后正式派往乡镇综合文化站任职，发挥业务骨干作用，以全面提高乡镇综合文化站的专业性服务能力。海盐县计划最终使下派到各镇综合文化站的文化工作人员总数达到 10 名，实现每站 1 人。

广泛开展各类业务和专业技能培训是嘉兴市推进公共文化服务人才队伍建设的又一个重要方式。秀洲区鼓励公益性文化单位选送优秀员工参加高等院校和文化创意培训机构组织的学习和培训，对完成培训课程或取得相关从业、毕业、结业证书的员工，给予一定的资助。平湖市近年来先后开展了文化信息资源共享工程镇（街道）、村（社区）基层服务点技术培训，农村文化队伍素质提升工程和镇（街道）文体站工作人员培训等多项全市性的大型培训活动，对全市文体站长、信息员、文化管理员、村支部书记、业余文体队员进行业务培训。南湖区组织各镇（街道）群众文化干部和艺术骨干参加作曲、合唱指挥、戏剧小品表演、社区文艺辅导员等培训。近三年来，全区（含镇、街道）举办各类培训 362 次，参加人员 1000 多人次，全区文化骨干队伍整体素质有了显著提高。海宁市连续多年举办"农村文化阵地专职管理员"系列培训，并聘请专业指导老师开办培训班，举行了文化活动策划与组织、

声乐、舞蹈、戏曲、小品、舞台舞美、民间艺术等各类专题培训班40余期。平湖市新埭镇文化站从200多名群众文体骨干中挑选村级文体指导员队伍，给每个村安排1名指导员，帮助各村组建文体团队54支。

通过制度创新和专业技能培训，嘉兴市基层公共文化服务队伍业务能力和整体素质得到显著提升，为嘉兴市公共文化服务整体跨入全国先进水平奠定了人才基础。

二 六大亮点："嘉兴模式"的基市内涵

"嘉兴模式"的丰富内涵，集中体现在嘉兴市公共文化服务体系建设的六个引人注目的亮点。

（一）公共文化服务方式互动化

在嘉兴，互动化成为公共文化服务的重要特色。互动化，就是根据需求情况不断微调公共文化服务的内容和方式，推动公共文化服务由单向供给向双向互动转变，从而实现公共文化服务与城乡群众的实际需求无缝对接。

互动化在嘉兴体现为多种模式。在公共图书馆总分馆体系建设中，各县（市、区）根据各乡镇分馆和村级图书流通站的借阅信息统计，及时调整分馆的图书配置和流通站的书目，使各类图书资源的提供和配置最大限度地与各地基层群众的借阅需要相吻合，极大地提高了公共图书馆的服务效率。桐乡市在市、镇、村三级建立"春燕"文化服务网点，组建了文化表演、理论宣传、体育活动、文化辅导、科技文化宣教等五大类70多支队伍。这些队伍提供的服务产品被列成"菜单"，各村（社区）根据镇（街道）提供的"春燕行动"文化服务菜单进行点单，从而使服务队根据需求到基层开展文化服务活动，实现了服务的"有的放矢"和"按需提供"。

发动基层群众，广泛开展各类"种文化"活动，是嘉兴地区推动公共文化服务互动化过程中一个具有开拓性意义的创举。2007年，由《浙江日报》倡议，嘉善县西塘镇荷池村、天凝镇洪溪村等村庄一起，首次发起了全省农民"种文化"百村赛活动。从2008年起，嘉善县每年都在全县范围内组织开展"十万农民种文化"活动。通过"种文化"活动的开展，广大农民群众积极发起、参与各种具有地方特色的群众性文化节庆活动、演出活动、体育活动。

为提升群众性文化活动的内涵和品质，嘉善县建立了全县农民"种文化"活动联席会议制度，由县委宣传部、县文明办牵头，县文化广电新闻出版局（体育局）、县文联、县农办、县广播电台、嘉兴日报社嘉善分社等多个部门组成，共同参与指导全县的"十万农民种文化"活动。县里还组织50多名专业和业余文艺工作者组成的文艺项目辅导员分赴农村，对群众文化活动进行深入、系统的专业性指导。面对广大农民群众积极参与莲湘舞的热情，有关部门聘请民间文艺专家谱曲、编舞，安排文化馆干部到乡镇集中辅导，培养出了一支规模近千人、演出水平很高的莲湘舞队。在姚庄镇举行的"卷起裤管对焦距"全县农民摄影大赛中，文化部门通过举办摄影培训班、开展专业摄影家与农民摄影爱好者"手把手教"结对、实地采风活动等，辅导农民朋友拍摄身边的人和物、捕捉新农村建设翻天覆地的变化、定格农民幸福生活的美好瞬间，使卷起裤管不久的门外汉成为受到专业人员好评的业余摄影家。此外，每年评选全县"种文化"十佳能手。

以公共文化服务方式互动化为基本特色的"种文化"实践，激发了全市广大农民群众空前的参与热情与创造激情，不仅发现和培养了一

大批"乡土艺术家"，也丰富和活跃了人民群众的文化生活，使广大农民真正成为文化活动的主体。

（二）公共文化服务提供均等化

公共文化服务均等化意味着，通过公共文化服务体系，所有公民能够以平等的身份分享全社会创造的文化成果，获得必要的公共信息、知识和文化娱乐，从而公平地参与社会公共生活并实现个人发展。向全体公民提供大体均等的公共文化服务，一直是各国政府努力追求的价值准则和奋斗目标。

在我国，由于城乡二元体制，全国范围内城乡之间公共文化服务资源分布高度不平衡，公共文化服务产品供给高度不均等，农村地区的公共文化服务水平远远低于城市。同时，各地区之间公共文化产品供给水平的差别、对非本地户籍人口基本文化需求的体制性漠视，都进一步加剧了我国各地公共文化服务的不均等。在新的历史条件下，我国各地公共文化服务体系建设面临的一个重要任务就是不断缩小公共文化服务的不均衡和不公平，实现公民享有基本公共文化服务的机会均等、结果大体相等。

作为我国城乡一体化先行地区，嘉兴一直将大力推动公共文化服务均等化作为区域发展战略的重要内容。在嘉兴市，公共文化服务的均等化通过三个维度得以实现，这三个维度分别是城乡均等、区域均等和身份均等。在城乡均等方面，覆盖全市的城乡一体化图书馆总分馆体系的建成，使嘉兴市五县（市）二区所有镇、村的人口，全部纳入公共图书馆流通服务体系，农村人在家门口就可享受到与城市人一样丰富、便利的公共图书馆借阅和信息服务。在区域均等方面，嘉兴地区各县（市、区）努力打造连接通畅、体系完善的公共文化服务资源网络，实现区域内资源均等共享。平湖市建成的 15 分钟"文化圈"、嘉善县建成的 20 分钟"文化服务圈",都为所有居民提供了平等享受"圈"内所有公共文化资源和公共文化服务的条件。在身份均等方面,嘉兴各地打破户籍制约,将"新居民"纳入全市公共文化服务体系。平湖市向"新居民"发放"文化绿卡",使"新居民"与当地居民一样能够免费享用当地的公共文化资源。在海宁市,文化部门通过多种方式组织"新海宁人"开展文化活动,使他们在展示才艺的同时,产生文化上的归属感。

嘉兴人所倾力打造的城乡均等、区域均等和身份均等,是我国公共文化服务均等化在区域实践层面的重大突破,具有里程碑式的意义。

(三)公共文化服务资源网络化

公共文化资源是决定一个地区公共文化服务能力和水平的前提条件。但在很大程度上,公共文化服务能力和水平取决于公共文化资源的利用效率。对不同类型、不同层阶、不同区域的公共文化资源进行网络化整合,是提高公共文化服务能力和水平的重要途径。《中共中央办公厅、国务院办公厅关于加强公共文化服务体系建设的若干意见》指出,我国公共文化服务体系建设的重要目标之一,就是优化社区和乡村公共文化资源配置,形成覆盖城乡、结构合理、功能健全、实用高效的公共文化设施网络。

嘉兴市高度重视公共文化资源网络化建设,建成了以互联网为平台的公共文化信息资源共享网络、以公共图书馆总分馆体系为平台的公共图书资源共享网络和以各级各类公共文化设施为平台的公共文化活动资源网络。在文化共享工程建设中,嘉兴市以农村基层服务点建设为重点,运用 VPN(虚拟专用网络)技术,协调整合农村党员干部现代远程教育系统、各县（市、区）教育城域网络、部分公共网络工程以及公共图书馆数字化资源系统等资源，建成市支中心，五个县（市）支中心以及镇（街道）、村（社区）基层服务点1000多个，形成了覆盖全市所有镇（街道）和大部分行政村、社区的文化共享工程服务网络。文化共享工程实现了文化信息资源在全市范围内的共建共享，使农村群众能够普遍享受数字化文化信息服务，提高了公共文化服务的信息化、均等化水平。

在公共图书馆总分馆体系建设中，嘉兴市建成了六个总分馆体系，全市五县（市）二区300多万册公共图书资源被纳入了整体网络，公共图书资源流通下延到村级流通站，并开始向学校和企业延伸，实现了全市五县（市）二区公共图书借阅"一卡通"，并在各个总分馆体系内实现了通借通还。图书馆总分馆网络体系的建成，突破了长期以来乡镇一级公共图书馆"建设—关闭—再建设—再关闭"的循环模式，使基层公共图书馆建设跳出了低水平重复建设、重复采购的怪圈，进入了全新的可持续发展空间。① 嘉兴市公共图书资源网络不仅有效节约了公共图书馆文化服务的社会成本，也使公共图书资源的利用方式和利用效率发生了革命性的变化，极大地提高了农村居民图书借阅的便利性和丰富性，为我国各地公共图书馆建设提供了宝贵的经验。

在嘉兴市，遍布城乡的各类公共文化设施还织就了一张全面支撑各类公共文化活动的无形之网。这个网络由大规模、高标准建成的市、县（市、区）、镇（街道）、村（社区）四个层级的各类公共文化服务设施构成，它以各类大剧院、群众艺术馆、博物馆、文化馆、图书馆、乡镇

---

① 参阅嘉兴市图书馆《建构普遍均等城乡一体的公共文化服务体系——嘉兴市乡镇分馆建设的实践与思考》，林吕建主编《2010年浙江发展报告（文化卷）》，杭州出版社，2010，第236~238页。

综合文化站这些大中型公共文化设施为枢纽，以村（社区）一级的文化公园、广场、健身苑点、宣传长廊、宗教和青少年活动场所、篮球场、活动舞台、文化活动室、宣传橱窗、农民学校、文化示范户以及村报等为节点，构成了一个个覆盖城乡的"十五分钟文化圈"和"十分钟文化圈"。企业、学校、社区、政府、机关、村、镇等各个层面的公共文化活动都被这些"文化圈"有机地联结起来。从大剧院多样的高雅艺术演出到送至田间村头的电影、戏曲，从精品迭出的品牌性文化节庆到随处可见的群众娱乐性演出，从非物质文化遗产的传习到农村、工厂的体育赛事，从读书、上网到品茶、下棋，无处不有的文化活动使成千上万的嘉兴人切实感受到，丰富多彩的文化娱乐活动已经成为自己日常生活不可或缺的组成部分。

公共文化资源网络化是嘉兴市公共文化服务体系建设取得的重要成就，也是公共文化服务"嘉兴模式"的重要特色。"网络化"彻底突破了长期以来各类、各级公共文化资源分散、分隔、短缺、利用效率不高的格局，极大地促进了公共文化服务资源利用的便利性、高效性和公平性，彻底改变了人们享受公共文化服务的切实感受和心理预期。嘉兴的实践告诉我们，建立在完善的公共文化资源网络基础上的高水平新型公共文化服务模式是完全可以实现的。

（四）公共文化服务创新集成化

不断创新是嘉兴市公共文化服务走在全国前列的重要原因。在嘉兴考察期间，考察团感受最深的是嘉兴人在公共文化服务方面的创新精神，这种印象随着调研的深入而愈加深刻。在公共图书馆总分馆体系建设中，市政府牵头的联席会议制度、经费由三级政府投入、分馆人员由总馆派出、总分馆资源统一管理等一系列做法都是具有广泛借鉴意义的

创新之举。在基层公共文化服务人才队伍的建设和充实方面，嘉兴人的系列化创新包括海宁市首创的村级文化活动中心（室）专职管理员制度、镇（街道）综合文化中心专职工作人员配备制度、海盐县首创的综合文化站文化工作人员下派制度等。

在公共文化服务的内容和方式上，嘉兴人进行了多方位的创造。由嘉兴农民创造的"种文化"活动的成功经验，为不少省、市所学习。"文化绿卡"在外来人口公共文化服务方面开创了宝贵经验。嘉兴市东海明珠工程为全市各镇（街道）有序、全面完成"东海文化明珠"创建活动创造了良好的契机。为丰富农村群众日常文化生活，桐乡市于2000年在全省率先开展了"文化示范户"创建工作，到2006年，又根据公共文化服务发展的需要，开展了评选星级文化示范户的创新之举。桐乡市还将数字电视、广播、图书、报刊、科普资料、黑板报、棋牌等文化资源配置到农村茶馆，打造出了一大批具有桐乡特色的"文化茶馆"，成为丰富农村文化生活的重要平台。

在嘉兴，公共文化服务体系建设过程中的创新并非个别现象，而是以集成化的方式不断涌现。从机制创新、管理创新、内容创新到服务创新，嘉兴人把创新渗透到公共文化体系建设的每一个领域，不断为公共文化服务注入新的理念、内涵和方式。在集成化的创新及其共振效应推动下，嘉兴市公共文化服务不断迈向新的高度。

（五）公共文化服务内涵深耕化

公共文化服务体系建设的基本目标是向全体公民提供大致均等的文化服务。然而，同是这样一个基本目标，在实现过程中因为服务者的立场和态度不同，其最终达到的社会福利效果也会有巨大的差别。正是因为认识到了这一点，嘉兴市各级文化工作者以求真务实的态度，深入挖掘公共文化服务项目的深层内涵，提升公共文化服务的品质，不断突破公共文化服务体系建设中原有的投入产出平衡模式，使公共文化服务的效率持续提升。

　　评选"嘉兴市特色文化镇"是嘉兴市推动公共文化服务深耕化的举措。为了使这项活动取得深入的效果，嘉兴市制定了严格的评选标准。参与申报的镇要提交特色文化的保护、传承、管理和发展的规划和年度计划，在文化设施、经费、队伍等方面采取切实有效的保障措施，包括有一定面积的固定排练、演出或加工制作（陈列展览）场所。所申报的特色文化项目还要在当地家喻户晓且发展传承态势良好。对于选择表演艺术的镇（街道），申报标准还对文艺表演团队数量、文艺骨干人数、经常参与该项目学习的青少年人数、每支团队年均活动（含传授或培训、加工、排练等）天数、每年组织全镇（街道）性专项表演活动次数和在行政村（社区）开展该项目的表演活动的覆盖率、主要表演队伍在市级以上活动中取得的成绩等内涵做出了明确规定。在这些深入、细致和精心设置的标准的规范和引导下，"嘉兴市特色文化镇"建设活动成为培植和传承地域文化脉络的重要抓手，嘉兴市各类非物质文化遗产的挖掘、传承和"申遗"工作取得重大进展。

　　为了更有针对性地开展公共文化服务，平湖市文化部门将全市9个镇（街道）文化站分成中心集镇型、城市街道型、城郊结合型、港口新镇型、城市副中心型五种类型，分别从它们所承担的区域发展功能来进行职能定位。① 对于中心集镇型文化站，主要强调通过图书馆分馆建设加强对基层的辐射引导，组建有地域特色的文体团队，广泛开展广场文化活动。对于城市街道型文化站，主要强调开展各种类型的培训、展

---

① 引自《平湖市公共文化服务体系建设以及综合文化站建设汇报材料》。

览和展演，为社区居民提供自我展示和活动的平台。对于城郊结合型文化站，主要强调针对新居民开展各类文化活动，增强归属感。对于港口新镇型文化站，主要强调加强特色文化广场的建设，重视企业文化的塑造，做大地域文化，强化综合服务能力。对于城市副中心型文化站，主要强调高起点高规格规划建设文化设施，对城市中心起辅助服务功能的作用，形成自己特有的文化软硬件品牌。这种从城市发展的不同特点出发，对公共文化服务机构进行职能定位的做法，体现了嘉兴人自觉深耕公共文化服务内涵的努力。

深耕化的本质是通过深入挖掘、准确把握人民群众最切实的文化需求，为社会提供精确、到位的公共文化服务。嘉兴的经验表明，以真正的文化自觉为基础，公共文化服务深耕化完全能够成为一种日常化、自觉的工作态度和基本工作方式。

（六）公共文化服务投入多样化

经费投入数量和投入方式是决定一个地方公共文化服务水平的前提。仅从公共文化服务投入占本地财政支出的比例和人均公共文化服务投入数量来看，无论在全国范围内，还是浙江省内，嘉兴市的优势并不显著。以 2009 年为例，嘉兴市全市文化体育和传媒支出 3.63 亿元，占地方财政支出的 2.25%，这一比例，高于同年全国财政支出中文化体育与传媒支出所占的比例（1.83%），接近同年浙江省财政支出中文化体育与传媒支出所占的比例（2.42%）；从文化体育和传媒人均公共财政支出来看，2009 年，嘉兴市为 106.89 元，与全国平均水平（104.37元）持平，低于浙江省平均水平（138.84 元）。[①] 然而，嘉兴人通过努

---

① 根据《中国统计年鉴 2010》《浙江统计年鉴 2010》及浙江省统计局发布的相关数据计算得出。

力打造以公共财政投入为主导、吸收社会力量积极参与的多样化投入方式，有效提高了经费的使用效率，拓展了经费来源，取得了出色的成绩。

嘉兴市公共文化服务投入方式可归纳为 5 种类型。

一是通过财政预算对公共文化设施建设和活动经费提供充分保障。南湖区规定，公益性文化设施建设经费和全区性大型文化活动经费由区财政专项安排。平湖市将基层文化体育设施建设、群众文化活动、图书购置等经费列入政府预算，2007～2009 年，全市文化事业经费平均增幅为 29.74%，显著高于同期的财政增幅。海宁市要求，镇（街道）综合文化站要按常住人口人均 6 元以上的标准安排每年人均文化活动经费，特级文化站每年要达到人均 10 元以上的标准。从"十五"以来到"十一五"头两年，嘉兴市已经投入和规划用于大型公共文化服务设施及重大文化工程的专项投资就接近 40 亿元。

二是设立文化发展资金，促进文化建设。海宁市从 2004 年起，市财政每年投入农村文化建设专项资金不少于 250 万元，作为农村文化建设的活动、考核与奖励经费，2009 年市财政投入农村文化建设专项资金 450 余万元。2005 年，嘉兴市委、市政府建立嘉兴市级文化发展资金，"十一五"期间每年新增 200 万元。2007～2010 年，嘉兴市还设立了总额为 2000 万元的嘉兴市农村文化建设专项资金，对外来务工人员文化活动、文化信息资源共享工程、图书馆乡镇分馆等建设项目进行奖励和补助。秀洲区设立了公共文化建设专项资金，其中 2009～2012 年资金总额将不少于 1300 万元，主要投向农村公共文化建设。

三是以政府补贴的方式增强基层文化设施建设能力。从 2005 年开始，桐乡市新建的镇（街道）文化活动中心在通过验收后，由市财政按每平方米 250 元进行补助；对新创建的"浙江东海文化明珠"项目

奖励补助 10 万元；对新创建的嘉兴市级"东海文化明珠"项目奖励补助 5 万元；对评为"嘉兴市特色文化镇（街道）"的项目奖励 2 万元；对评为桐乡市级"特色文化村和特色社区"的项目奖励 1 万元。在海宁市，对验收合格的"浙江东海文化明珠"项目，市财政给予一次性 50 万元补助；已建成的"浙江东海文化明珠"项目，在进行新建扩建时，对扩建部分面积将按每平方米 500 元标准予以补助，最高不超过 30 万元。近年来，海宁市的市、镇（街道）、村（社区）三级共投入 7000 余万元用于建设和改善农村文化设施，其中以奖励、补助方式投入的市财政资金占到半数。

四是通过多级投入的方式，实现经费分担。南湖区在文化共享工程建设中，采取了区财政补贴一块、镇里出一点、村（社区）凑一点的模式进行，并积极鼓励各基层单位争取社区力量筹措资金，使全区文化共享工程服务点覆盖率达到 100%。在嘉兴市图书馆乡镇分馆体系建设过程中市、区、镇三级投入的模式，有效解决了基层公共文化建设的投入负担问题，成为总分馆体系建设取得迅速进展的重要因素。

五是积极引导社会资金进入公共文化服务领域。嘉兴市各县（市、区）通过冠名、捐助等多种方式，吸纳社会资金，开拓农村文化建设投资来源。2004 年至 2010 年 5 月，海宁市社会力量资助农村文化建设的金额达 4500 余万元，160 多家民营企业与 123 个行政村开展了"民企联村·文化富民"结对活动，全市共收到农村文化事业资助经费 600 余万元。平湖市以镇、街道为单位，通过"企业出钱，政府资助"的方式，建立"新居民"文体活动室（中心），使新居民与当地居民一样，能够免费享用当地的公共文化资源。嘉兴市还出台了《嘉兴市人民政府关于推动文化大发展大繁荣的若干政策意见》，进一步强化公共财政投资公共文化服务的机制，引导更加广泛的社会力量进入公共文化服务领域。

多样化的公共文化服务投入方式，明确了政府在公共文化服务投入中的主导性责任，又兼顾了各级政府和基层社区的财力状况，同时还广泛地吸收了社会力量。这既有利于集中财政力量完成大规模的公共文化服务设施建设，又充分发挥了基层和社区参与公共文化服务建设的主动性和创造性，使公共文化设施建设和内容提供更加切合实际需求，成为嘉兴市公共文化服务体系建设取得出色成就的有力保证。

三　文化自觉："嘉兴模式"的生成之道

如果说嘉兴市在公共文化服务领域的成就和创新造就了"嘉兴模式"，那么，嘉兴人在贯彻科学发展观和推动包容式发展过程中所体现出的高度文化自觉才是"嘉兴模式"形成的深层文化动力。这种文化自觉使嘉兴各级文化工作者深入认识文化在社会发展中的地位和作用，准确把握公共文化服务的价值与内涵，不断创新，推动公共文化服务建设实现领先发展。

（一）"文化自觉"成为公共文化服务体系建设的引导力量

在当代，文化在人类发展中的地位空前突出。文化发展成为城市发展、社区发展和实现可持续发展的基本维度之一。文化产业成为当代新兴产业的重要门类，文化软实力成为各国发展竞争的战略制高点，公共文化服务成为各国公共服务的核心内容之一。保护和促进文化表现形式的多样性则成为全球性的时代主题。

改革开放三十多年，我国社会主义文化不断繁荣发展，文化观念不断走向自觉。"文化自觉主要是指一个民族、一个政党在文化上的觉悟和觉醒，包括对文化在历史进步中的地位作用的深刻认识、对文化发展规律的正确把握，对发展文化历史责任的主动担当。"① 从"十二大""满足人民群众日益增长的物质与精神需求"到"十七大"推动"文化大发展大繁荣"的转变，体现了我国对文化发展的本体地位的认知自觉；从"两个文明"一起抓到推动经济、社会、文化与政治四位一体协调发展的转变，体现了我国对文化在当代发展中关键地位的认知自觉；从"文化搭台，经济唱戏"到解放文化生产力、提升文化软实力的转变，体现了我国对文化的经济功能和传播功能的认知自觉；从发展文化事业到振兴文化产业、建构公共文化服务体系的转变，体现了我国对文化发展的动力与格局的认知自觉。正是文化领域的不断自觉，引领了我国文化体制改革的不断深化、文化产业的繁荣发展和公共文化服务体系建设的不断深入。

浙江是我国经济大省之一，20 世纪 90 年代以来，富裕起来的浙江省在文化发展领域日益自觉。1996 年，《浙江省文化发展规划（1996～2010）》就提出，"要发挥市场机制的积极作用，合理配置各种文化资源，提高各项文化事业自我更新、自我完善、自我发展能力"。1999年，浙江省正式提出"发展文化产业，建设文化大省"的战略目标。2000 年，《浙江省建设文化大省纲要（2001～2020）》进一步提出，要把浙江省建设成文化发展指标全国领先、文化事业整体水平和文化产业发展实力走在全国前列的文化大省。2008 年《浙江省人民政府关于印发基本公共服务均等化行动计划的通知》提出，要按照"基本、平等、普遍、均衡"的要求，与经济社会发展水平相适应，为全体公民提供基本公共物品和社会服务，并把文体普及工程列为促进公共服务均等化

---

① 云彬：《文化自觉、文化自信、文化自强——对繁荣发展中国特色社会主义文化的思考》，《新华文摘》2010 年第 20 期，第 1 页。

的"十大工程"之一。

嘉兴市的公共文化服务体系建设是在我国自觉探讨当代文化发展规律、推动社会主义文化大发展大繁荣的伟大实践以及浙江省建设文化大省的背景下进行的。嘉兴历史上地处吴根越角，孕育了越韵吴风的历史文化。近代以来，嘉兴又处在杭州文化、沪上文化的交汇处。四通八达的地理环境和人员的流动融合，形成了嘉兴地区开放、包容、极其重视文化教育的地域风气。嘉兴自古名流辈出，人文氤氲，文化荟萃。马家浜文化、良渚文化、吴越文化、古运河文化，江南水乡民俗文化、名人文化、宗教文化、沪上商业文化、南湖红色文化都对嘉兴的发展产生了重大影响。

这些文化形态和资源，既是嘉兴城市文化气质的血液和脉络，又是嘉兴文化兴市最为宝贵的文化财富。嘉兴人深刻意识到，一个现代化的嘉兴，一定是一个文化繁荣发展的嘉兴；一个文化繁荣的嘉兴，离不开发达而完善的公共文化服务体系的支撑。正如时任中共嘉兴市委书记陈德荣指出的，"加强公共文化服务体系建设，是落实科学发展观、建设和谐社会的必然要求，是建设江南水乡文化大市、增强竞争软实力的基础工程，是建设现代新农村、打造城乡一体化先行之地的现实需要，是执政为民、保护群众文化权益的具体体现"。①

早在 2004 年初，嘉兴市就在浙江全省率先制定"城乡一体化发展规划纲要"，并将全市文化建设的一体化均衡发展作为其中一项重要内容。2005 年，《中共嘉兴市委关于加快建设文化大市打造人文嘉兴的决定》提出，要努力把嘉兴建设成公民素质优良、文化事业繁荣、文化产业发达、文化生活丰富、教育科技文化卫生体育事业主要发展指标走

---

① 《陈德荣要求：全面加强农村公共文化服务体系建设》，引自浙江在线嘉兴频道，2007 年10 月 13 日。

在全国同类城市前列的文化大市。"十一五"期间，嘉兴市将文化大市的目标明确为建设"江南水乡文化大市"，并将这一目标与建设"长三角经济强市""杭州湾滨海新市"并列为城市建设的三大任务，文化建设在城市发展战略布局中的地位空前突出。2010年，在《中共嘉兴市委关于制定国民经济和社会发展第十二个五年规划的建议》中，又将"江南水乡文化大市"的目标提升为"江南水乡生态型文化大市"，并提出要使嘉兴历史文化底蕴得到全面弘扬，城市人文环境明显改善，文化软实力显著提升，具有时代特征的江南水乡文化特色得以彰显。围绕建设文化大市的目标，嘉兴人所进行的不断调整正体现了他们文化自觉意识的不断深化。

高度的文化自觉使公共文化服务体系建设在嘉兴成为一种内在的发展需求。这种内在需求使嘉兴人将强烈的领先意识、探索意识和创新意识贯穿在公共文化服务体系建设的每一个环节上，不断创新公共文化服务的体制、模式、内容和标准，推动嘉兴市公共文化服务走在全国前列，并不断优质化、特色化。

（二）公共文化服务成为"和谐发展"的重要动力

我国的经济社会发展还将长期处于转型时期，社会分配中的不公平、城乡差别、身份差别、区域发展差距等因素带来的认知差异、社会隔膜、利益冲突都将长期存在，成为建构和谐社会的阻力和代价。减少这些阻力和代价的一个重要途径就是努力创造社会资本，增强人们之间的友善互信、彼此认同、责任共担、互利互惠等关系，提升人们对社区的共同归属感。嘉兴市各级文化工作者自觉把握公共文化服务以文化人、以文育人的规律，通过提供优质的文化活动与文化内容，促进公民之间、社区之间和社群之间的沟通与交流，使公共文化服务成为推动公民素质提升、增强社区文化活力和推动社群关系和谐发展的重要动力。

嘉善县洪溪村在建立村级篮球俱乐部、成立"妈妈级"篮球宝贝队、组建舞龙队、开展广场排舞活动等丰富多彩的文体活动后，全村的精神面貌发生重大改变。"从2006年起，村里无一例上访，邻里之间的纠纷大大减少，村民与干部的距离拉近了，社会风气得到明显改善，赌博没有吸引力了，吵架没有闲工夫了，村民也在活动中受到了教育，受到了鼓舞，更感受到了身心的愉悦，同时，一份集体荣誉感和责任感，使大家形成了新的凝聚力。"① 嘉兴市南湖区积极引导区内企业开展各类文化活动，让企业以自己的文化活动内容和项目参加全市广场演出、市和区级合唱比赛等公共文化活动，企业合唱团占到了全区近百支合唱队伍的40%，为全区打造"歌城"品牌作出了贡献。企业中的外来务工人员、外企员工的"太太合唱团"都成为这些活动的积极参与者。这些活动极大地提升了广大企业职工爱岗敬业的工作热情，增强了企业的凝聚力。在南湖区，市区5个街道、47个社区与5个镇的70个村分别建立了街道与镇、社区与村之间的城乡文化结对关系，有力地促进了城乡居民之间的相互了解。

在嘉兴，公共文化服务还为"新居民"融入当地社会作出了重要贡献。近年来，嘉兴市各级文化部门坚持开展新居民专题文化活动，积极打造"新居民文化"品牌，满足广大新居民的精神文化需求，努力营造全社会都来关爱外来务工人员的良好氛围。市文化局会同市文明办、市新居民事务局等部门每年坚持举办全市新居民文艺汇演，为广大新居民搭建才艺展示的活动平台。秀洲区自1999年以来，先后举办了全区民工广场歌会、外来民工卡拉OK演唱赛、"龙源之夜"外来职工

---

① 引自嘉善县洪溪村《民主促和谐、团结谋发展——洪溪村全省农民"种文化"工作情况汇报》。

文化节、"歌舞新家乡"才艺擂台赛、洪合镇十佳外来职工演唱大赛等形式多样的新居民专题文化活动。针对"新居民"年轻、普遍文化程度较低、文化生活单调的状况，平湖市通过"新市民学校"，针对不同基础与需求，免费开办文体爱好培训班、技术技能培训班、文化课程补习班等。同时还开设关于平湖的法律法规、风土人情、文明礼仪等讲座，让"新居民"了解平湖，融入平湖。平湖市还通过深入挖掘、宣传"新居民"中的先进典型和感人事迹，逐步改变了本地居民对"新居民"的偏见，融洽了新、老居民之间的关系。该市新仓镇在全镇外来务工人员中开展了以"学习在新仓、创业在新仓、文明在新仓"为主题的新居民文化建设系列活动，提高了他们的文化技术水平，为他们的个人发展和企业发展提供了知识动力，促进了"和谐新仓"的建设。

（三）公共文化服务成为"民生发展"的重要内涵

民生是指国民的基本生存与生活状态、基本发展机会、基本发展能力和基本权益保护的状况。在当代，文化已经成为世界各国民生保障的重要内容，公共文化服务则是实现这种保障的最重要途径。首先，从最基本的意义上讲，公共文化服务通过保障信息和知识的"可获得性"，为个人发展提供机会，增加了"影响个人赖以享受更好的生活的实质自由"。[①] 其次，公共文化服务通过提供文化福利，赋予人们超越物质条件制约的文化自由。这种文化自由"不仅能使我们的生活更加丰富和不受局限，而且能使我们成为更加社会化的人，实施我们自己的选择，与我们生活在其中的世界进行交往并影响它"。[②] 最后，公共文化服务是改善民生的重要内容和提高幸福指数的重要手段。人的全面发展

---

① 〔印〕阿马蒂亚·森：《以自由看待发展》，中国人民大学出版社，2002，第32页。
② 〔印〕阿马蒂亚·森：《以自由看待发展》，中国人民大学出版社，2002，第10页。

离不开精神的涵养，幸福的生活和美好的人生需要以精神文化上的充实和丰盈来支撑。长期以来，以片面 GDP 增长为特征的经济文化忽视人的幸福感受，将所有无法用货币计量的人类活动排除在社会财富总量之外。但恰恰是宗教、非物质文化遗产传承、家庭亲情、社区交往、志愿者工作、休闲娱乐、审美体验、阅读思考这些活动，构成了人全面发展的重要维度和人们生活幸福感的重要来源。因此，强调文化民生，就是要让文化发展成果最大限度地惠及人民群众，用人文的情怀关怀人、疏导人、提升人，丰富人们的精神文化生活。

正是由于深入认识和把握了文化对促进民生发展的意义，嘉兴人将文化作为促进民生发展的一个重要内涵，紧紧围绕打造城乡一体化先行地这一战略目标，以高度的自觉开展公共文化服务体系建设。大型公共文化设施建设中大手笔的财政投入、农村基层文化设施建设中灵活多样的形式和手法、城乡公共文化服务一体化"文化圈"的建设成效、对"新居民"文化生活的全面关怀、公共文化服务各个领域层出不穷的创新，都是嘉兴人重视文化民生、建设文化民生的有力证明。

嘉兴人对文化民生的高度自觉还体现在他们强烈的领先意识。"十一五"期间，当我国绝大多数地区还在奋力解决文化馆、站的普及并仍在探寻如何建设新农村公共文化服务体系的时候，嘉兴人已经在着力打造城乡一体、普遍均等的公共文化服务体系，并取得了重大突破。"十二五"伊始，当更多的地方开始着手建构城乡一体化公共文化服务体系的时候，嘉兴已经提出了更高的发展目标。根据《嘉兴市文化发展规划（2009～2012）》，到 2012 年，全市各县（市、区）都将建成全国文化先进单位，所有的镇（街道）均建成市级"东海文化明珠"，并力争全市各县（市）均成为全国文物先进县。随着这些目标的实现，嘉兴市文化民生建设将迈上更高水平。

（四）"公平均等"成为公共文化体系建设的核心理念

在推进城乡一体化建设的过程中，嘉兴人认识到，城乡居民收入差距可能随着人们自觉追求财富的努力而缩小，但由于市场自身缺乏提供公共产品的动力，城乡之间公共文化服务发展水平的巨大差距并不会随着城乡居民收入差距的缩小而自动缩小，建立和完善政府主导的公共文化服务供给体系是缩小城乡公共文化服务差距、促进公共文化服务公平性和均等性的根本选择。

嘉兴人从本地经济社会和文化发展特点出发，以公平均等为核心理念，大力推动全市城乡公共文化服务一体化、均等化。在公共文化资源领域，嘉兴市通过市本级财力的示范和拉动，带动各级财政和社会力量加大对公共文化事业，尤其是农村公共文化服务体系的投入力度，建成了覆盖全市城乡的公共文化服务资源体系，并通过城乡之间公共文化资源网络化共享，极大地提升了全市城乡之间在公共文化服务资源领域的公平性和均等化水平。在公共文化服务品质方面，嘉兴市通过下派文化工作人员、在村级文化活动中心配备专职管理人员等方式充实基层文化工作者队伍，提高了农村公共文化服务工作人员的专业素质，缩小了城乡之间在公共文化服务专业化水平和服务品质上的差别。在公共文化服务的内容方面，城乡一体化的公共图书馆总分馆体系使全市范围内的农村居民实现了与城市居民在借书、还书方面的服务质量均等。在公共文化服务的主体方面，"文化绿卡"实现了本地居民与外来人口之间享受公共文化服务的身份均等与机会均等。

公平均等是实现文化公平、保障所有人基本文化权益的基本前提，也是建设公民社会对公共文化服务的基本要求。嘉兴市的经验表明，将公平均等这一核心理念自觉贯穿到公共文化服务体系建设的每一个环节，将显著提升公共文化服务体系建设的质量。

（五）"不断创新"成为公共文化服务品质提升的基本方式

如果说公平均等构成了公共文化服务体系建设的基本原则，那么品质提升则是公共文化服务取得实质性效益的根本保证。首先，公共文化服务的内涵既包括了满足公众求知、求乐等一般层次的文化产品与内容的服务，也包括了支持公民开展科研活动、扶持高雅艺术、保护和传承非物质文化遗产等专业性、技术性因素很强的高品质服务内涵。从一般层次的服务内涵到专业性、技术性很强的服务内涵转变，或者服务内容之中专业性内容的增加，都意味着公共文化服务品质的提升。即便是一般层次的公共文化服务，也有品质不断提高的需要，如公共文化服务资金使用效率的提高、公共文化服务设施使用率的提升、图书与文物等公共文化资源流通性的增加、公共文化服务产品艺术性和原创性的提高、新技术在公共文化服务领域的引入、服务人员专业能力和服务水平的增强，都意味着公共文化服务内在品质的提升。其次，从公共文化服务管理体制来看，管理流程的优化、管理体制与机制的改革与创新，都会提升公共文化服务的效率与品质。再次，从社会发展的角度来看，公共文化需求实际上是动态的，与之相应，公共文化服务的内涵与方式、手段等也必须随着公共文化服务需求的变化而调整。例如，互联网的普及使上网的需求成为与读书、看报、听广播、看电视等活动一样的"基本公共文化需求"，从而对公共文化服务提出新要求；我国城市化进程中青壮年人口大量流入城市带来农村"空壳"现象，需要对农村公共文化服务的目标和内容进行调整；经济条件显著的提升会使人们进行文化表达和参与艺术活动需求普遍上升，要求公共文化服务体系做出新的回应。

所有这些现象说明，基本公共文化服务是一个随经济发展而不断变化的动态概念，只有充分结合公共文化需求在不同地域文化背景、不同社会发展水平、不同服务对象、不同技术条件下的具体表现，创造性地提供服务，才能提升公共文化服务的品质，使公共文化服务达到更高的效率、产生更好的社会效应。正如 2005 年出台的《中共浙江省委关于加快建设文化大省的决定》所指出的，在新的历史条件下推动文化建设，必须"积极推进文化理念创新、内容创新、制度创新、科技创新，坚决冲破妨碍发展的思想观念，坚决改变束缚发展的做法和规定，坚决革除影响发展的体制弊端，尊重群众的首创精神，充分调动文化工作者的积极性，营造文化发展的良好环境"。

嘉兴人深入理解并抓住这一基本规律，以"崇文厚德、求实创新"的嘉兴人文精神，将不断创新贯穿到公共文化服务体系建设的每一个环节，通过集成化、连续化的方式推动公共文化服务模式创新、机制体制创新、技术创新，并使公共文化服务体系建设围绕推动城乡文化公平、不断提升服务品质与内涵的主线前行。正是以"公共图书馆总分馆体系""文化绿卡""文化茶馆""百万农民种文化""村级文化活动中心（室）专职管理员制度""综合文化站文化工作人员下派制度"等一系列具有全国性示范意义的"嘉兴创新"为基础，嘉兴人打造出了公共文化服务体系建设的"嘉兴模式"。

四 再创新局："嘉兴模式"的未来之路

嘉兴市在公共文化服务建设中取得的重要成就，让我们感受到公共文化服务"嘉兴模式"的丰富内涵和鲜明特征。而嘉兴人高度的文化自觉和创造精神，更让我们感受到"嘉兴模式"对我国各地推动公共文化服务体系建设的普遍性借鉴意义。展望未来，我们衷心期待嘉兴市公共文化服务体系建设在以下方面取得新的突破。

（一）打造文化产业与公共文化服务联动发展的新格局

文化产业和公共文化服务是推动当代文化发展的两种基本力量。公共文化服务可增进社会文化活力，提升公众的文化艺术鉴赏力与创造力，完善文化政策，保护文化资源，为文化产业提供原创动力与消费需求。文化产业开发利用各类文化资源，丰富社会文化产品，为公共文化服务提供更多的产品选择性。同时，文化产业发展会带来文化创意人才、文化产业资本和艺术与创意氛围的集聚，使公共文化服务间接受益。这种紧密关联与相互依赖的关系要求公共文化服务体系建设必须与文化产业联动发展，借助文化产业的发展成果和文化市场化来丰富公共文化服务产品的供给内容和供给方式。从当代世界各国的公共文化服务实践来看，发达的城市公共文化服务无不以发达的文化产业为依托。

嘉兴市在推动公共文化服务体系建设过程中，在局部领域已经自觉推动公共文化服务与文化产业相互促进、共同发展。例如，将文化市场与公共文化服务的目标连接起来，解决农村群众购书难的新华书店"小连锁"工程；秀洲区通过公共文化服务系统，努力帮助秀洲农民打造品牌、开拓市场；乌镇江南水乡文化旅游产业在开发过程中，通过整体性规划与保护实现古镇特色资源的永续利用；等等。但是，嘉兴市文化产业"总量不大，竞争力不强，文化产业园区建设进度不够快，优势文化产业不够明显"，[1] 制约了它对公共文化服务的支持力度。[2] 因

---

① 《嘉兴市人大常委会视察文化产业发展情况》，嘉兴在线新闻网，2010年10月27日。
② 根据嘉兴市有关部门公布的数字，2008年嘉兴市文化产业增加值为63.61亿元，占全市GDP的3.5%。

此，从整体上看，嘉兴市尚未形成文化产业与公共文化服务联动发展、相互促进的互动格局。

在进一步完善各类文化资源保护机制和保护水平的同时，嘉兴市应该充分发挥地处长三角腹地，与上海、杭州两大城市同城化的突出区位优势，积极开发各类文化资源的产业潜力，培育新兴文化产业门类，加快文化产业发展，形成文化产业与公共文化双轮驱动、联动发展的新格局。在此基础上，推动全市公共文化服务产品提供能力迈上新的水平，全面提升城市文化软实力。

（二）开创公共文化服务产品提供主体多元化的新局面

作为我国城乡一体化先行地区、国家级统筹城乡就业试点城市和浙江省省级统筹城乡综合配套改革试点区，嘉兴市近年来在推动公共文化服务产品提供主体多元化方面取得了一定的经验。2008年，嘉兴市人民政府还出台了旨在推动公共文化服务提供主体多元化的《关于推动文化大发展大繁荣的若干政策意见》，提出要通过土地行政划拨、税收减免、公共财政补贴等方式促进个人、企业和社会团体投资文化事业非营利性领域或举办各种类型的公共文化服务。但从总体上看，社会力量在嘉兴市公共文化服务资金投入和产品提供领域发挥的作用仍然较小，与嘉兴市打造城乡一体化先行地和实现江南水乡生态型文化大市建设目标对公共文化服务建设的要求不相适应。

通过制度创新，广泛吸收社会力量参与，形成以政府为主导、社会力量广泛参与的公共文化服务提供主体多元化的新格局，是增强嘉兴市公共文化服务供给能力、提高全市公共文化服务投入水平的突破口之一，也是发展和完善"嘉兴模式"的必然选择。嘉兴市应进一步解放思想，围绕公共文化服务提供主体多元化这一目标开展更为主动的探索。

——鼓励私人、企业兴办图书馆、博物馆，推动建立并整合企业内部职工文化活动室、俱乐部等，增加准公共文化产品的提供，丰富全社会公共文化产品的供应方式。

——鼓励以企业或个人名义成立文化基金会，向全市公共文化服务项目和活动提供资金支持。

——建立嘉兴市公共文化服务体系建设基金，接受全社会各种方式的捐赠。

——开展市民公共文化服务公益行动，鼓励全体市民以各种方式参与各类公益性公共文化活动的发起、组织和服务。

——建立公共文化资源全民共享机制，整合机关、学校内部的文化、体育、图书等文化资源，在不影响机关、学校正常工作或业务秩序的情况下，实现公有制单位文化资源向社会公众有条件开放。

——建立公共文化服务产品竞争性提供的模式，完善公共文化服务政府采购机制。

——申请试办嘉兴市公共文化服务彩票，探索公共文化服务融资新渠道。

——申请"国家级公共文化服务改革试验区"资格，为我国公共文化服务体系建设全面探索经验。

（三）建构公共文化服务决策的新机制

包括嘉兴市在内，我国各地公共文化服务体系建设面临的一个重要任务就是突破公共文化服务决策高度集中、由政府部门代包代办的模式，形成有利于提高公共文化服务实际效率、能够充分体现公共文化服务受益人意愿和需求的民主化决策机制。从世界各国公共文化服务决策

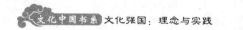

模式的经验来看，民主化决策机制能够使公共文化需求表达的收集和评估、公共文化服务项目立项、公共财政资金分配与支出等各个环节处于公开监督之下，从而保证公共文化服务决策的科学性。

嘉兴在建构城乡一体化的公共文化服务体系进程中，可以通过三个方面来推动公共文化服务决策新机制的建立。一是建立并完善公共文化服务项目民主决策程序，做到重大公共文化活动的立项事先进行民意调查，立项经过科学论证，决策过程透明，项目的预算和执行接受社会公众的监督。二是建立市、县、镇三级文化决策咨询委员会，吸收文化政策研究专家、地方文化名人、政府官员、一线公共文化服务工作者和社区民意代表共同参加，对重大公共文化建设项目和活动的立项进行论证和辩论，提出决策建议。三是充分发挥基层公众的参与作用，在基层公共文化服务体系建设中，由受益人投票决定器材、设备、资料、图书等产品的购买对象或经费使用方式，实现基层公共文化服务的直接民主。

（四）拓展公共文化服务的新边界

公共文化服务的边界是可变的，即使是"基本公共文化服务"，其所谓的"基本"部分都是随着社会、经济、技术等领域的发展而变化的。出色的公共文化服务意味着不断探索公共文化服务的新内涵、开拓服务的新边界，从而不断增加全体公众的文化福利。

当前，对于我国绝大多数地区，"求知、求乐、求健康"仍然是广大人民群众基本的文化需求。但是在经济发展水平较高、城乡收入差距相对较小、基本公共服务城乡一体化取得显著进展的嘉兴地区，许多城乡居民的文化需求事实上已经超出了"求知、求乐、求健康"的水平，进入了"求自我表达、求艺术交流、求文化创造"的阶段。在"种文化"活动中涌现出的2500多个嘉兴城乡文体活动队伍和组成这些队伍的数以万计的文体活跃分子，正是这种升级了的"基本"需求的表现。这说明，在嘉兴，基本公共文化服务的内涵已经悄然发生了改变，只有积极开拓公共文化服务的新边界，才能适应富裕起来的广大城乡群众对公共文化服务的新需求。

"十二五"期间，嘉兴市公共文化服务部门应该站在新的历史起点上，针对城乡群众不断拓展的文化需求，开拓公共文化服务的新边界，探索公共文化服务的新内容与新方式，一方面，可以推动文化馆（站）、文化活动中心的部分服务内容由惯例化、常态性向专业化、差别化、档期化转型，对不同年龄、不同背景的群体提供差别化、专业化的公共文化服务；另一方面，可以从探讨新形势下"江南水乡生态型文化大市"建设的新内涵、新战略着手，寻求公共文化服务体系建设思路的新突破，推动全市文化建设迈上新的水平。

第五章 少数民族文化发展：
战略与政策

第一节 文化强国视野中的中国少数民族文化发展战略

（一）文化强国与我国少数民族文化发展战略

在文化强国的战略宏图中，少数民族文化发展是极其重要的一环。2010年，我国55个少数民族共有1.138亿人口，占全国人口的8.49%，绝大部分分布在占国土面积2/3以上的中西部地区。我国陆地边境线长达2.28万公里，与14个国家接壤，沿陆地边境分布着9个省、自治区的136个边境县（旗、市、市辖区）及新疆生产建设兵团的58个边境团场，生活着30多个跨境民族。民族地区和边境地区的文化建设，在很大程度上影响着我国民族团结和边境稳定大局。

建设社会主义文化强国，必须高度重视并落实1亿多少数民族群众的个人文化权利、文化需求，并激发他们的文化创造力；必须充分尊重各少数民族的传统文化，努力促进各民族文化的创新发展，实现各民族文化的共同繁荣；必须高度重视边境民族地区和跨境民族的文化建设在少数民族文化建设中的特殊地位，使边境民族地区在我国与周边国家的文化互动中发挥积极的文化纽带作用。

少数民族文化发展的复杂格局决定了只有从维护国家长治久安和建

设文化强国的战略高度进行制度安排和政策设计，才能为少数民族文化发展中面临的各种挑战和问题找到科学合理、能够高瞻远瞩的解决思路。研究制定少数民族文化发展的国家战略，是全面推进我国文化强国战略的必然选择。

（二）我国少数民族文化发展战略的目标与内涵

从我国少数民族文化发展的现状和面临的挑战来看，少数民族文化发展战略主要应包括：民族地区公共文化服务体系建设战略、民族地区现代传媒体系建设战略、少数民族传统文化保护和传承战略、民族地区文化产业发展战略、陆地边境"文化纽带"建设战略、少数民族人口教育水平提升战略和少数民族语言文字传承发展战略。

1. 民族地区公共文化服务体系建设战略

公共文化服务体系是落实少数民族群众基本文化权益的重要保障。虽然我国民族地区公共文化服务体系建设已经取得重大成就，但由于公共文化服务人才短缺、公共文化基础设施建设滞后、民族特色和少数民族语言文字文化产品供给不足等原因，民族地区公共文化服务水平与各族人民群众的需求之间还有较大差距。与国内其他地区相比，民族地区公共文化服务体系的整体服务水平较低。基于这种背景，我国民族地区公共文化服务体系建设战略的目标应当是，全面深化民族地区文化体制改革，加强少数民族群众的文化权利保障，加大民族特色和少数民族语言文字文化产品和服务的供给，大力提升公共文化服务的水平与绩效，不断缩小与国内其他地区公共文化服务水平的差距，推动全国公共文化服务均等化。

从民族地区文化发展现状出发，民族地区公共文化服务体系建设战

略应当围绕五项重点来展开。一是要根据少数民族文化发展的特点，整合文化、新闻出版、广电、旅游、体育等部门，形成文化管理的大部门，建设与民族地区文化发展需求相适应的新型文化管理体制。二是要加强保障少数民族群众在教育、语言、文化表达、文化批评与监督等领域的公民文化权利，推动少数民族文化创新发展。三是要加大财政支持力度，大力增加图书报刊、广播电视、互联网等领域少数民族特色和少数民族语言文字文化产品的供给，增强少数民族文化的现代传播力。四是改革民族地区公共文化服务体系建设的投入方式，逐步改变大量依靠各类文化工程推进公共文化服务体系建设的方式，形成由民族地区文化部门统一掌握财政经费，根据当地实际需要安排公共文化服务体系建设项目的常规化投入模式，保证投入的高效性。五是要发挥当地文化部门和少数民族群众在公共文化服务体系建设决策上的主导作用，实现公共文化服务决策的民主化、水平化、地方化，缩短公共文化服务决策环节与使用者之间的距离，推动公共服务体系使用效率实现最大化。

2. 民族地区现代传媒体系建设战略

现代传媒体系是民族地区公益性文化事业的重要组成部分，也是民族地区文化市场的重要组成部分。民族地区的现代传媒体系既发挥着传播党和国家的声音、宣传社会主义核心价值观和进行舆论引导的重大作用，又承担着向少数民族群众提供丰富多样的少数民族语言文化产品的基本职能。

我国民族地区现代传媒体系整体上还比较落后，与全国整体水平和发达地区都有一定的差距。但现代传媒的技术特征和国家经济实力的大幅提升使民族地区现代传媒体系具备了实现跨越式发展的条件。民族地区现代传媒体系建设战略的目标应当是，深化传媒体制改革，加大财政投入，加快技术革新，推动民族地区新闻出版、广播电视电影和互联网事业加快发展，为民族地区实现跨越式发展创造信息和文化基础。

民族地区现代传媒体系建设战略应该围绕公益先导和加大供给两大原则进行。在出版领域，要对各类少数民族语言文字出版物提供财政补贴和税收减免，推动少数民族语言文字出版物的数字化出版，鼓励优秀汉文图书的少数民族语言翻译出版，奖励少数民族语言文字优秀著作出版，促进少数民族语言文字出版事业的繁荣。要增加非时政类的报刊数量，丰富少数民族语言文字报刊的供给。在广播电视领域，要围绕三项重点，着力增加少数民族语言节目内容的生产和供给。一是要加大公共财政对少数民族语言广播电视节目制作、译制的支持力度；二是要在制播分离的基础上，对社会资本开放节目和内容制作，使少数民族语言节目内容更加丰富；三是要积极推动少数民族语言广播电视机构与东部具有丰富市场经验和创新经验的广播电视台合作，加强节目创新，强化节目的吸引力。在互联网领域，要依托国家光纤通信网络，实施"宽带下乡""计算机下乡"等惠民工程，大幅提升民族地区城乡家庭计算机普及率和家庭宽带普及率，推动民族地区信息化基础设施建设实现跨越式发展。同时，要推动公共财政力量和市场力量相结合，重点打造一批具有全国性、国际性影响的少数民族语言文字重点门户网站，增强少数民族文化的网络传播力量。

3. 少数民族传统文化保护和传承战略

少数民族传统文化是少数民族历史上生活方式和文化创造在当代的流传，是不同民族文化特征、生活方式和价值观念的突出体现，也是中华文化多样性的具体呈现。在民族地区经济、社会和文化现代化的进程中，少数民族传统文化正面临失传、断裂、碎片化和遗产化的危机。少数民族传统文化保护和传承战略的目标应当是，进一步完善民族地区文物保护体系和非物质文化遗产保护与传承体系，通过公共教育课程设

置、文物保护场馆建设、生态博物馆建设和民族文化生态村建设等各种方式，全面建立科学、高效的世界领先的民族文化传承体系，为少数民族文化传承和保护奠定基础。

推进少数民族传统文化保护与传承体系建设战略，应当围绕四个重点展开。一是要加强民族地区博物馆体系建设，完善少数民族文物和非物质文化遗产保护传承的基础条件。二是要促进少数民族传统文化保护传承工作与高新技术的融合，全面提升民族地区文物与非物质文化遗产保护的科技水平。三是要促进文物保护研究人才和非物质文化遗产传承人才的培养与民族地区公共科研服务体系、公共教育服务体系、公共文化服务体系的融合，使少数民族传统文化保护成为民族地区社会文化生活的有机组成部分。四是要加强执法力度，为少数民族文物保护和非物质文化遗产保护提供有力的法律保障。

4. 民族地区文化产业发展战略

文化产业作为文化生产力的主要表现形式，是推动文化创新发展的重要动力。进入 21 世纪以来，在国家相关政策推动下，我国民族地区文化产业快速发展，成为实现经济增长，推动产业升级转型和引领社会全面发展的重要力量。民族地区文化产业发展战略的目标应当是，深化文化体制改革，进一步完善文化市场，通过政策创新和人才培养工程，全面提升文化产业发展水平，推动文化产业成为引领民族地区全面协调发展和产业结构升级的战略性支柱产业。

实施民族地区文化产业发展战略，需要围绕五项重点来开展。一是要进一步深化民族地区新闻出版、广播电视等重点文化领域的改革，推动文化事业单位转企改制，为文化产业发展培养市场主体。二是要清理各种市场壁垒，加快文化市场开放步伐，为各类文化企业创造公平、高效的市场环境。三是要大力推动文化产业政策创新，实行比东部和中部地区更加优惠的人才、税收、土地、财政、金融支持等政策，吸引文化产业资本和文化产业人才到西部民族地区投资创业。四是要推动文化创意人才的培养体系与民族地区职业教育体系和高等教育体系的深入融合，大力培养少数民族文化创意人才。五是要明确文化产业发展的战略重点，走文化旅游与创意设计相结合的道路。一方面要依托丰富多样的民族文化资源、独特的地域风光，重点开发民族地域特色旅游文化产业；另一方面要树立全球视野，大力提升文化产业的创意设计水平，推动民族地区文化产业迈向全球市场，走出以创意设计引领民族特色文化产业发展的文化创新之路。

5. 陆地边境"文化纽带"建设战略

我国的改革开放已经从沿海地区对外开放转向全方位对外开放，边境民族地区已经处于对外开放的新前沿。我国有 30 多个跨境民族，它们与境外同一民族血缘相近，语言相通，文化上存在较深的联系和相互影响。文化交流作为一种富含情感与价值认同的交流方式，对增加我国与周边国家关系的韧性与厚度、提升相邻国家人民对我国的认同度与友善度方面具有重要作用。在这种背景下，陆地边境地区和跨境民族在对外文化交流中的纽带作用凸显出来。陆地边境"文化纽带"战略的目标应当是，全面加强陆地边境地区文化基础设施建设，推动跨境民族语言文字和特色文化产品的创作和生产，充分发挥跨境民族在促进我国与相邻国家和地区之间的文化交流以及传播我国文化软实力方面的桥梁和纽带作用，推动我国陆地边境地区的繁荣稳定和国家软实力的提升。

实施陆地边境"文化纽带"战略，需要抓好三项重点。一是要以更为积极进取、开放的姿态维护国家战略利益，把边境民族地区和陆地口岸地区公共文化服务体系建设纳入国家重点建设的视野，进行高标准的建设，使这些地区的公共文化服务设施在传播优秀民族文化和国家软

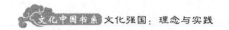

实力方面发挥重要作用。二是要从边境民族地区整体发展的高度，加强跨境民族的文化保护，激励跨境民族语言的文化产品尤其是传媒产品的开发和生产。三是要根据边境民族地区的现代传播体系的特点，提升在对外文化传播和政治导向上实际具有"国家队"作用的地方少数民族语言广播电台、电视台的地位，并给予相应的财政支持，使之更好地服务于国家战略和国家利益。

6. 少数民族人口教育水平提升战略

少数民族人口的教育水平是少数民族群众在全国统一市场就业、竞争和发展的文化基础，也是少数民族文化传承、发展的基础条件。从1990年到2010年，全国少数民族人口人均受教育年限从5.29年增加到7.88年，与全国人均受教育年限的差距从0.97年缩小到0.92年。但少数民族人口文化教育水平相对较低依然是制约民族地区和少数民族文化发展的重要因素。全面提高少数民族人口的文化教育水平，对促进少数民族群众个人发展、繁荣少数民族文化和实现各族人民之间的教育公平具有重要意义。

少数民族人口教育水平提升战略的目标应当是，通过长期的国家战略，不断改善民族地区的办学条件，优化民族地区各级各类学校的师资水平和教材体系，完善民族地区各个阶段的教育机制，全面提升民族地区教育质量与教育水平，加快实现少数民族人口教育水平整体达到全国平均水平。

推进少数民族人口教育水平提升战略需要着力推动五个方面的工作。一是要实施民族地区教育基础条件全面提升工程。要全面加大国家财政对民族地区教育事业的投入力度，在较短的时期大幅提升民族地区各级各类学校校园建设水平以及电子化、网络化教学设备的水平。同时，要加强国家远程教育体系建设，在民族地区加快建成适应各个层级、各种年龄人群的多层次远程教育体系，实现民族地区教育基础条件的跨越式发展。二是要实施民族地区师资力量提升工程，以师资水平提升为战略突破口，全面提升民族地区的教育质量。要通过加强培训、资格认定、提升待遇等方式全面提高民族地区各个教育阶段的师资整体水平；同时，要建立优秀教育人才和志愿者到西部民族地区支教的国家制度，大幅扩大教育发达地区教育人才和志愿者到西部民族地区支教的数量和规模，全面加快西部民族地区师资力量的提升速度。三是要实施民族地区教材创新工程。要全面提高民族地区的各个教育阶段的教材编写水平，使之更加适合少数民族学生的学习特点，从而促进民族地区教育质量的内在提升。四是要推动民族地区与国内其他地区之间优质教育资源的均等化。要继续扩大新疆、西藏内地班规模和招生规模，并显著增加内地优秀中学和重点高校对中西部少数民族学生的招收数量和比例；同时，要推动教育发达地区的重点中小学、国内一流大学和重点大学到西部边疆和民族地区创办分校，大幅提升少数民族学生享受全国优质教育资源的机会。五是要进一步完善民族地区各类继续教育体系，推动民族地区加快形成终身学习的社会氛围。

7. 少数民族语言文字传承发展战略

民族语言文字是少数民族文化、历史、艺术、思想传承的载体，在少数民族文化传承发展中具有决定性的作用，保护和发展少数民族语言文字是保护和发展少数民族文化的前提和基础。在我国55个少数民族中，除回族和满族使用汉语外，其他民族共使用72种语言，其中3/4以上的语言没有自己的文字，使用汉字。在其余有文字的少数民族语言中，共有29个民族使用54种文字，其中包括国家为苗、壮、布依、侗、白等10个民族新创制的13种文字。但除蒙古、藏、维吾尔、哈萨克、朝鲜等少数民族的语言文字在本民族人口内部或所聚居的区域广泛

用于政治、经济、文化、教育等领域外，其他所有少数民族语言文字的使用范围都比较有限，语言活力较弱。

少数民族语言文字传承发展战略的目标应当是，全面建设我国少数民族语言文字传承发展体系，促进少数民族语言文字在少数民族文化发展领域的广泛应用，充分发挥少数民族语言文字在满足少数民族群众文化需求、传承少数民族传统文化和推动我国文化"走出去"方面的关键作用。

实施少数民族语言文字传承发展战略，关键在于三个方面。一是要制定科学规划，根据不同少数民族语言文字的使用范围、传承、影响状况等特征，分类制定传承保护措施，视不同情况通过记录保护、口头传承、教学应用等方式进行保护传承。二是要明确重点，对于一些使用人口超过数百万乃至上千万、社会文化领域应用较广，并在境外有一定使用范围的少数民族语言文字，要通过双语教育等方式进行有效的传承保护，并通过支持创作、翻译、出版印刷，加强广播电视和互联网等平台建设，拓展其实现应用的空间。三是要深入开展少数民族语言文字的标准化、信息化研究，着力解决少数民族语言文字在计算机平台和其他数字多媒体平台的输入方法问题，为少数民族语言文字适应当代传媒技术开辟道路。

（三）制定少数民族文化发展战略需要处理的几个关系

少数民族文化发展战略涉及我国多民族文化建设中的一系列复杂问题，要使少数民族文化发展战略具有科学的决策基础并取得成功，必须从指导思想上处理好以下几种关系。

1. 各民族文化共同繁荣和增强中华文化认同的关系

发展和繁荣少数民族文化有利于促进中华文化的多样性，有利于切实落实和保障少数民族群众的文化权益，有利于促进民族地区多民族文化的共同繁荣，这是无可置疑的。但是，从更高的意义上讲，发展繁荣少数民族文化是为了巩固和强化各族人民对多源一体的中华文化的深刻认同，是为了促进统一的多民族国家的文化繁荣，奠定中华民族伟大复兴的文化根基。

2. 保护少数民族语言文字和推广国家通用语言文字的关系

少数民族语言文字是少数民族文化传承发展的基本依托，也是少数民族群众心目中本民族文化的象征，寄托着少数民族群众对本民族文化的深厚感情。保护和促进少数民族语言文字的传承发展不仅有利于保护我国民族文化的多样性，而且有利于促进少数民族群众对伟大祖国和中华文化的深厚感情。国家通用语言文字不仅是各族中华儿女共同交往的语言文字，也是少数民族群众在全国范围内自由流动、就业与竞争和实现个人发展的基础能力和文化资本，在社会主义市场经济体制已经基本建立的情况下，学习并掌握国家通用语言文字已经成为全国各族人民的自发要求。因此，在少数民族文化发展战略中，既要强调为少数民族群众掌握国家通用语言文字创造各种便利条件，也要强调保护和发展少数民族语言文字的重要性。因地制宜，提供形式多样、符合各族人民群众实际需要的双语教育政策，供各族人民群众进行自主选择，是当前和今后相当长时期内我国处理少数民族语言文字和国家通用语言文字相互关系时所应遵循的基本原则。

3. 边境民族地区文化开放发展和维护国家文化安全的关系

我国的改革开放已经从沿海地区对外开放转向全方位对外开放，边境民族地区已经处于对外开放的新前沿。在这种背景下，边境民族地区跨境民族对外文化交流与维护边境地区国家文化安全的问题也就凸显出来。文化交流与影响力作为一种富含"情感"与价值认同的交流方式，

在增加我国与周边国家关系的韧性与厚度、提升相邻国家人民对我国的认同与友善度方面具有重要积极作用。我国有30多个跨境民族，它们与境外同一民族血缘相近，语言相通，这些少数民族的语言和民族特色文化产品是我国文化"走出去"的重要桥梁和纽带。但是，为防范境外邻国和地区的"三股势力"和"疆独"势力、"藏独"势力、非法宗教传播等因素的渗透，我国在西北边疆、西南边疆等跨境民族广泛分布的边境民族地区对外文化交流上采取了以防范为主的策略。这些做法对维护我国边境民族地区的社会稳定和取得反分裂斗争的胜利发挥了重要作用，但同时也影响了国家边境民族地区文化领域的对外开放和国家文化软实力的发挥。从发展的趋势看，未来10～20年，我国经济发展的结果将会使西部和西南地区跨境民族分布地区经济发展水平显著高于中亚、南亚和周边相邻国家，成为对周边国家和地区影响巨大的"经济高地"。如何推动跨境民族分布地区在对外开放的过程中发展繁荣社会主义先进文化和民族特色文化，形成与"经济高地"相匹配的"文化高地"，进而推动我国文化软实力的提升，是我国少数民族文化发展战略需要解决的重大问题。面向未来，我国边境民族地区文化发展的重点不应是对外安全防范，而应当是一种更为自信、更为积极进取、更加符合国家战略利益、未雨绸缪的文化开放发展战略。

第二节　新疆双语教育推进过程中存在的突出问题及政策建议

市场经济的不断深入发展使新疆与我国内地经济联系和文化交流日益紧密，新疆与内地广大地区之间的人口流动空前活跃。新疆维吾尔自治区各族人民之间的经济与社会文化交流也不断深化。掌握国家通用语言文字，对新疆维吾尔自治区的少数民族群众适应市场竞争、提高个人和家庭经济收入、开拓个人在全国范围内的就业与发展空间，都具有十分重要的意义。双语教育的重要性和必要性已经得到新疆各族人民和社会各阶层的全面认可，少数民族群众学习掌握汉语的需求和动力十分强烈。以全面普及双语教育为契机，新疆维吾尔自治区正在迎来一个教育水平全面提升，经济、社会、文化快速协调发展的全新时期。但是，新疆维吾尔自治区的双语教育在推进过程中还存在着一些较为突出的问题。如能采取恰当的措施，及时解决这些问题，对顺利推进双语教育、保证新疆维吾尔自治区教育文化事业的繁荣发展和各族群众和谐共处都将具有极为重要的意义。

一 改革开放以来新疆维吾尔自治区双语教育推进过程回顾

改革开放以来，新疆维吾尔自治区的双语教育经历了初步实验、全面推广和加快推进三个阶段。

第一阶段是2002年之前的缓慢推进阶段。改革开放后，新疆维吾尔自治区教育领域延续了此前的"少数民族语言教育"和"汉语教育"两个教育体系双轨并行的政策。除少量"民考汉"学生在汉语学校接受教育外，大多数少数民族学生接受少数民族语言教育，教学中采取以民族语文教学，加授汉语的模式。在这种模式中，汉语只作为语文课来讲授，通常从小学高年级或初中开始开设。由于缺乏汉语环境的支撑，绝大多数少数民族学生汉语能力提高缓慢，教育部门所期待的少数民族学生高中毕业时"民汉兼通"的目标根本无法实现。这一时期，全疆还没有形成明确的双语教育推进战略。1992年，新疆维吾尔自治区在乌鲁木齐、塔城和吐鲁番地区一些少数民族语言学校进行双语授课实

验，双语教育成为明确的教育发展目标，在全疆进入有计划的推进阶段。

第二阶段是 2003 年至 2004 年的全面推广阶段。2003 年，自治区人民政府明确提出，在继续巩固少数民族母语教学的同时，要切实加强汉语教学在初、中等教育中的突出地位，在中、高等教育阶段的主导地位。根据自治区的决定，各地条件较好的中学开办初中双语实验班。2004 年，自治区党委、人民政府在《关于大力推进"双语"教学工作的决定》（新党发〔2004〕2 号）中指出，要以提高汉语教学质量为重点，根据因地制宜、分类指导、分区规划、分步实施的原则，逐步推进双语教育工作。

第三阶段是 2005 年以来的加快推进阶段。2005 年，自治区下发了《关于加强少数民族学前双语教育的意见》（新党办发〔2005〕28 号），明确了双语教育要从幼儿抓起，从学前抓起，实现学前和小学双语教育的衔接，双语教育进入快速推进阶段。2010 年，在《新疆维吾尔自治区少数民族学前和中小学双语教育发展规划（2010～2020 年）》（征求意见稿）中提出，到 2012 年，基本普及以国家通用语言文字为主、本民族语言文字为辅的少数民族学前两年双语教育，2015 年中小学少数民族学生基本普及多种模式的双语教育，到 2020 年实现中小学少数民族学生双语教育全面普及。2011 年 1 月，新疆维吾尔自治区党委、人民政府发布了《新疆维吾尔自治区中长期教育改革和发展规划纲要（2010～2020 年）》，双语教育的发展目标最终调整为：到 2012 年，基本普及少数民族学前两年双语教育，接受学前两年双语教育的少数民族幼儿占同年龄段少数民族幼儿总数的 85％以上；到 2015 年，少数民族中小学基本普及双语教育，接受双语教育的少数民族中小学生占少数民族中小学生总数的 75％左右；到 2020 年，接受双语教育的少数民族中小学生占少数民族中小学生总数的90%以上。

二　新疆维吾尔自治区双语教育推进中存在的突出问题

双语教育普及进程的不断加速使新疆少数民族聚居地区的汉语教学获得了前所未有的突破，将全疆教育水平提升到了一个新的台阶，也为在少数民族聚居地区全面建成科学、合理的双语教育体系积累了宝贵经验。随着双语教育的深入推进，一些曾经发挥了重要作用的政策措施逐渐暴露出其不足之处。这些不足之处突出表现在以下五个方面。

（一）双语教育主导模式的选择存在简单化倾向，引发突出问题

语言和文化多样性是新疆各族人民宝贵的文化财富，多语环境构成了新疆文化生态的基本特征。从国家文化利益的角度看，新疆少数民族语言的发展对提升中华文化的包容性和吸引力、弘扬国家文化多样性、增加国家文化影响力的战略资源储备都具有重要作用。

但是，目前新疆大力推行的双语教育主导模式却会导致少数民族语言活力的弱化。根据《新疆维吾尔自治区少数民族学前和中小学双语教育发展规划（2010～2020年）》（新政发〔2011〕30号），新一轮双语教育推进过程中将采用两种双语教育模式。模式一是指小学汉语、数学、科学、信息技术，初中汉语、外语、数学、物理、化学、生物、信息技术，高中汉语、外语、数学、物理、化学、生物、信息技术和通用技术课程使用国家通用语言文字授课，其他课程使用本民族语言文字授课。模式二是指全部课程使用国家通用语言文字授课，开设民族语文课程；不具备师资条件的学校，体育、音乐、美术课程可以使用本民族语言文字授课。尽管这一文件中对全区各地小学采用模式一或模式二做出

了较为灵活的规定，但模式二依然是主导性和导向性的目标模式。这意味着少数民族语言文字在双语教育体系设置中依然是"加授课程"。从教学语言到"加授课程"的改变，不仅会减少少数民族语言在课堂上的应用，而且会全面减少少数民族语言在区域经济、政治、文化等社会生活中的应用，使少数民族语言从区域性社会交际语言向社区交际语言、族群交际语言和家庭交流语言转化。这种功能上的转型必然导致少数民族语言文字出版物的大量减少，从而严重影响少数民族语言的现代化转型。这样的后果既不符合少数民族群众的文化需求和心理期待，也不符合中华民族长远的文化利益和政治利益。在新疆一些较早推行"汉语授课，加授少数民族语言"教学模式的地方，某些少数民族语言已经出现了明显的衰退，这种现象值得深思。

少数民族语言地位的弱化不利于新疆社会的和谐发展。长期以来，在国内、国际各种因素的催化下，新疆一些少数民族形成了强烈的民族认同意识，对本民族语言在新疆社会生活中的地位极为看重。这是在全疆推进双语时无法回避，也无法绕行的现实。目前，在全疆推行的"汉语授课，加授少数民族语言"的双语教育模式却透露出了少数民族语言的地位受到弱化的消极信息。这使不少民族群众对本民族语言文字的发展前景产生担忧。但由于种种原因，他们不愿意甚至是不能够公开表明内心的担忧。这就为"双语教育是对少数民族推行文化同化"等言论的传播提供了社会心理空间。我们必须认识到，以目前的方式推动双语教育的快速普及，表面上虽没遇到多少阻力，实际上却可能使某些不满情绪不断积聚，严重影响到新疆的长治久安和繁荣发展。

（二）双语师资"一缺两低"情况严重，教学质量堪忧

长期以来，新疆少数民族聚居地区兼通少数民族语言、汉语双语的

各级各类教师十分短缺。随着双语教育加速推进，双语教师"一缺两低"（数量缺少，汉语水平低，双语教育能力低）的问题日益突出。在我们调研的伊犁州、伊宁县、尼勒克县、和田市、墨玉县、喀什市、泽普县、乌恰县等地，当地教育部门都反映双语教师严重短缺。在维吾尔族占本地总人口比例高达97%的和田地区，据教育部门估计，目前全地区双语教师缺口高达1万人。目前已经完成培训担任双语教育的教师主要是少数民族语言教师转型而来，这些老师大多是通过为期一年或两年的汉语学习培训成为双语教师的。由于学习和使用汉语的时间有限，多数双语老师的汉语水平或使用汉语教学的能力比较低，汉语讲授课程的教学质量很难保证。

为满足双语教育推进的总体部署，全疆各地还采取了多种方式增加双语教师数量，如招收县聘教师、发动师范学院学生支教、动员部分政府机关人员到学校进行阶段性任教等。但这些办法只是在一定程度上缓解了燃眉之急。在全疆范围内，双语教师"一缺两低"的现象正在随着双语教育的新一轮加速推进而日益突出，成为制约双语教育发展的重大因素。

根据《新疆维吾尔自治区人民政府办公厅关于进一步加强少数民族双语教师培养工作的若干意见》（新政办发〔2009〕40号）提供的数字，到2012年，全区学前双语教师缺额约1.15万人，到2014年，全区小学双语教师缺额约5.6万人，初中"双语"教师缺额约1.3万人。如果考虑到高中阶段双语教育教师的缺口，2012～2014年全疆需要新增加的各类合格双语教师的数量可能高达8万人以上，平均每年需要新增加2.6万人以上。从近年来新疆双语教师培养的实际进展来看，每年新增加2.6万人以上合格的双语教师基本上是无法实现的。

数量充足、质量合格的双语老师是新疆全面推进双语教育建设的根本前提。不顾师资力量的现实状况，一味加快推进双语教育普及的进程，不仅会使双语教育的质量难以保障，而且会削弱少数民族群众对双语教育的接受和认同。一些少数民族知识分子担忧，在双语师资条件还很不充分的条件下，大规模快速推进双语教育，将会使整整一代少数民族学生成为少数民族语言学不好、汉语学不好、知识和文化学不好的"准文盲"。这种担忧值得高度重视。

（三）大量不具汉语听课能力的学生进入以汉语教学为主的教育体系，加剧了双语教育质量问题

双语教育的推行是一项系统工程，学生的语言能力同样是双语教育质量的重要保证。目前，全疆从小学到高中阶段在少数民族语言学校就读的少数民族学生中，大多数人由于缺乏学习、使用汉语的社会环境，实际上不完全具备用汉语听课、学习的能力。这类原本接受少数民族语言教学的学生，突然转入以汉语授课为主的双语教育体系后，很多人学习成绩在低水平徘徊，提高缓慢。从双语教育的规律来看，对于缺乏汉语应用环境的少数民族学生完全使用汉语进行授课、只保留少量母语课程的做法，一方面会使学生的母语思维能力和心智能力的培养受到抑制，另一方面也会使学生的汉语思维和理解能力长期处于紧张和不足状态，挫伤他们学习的积极性。伊宁县一位从事双语教育的老师反映，没有经过学前双语教育的少数民族学生，入学后很难适应汉语授课，有的班级40%的学生跟不上课程，老师的压力很大。部分少数民族学生家长和知识分子对这种不顾教师实际状况、脱离学生实际情况的双语教育意见很大。

（四）教材及辅助学习材料开发滞后，增加了教、学双方的困难，造成双语教育无法进入良性循环

作为一种新的教育理念与教育方式，双语教育不仅需要教师能够熟练应用两种语言进行教授，学生具备相应的使用汉语听课学习的语言能力，还需要科学的、适应母语文化背景的、易懂的专用教材，并有丰富的配套辅助教材和形式多样的学习资料。由于缺少根据少数民族学生的语言能力和文化背景编写的汉语教材，新疆各地双语教育中采用全国通用的汉语教材。少数民族学生在学习过程中，由于缺乏必要的文化与知识背景，对教材中一些内容（如古文和古代诗歌）的理解上普遍存在较大困难。帮助少数民族学生掌握汉语教材内容的视频、语音等辅助性学习资料也非常缺乏。这些问题加剧了双语教育中已经存在的其他矛盾，使双语教育难以进入良性循环的轨道。

（五）配套环节缺失，导致多重负面效应

双语教育的全面推行是一项影响新疆社会长期发展的重大基础性文化工程。随着双语教育的全面推行，新疆的教育体系，以及相关的师资结构，少数民族群众的文化认知等，都在发生重大变化。在这种背景下，推进双语教育尤其需要谨慎细致，做好各项配套工作，以缓释少数民族群众的心理压力。目前，新疆双语教育在配套支持方面还存在着较为突出的问题，这些问题对双语教育的整体推进造成了影响。

首先是少数民族语言教师的转岗和安置工作中存在不到位的现象。当前，双语教育的推行需要大批少数民族语言教师通过学习和培训转型为双语教师。但是，一些少数民族老师由于年龄和其他原因，无法完成向双语教师的转型。对这类少数民族语言教师，教育部门通常安排提前

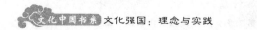

退休、转到教辅岗位或安排其他工作。但提前退休或转岗，都会带来收入降低、社会地位下降等问题，使教师个人利益受到损害，这引起一些少数民族语言老师的不满。教师是少数民族中的文化精英，在少数民族群众心目中通常具有较高的威信和影响力，他们个人利益受损、社会地位下降以及对双语教育的不满情绪都会影响少数民族群众，造成新的不满情绪，从而不利于双语教育的推进。

其次是双语教育的经费保障依然不够充分。全面普及学前双语教育是推动双语教育整体顺利发展的重要举措。为此，自治区专门出台了《新疆学前"双语"教育发展保障经费管理暂行办法》（新财教〔2010〕118号），对"七地州及九县市"学前双语教育的经费保障进行了全面部署，但学前双语教育在保障经费方面仍然不够充分。以伊宁县为例，至2010年9月，全县已经建成68所学前双语幼儿园，占当地幼儿园总数的70%～80%，但由于经费和编制缺乏，大多数双语幼儿园一个班级只配1个双语老师，没有经费聘请厨师、保育员和勤杂工，教师实施包班教学，还兼任保育、勤杂等工作，负担很重，不能全身心地投入教学。按照自治区提出的标准，进入双语幼儿园的少数民族儿童每人每年生活补助1000元，每人每年共用经费300元。但民汉混合编班后，汉族儿童没有这笔经费，既造成各族学生生活待遇上的不平等，事实上也拉低了幼儿的生活补助水平，汉族群众和少数民族群众都不满意。

双语教育推进中存在的这些问题在当下制约着双语教育的质量提升和顺利推进，远期则影响着新疆双语教育体系建设的最终成功，影响着新疆文化多样性和文化的繁荣发展，必须给予高度重视。

三　完善新疆双语教育相关环节的政策建议

双语教育的发展是深刻改变新疆语言生态与文化格局的重大文化事件，事关新疆各少数民族群众长远利益和国家根本利益。我们认为，针对新疆双语教育推进过程中存在的问题，当前应该采取以下措施。

（一）从国家文化战略的高度，完善新疆双语教育目标和相关政策，使之更加符合新疆实际，让双语教育真正回归双语的本质

要确定新疆双语教育的合理目标，首要问题是从认识上解决少数民族语言与国家通用语言的关系问题。从国家文化战略层面，特别是从少数民族文化发展战略来看，新疆双语教育中国家通用语言与少数民族语言的关系来自两个战略性维度的交集：国家通用语言推广普及的合法性、正义性和紧迫性；少数民族语言与文化传承发展的合理性、正当性和必要性。相对于新疆短期内经济社会环境和政治气候的波动，这一战略性交集的内容具有稳定性、长期性和根本性的特点。只有从这一战略交集出发，新疆双语教育中少数民族语言与汉语两种语言的比例关系问题、少数民族语言教学体系向双语教育体系转型的速度和节奏问题、双语教育的模式构建问题、少数民族语言与文化的发展前景问题才有可能得到经得起时间考验的合理解答。

当前新疆正在加快推行的"汉语授课，加授少数民族语言"的双语教育政策目标是在特定背景下出台的，有其历史合理性，对新疆少数民族教育的发展产生了重要的推进作用。但正是因为这一点，这一政策在出台过程中不可避免地受到新疆阶段性社会政治环境的影响，具有一

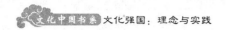

定的应急色彩。随着双语教育在新疆各地的深入推进，隐藏在这一政策设计中的深层问题也日益暴露。如果不假反思地继续推行这一政策，将会给少数民族语言与文化发展带来较为严重的不良影响，最终损害国家根本利益。

建议由中央政府授权，组成包括国家民族事务委员会、文化部、教育部、新疆教育部门等参加的双语教育政策评估和研究组，在深入调研和广泛听取相关专家、双语教师和少数民族学生家长意见的基础上，完善新疆的双语教育政策和推进计划，使之更加符合新疆实际，更加符合广大少数民族群众的意愿，真正回归双语的本质。

在提出更为完善的双语教育目标模式和推进规划以前，应当允许新疆各地区根据双语教师培训和少数民族学生汉语听课能力的状况，因地制宜，灵活执行现行的双语教育政策，以减轻对少数民族语言文化和少数民族学生的不利影响。

（二）充分准备双语教育的各项条件，有序推进双语教育普及的进程

第一，要进行充分的师资准备，把培养数量充分、质量合格双语教师作为推进双语教育的第一要务和第一条件。为此，应该加大投入，加大双语教师培训的资金投入规模，扩大现有的双语教师培训工程，大量培养从学前教育体系到终身教育体系的双语教师，为双语教育的开展提供充分的合格师资。在条件不具备的情况下，双语教育的推进宁可从缓，也要避免拔苗助长、盲目冒进的"跨越式发展"。

第二，要从培养学生汉语听课、学习的能力着手，稳步推进双语教育。双语教育的推进，应该与学生的汉语能力相适应。要在学生掌握了必要的汉语听课和学习能力后，再使他们进入汉语与少数民族课程比例科学合理的双语教育环境。要避免为追求"双语教育普及指数"而将大量不具备汉语听讲能力的少数民族学生"投入"以汉语授课为主的双语教育体系。

第三，要组织力量，迅速开发新疆双语教育所急需的教材和教辅体系。适应少数民族学生知识和文化背景的双语教材和教辅资料对提高双语教育的质量具有重要意义。要针对新疆双语教育的需要，大量开发具有新疆地方文化特色、丰富生动、适合少数民族学生知识和文化背景的双语教材以及相关的音像和图册等教学辅导资料，为双语教育的顺利推进提供教材保障。

第四，要从新疆各地实际出发，实施差别化双语教育模式。以增进少数民族学生汉语和母语两种语言能力为目标的双语教育模式，是总体性的目标模式。由于新疆各地民族分布、地域性历史文化和教育水平的差异，各地在实施这一总体模式的过程中，还必须立足当地实际，坚持"因地制宜""分类指导""分区规划"等原则，实施差别化的教学模式。只有真正落实好这些原则，一个寓多样于统一的双语教育政策才能落地生根，得到新疆广大少数民族群众的衷心拥护。

第五，要做好从少数民族语言教学体系向双语教育体系转型的整体性设计。双语教育的全面推行，使原有的少数民族语言教学体系被打破，新的双语教育体系逐渐建立。在这一过程中，要努力做好三个方面的工作。一是要尽可能使转型过程柔性化、弹性化、人性化，为少数民族师生和学生家长提供认知转型、心理转型的空间，并在最大限度上减轻新旧两种体系转换对少数民族教师和学生的冲击。二是要用科学、合理的双语教育理念指导学前教育、义务教育、高中教育、大学教育、职业教育、继续教育、终身教育等各个阶段的教学体系转型，形成覆盖各个教育阶段、各种教育类型的相互连通的双语教育体系。三是要努力打

通新的双语教育体系与汉语教学体系的连接，使双语教育体系与汉语教育体系之间形成日益紧密的双向交流，充分共享先进的教学理念与丰富的教学资源，推动全疆教育事业更快更好地发展。

（三）全面强化双语教育配套措施，为双语教育的成功推进提供强力支撑

双语教育是一项牵涉面极广的系统工程，其顺利推进需要强力支撑。为此，需要强化教育体系改革、就业、公共文化服务、社会等领域的配套措施。

在教育体系改革领域，要重点做好三个方面的保障工作。一是妥善安排教育体系转型后少数民族语言教师的工作岗位，使他们收入不降低，地位有保障，心理无负担，赢得他们对双语教育政策的拥护。二是要落实好双语教育的经费保障，使少数民族群众充分感受双语教育的好处。在实行民、汉学生混合编班的各级各类学校中，一定要全面贯彻各族学生一律平等的原则，实行各类经费和补贴对所有学生一视同仁，避免以民族身份确定资助对象或受惠对象的做法。三是做好双语教育的激励性政策设计。建议改革高考中按民族身份进行加分的设计，调整为按双语或多语能力加分，并在高考和其他人才选拔考试中，赋予少数民族语言与汉语、英语等语言科目以同等地位，激励全疆各族学生积极学习其他民族的语言。

在就业领域，要逐渐建立针对双语能力的激励机制。要把双语老师视为具有两种专业技能的双技能专业人员，从工资待遇上进行激励，从而吸引更多的人热爱双语教育、投身双语教育。同时，在公务员考试和其他就业选拔中，将双语能力作为优先录取的条件，营造双语学习的社会环境。

在公共文化服务领域，要办好各类少数民族语言报刊、电台、电视频道、出版社、网站，加大少数民族语言文字公共文化产品和少数民族特色公共文化服务的供给，加大少数民族文化遗产保护的力度，促进少数民族文化对外交流，提振少数民族群众对本民族文化发展前景的信心。

在社会领域，要适当增加少数民族语文翻译人员的数量，加强少数民族语言的翻译工作，形成尊重少数民族语文的社会氛围。

第三节　边境民族地区国有文艺院团改革的政策建议

近年来，我国民族地区文化体制改革的步伐加快，国有文艺院团改革问题成为民族地区文化体制改革的焦点之一。2011 年 5 月，中宣部、文化部《关于加快国有文艺院团体制改革的通知》要求，除西藏、新疆外，其他省、市、区要在 2012 年上半年之前全面完成国有文艺院团体制改革任务。根据这一通知，民族地区尤其是边境民族地区的文艺院团改革的时间、目标和模式与国内其他地区基本相同。

国有文艺院团在边境民族地区的社会文化生活中具有特殊的地位，而边境民族地区的文化市场又难以支持国有文艺院团的生存发展，因此边境民族地区文艺院团改革，一定要充分考虑边境民族地区的特殊性，采取因地制宜的特殊政策，不宜与其他地区"一刀切"。

一　边境民族地区国有文艺院团的重要性远高于内地

在边境民族地区公共文化服务体系建设和少数民族文化发展的总体格局中，国有文艺院团扮演着文化演出领域的"国家队"角色，在丰富各族人民文化生活，促进区域内文化发展的卓越性、导向性和示范性方

面发挥着非常重要的作用。它们还是我国政府和民间进行对外文化交流、发挥少数民族文化对外影响力的重要平台，其文化和社会效益极为突出。

首先，与内地相比，边境民族地区国有文艺院团的重要性更加突出。经过近十多年的持续建设和各种大型文化工程的推动，我国边境民族地区公共文化服务水平有了很大发展，但公共文化产品总量与民族特色和民族语言文字产品"双重短缺"的问题尚未解决。边境民族地区国有文艺院团主要演出少数民族歌舞、贴近边境地区各族人民生活、艺术水平较高，历来深受各族人民群众的喜爱。在公共文化服务产品提供"双重短缺"的背景下，边境民族地区国有文艺院团在本地社会文化生活中的特殊性和重要性远高于国内其他地区。

其次，国有文艺院团在边境民族地区公共文化服务体系中具有不可替代的地位。长期以来，边境民族地区各少数民族歌舞的排演、恢复、传承和创新的任务主要由国有文艺院团承担。此外，在各类重大节日和庆典的公益性演出、政策宣传、爱国教育、民族文化交流和融合、提升民族地区公共文化生活卓越性等多个方面，国有文艺院团都发挥着不可替代的重要作用。

最后，边境民族地区国有文艺院团是充分发挥我国跨境民族的文化纽带作用和提升我国对外文化影响力的重要平台。我国边境地区跨境民族较多，民族文化资源丰富，仅在我国西南边境地区的云南、广西两省（区）就有20多个跨境民族，其中壮族、苗族、傣族、哈尼族、彝族、瑶族、布依族等民族的人口都在百万以上。这些民族的文化历史悠久，传统深厚，居住地区与境外同源民族山水相连，语言、风俗与境外同源民族相通，长期以来与境外同源民族保持着紧密的文化联系。随着中国—东盟"10 + 1"自由贸易区建设的推进和《大湄公河次区域经济合作新十年战略框架（2012 ~ 2022 年）》的实施，我国与东盟国家的交往与联系将日益从经济领域向文化、技术等领域扩展，西南边境地区跨境民族的"文化纽带"作用将日益凸显。因此，高度重视并充分发挥边境民族地区国有文艺院团的对外文化交流、展示作用，对于发挥我国对外文化影响力和提升我国软实力具有直接的推动作用。

二　边境民族地区绝大多数国有文艺院团难以通过市场化方式生存

根据《关于加快国有文艺院团体制改革的通知》，全国仅有100多家国有文艺院团得以保留，绝大多数边境民族地区的国有文艺院团都面临着"转制""转化""整合"或"撤销"的命运。鉴于国有艺术院团在边境民族地区文化发展和社会生活中的重要地位，"撤销"选项不应考虑。因为自身特点，"转化"方式也与大多数边境民族地区的艺术院团无缘。边境民族地区同一城市存在不同层级的同类国有文艺院团的只是少数，能够"整合"的院团也十分有限。

因此，边境民族地区绝大部分国有文艺院团只有"转企改制"这一选项。"转企改制"取得成功的前提是，转制后的文艺院团能够作为市场主体，主要依靠市场机制生存、发展。

从市场环境看，由于居民收入水平、经济发展水平的限制，边境民族地区演艺市场比内地远为狭小，多数院团转制后，将很难依靠本地演出市场生存发展。此外，边境民族地区各族人民群众在文化消费的需求、偏好等方面存在着很大差异，演艺市场观众群体分散化，内容需求多元化，这进一步限制了演艺市场的规模，加剧了文艺院团市场化生存的困难。

从院团自身实力看，边境民族地区艺术院团人均资产、公共积累、融资能力都较低，节目创作能力演出水平也难以与内地高水平的演出团

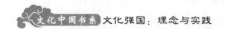

体竞争。长期以来，我国民族地区的国有文艺院团主要依靠公共财政的供养生存。根据文化部财务司主编《中国文化文物统计年鉴2010》提供的数字，2009年全国8个民族省、区文化部门文艺表演团体平均经费自给率仅为15.5%。这意味着民族地区国有文艺院团84%的经费来源于公共财政，其生存发展短期内很难转变为主要依靠演艺市场。

在这种背景下，如果转制后缺乏足够的公共财政和社会资金的支持，边境民族地区的国有文艺院团面临的选择只有两个：要么无法在市场中生存而解体，要么走上低端化甚至低俗化的发展道路。这种局面一旦形成，就会对边境民族地区的文化发展和公共文化服务体系建设造成重大的负面影响，导致边境民族地区表演艺术的整体水准下降，各族人民群众看演出更难，民族文化对外影响力下降。

三 对边境民族地区国有文艺院团改革的建议

十七届六中全会指出，要"加大对革命老区、民族地区、边疆地区、贫困地区文化服务网络建设支持和帮扶力度。鼓励文化单位面向农村提供流动服务、网点服务支持演艺团体深入基层和农村演出"。边境民族地区特殊的区位和经济、社会发展特点，以及边境地区文化建设在国家文化建设总体格局中的战略地位决定了在文化体制改革中，国有文艺院团的职能不能削弱，只能强化。要加强边境民族地区国有文艺院团的服务功能，就不能简单套用其他地区的改革路径，而是要从切实满足边境民族地区人民群众文化需求、促进边境民族地区多民族文化融合发展、建设跨境民族的"文化纽带"、提升国家文化软实力的战略高度，采取恰当的政策。对此，我们提出以下建议。

（一）以"分类指导、因地制宜、因团制宜、强化功能、优化机制"为边境民族地区国有文艺院团体制改革的基本方针

边境民族地区国有文艺院团改革应采取与内地不同的特殊方针。这一方针应明确针对边境民族地区公共文化服务体系中存在的"双重短缺"现状，强调公益职能和社会效益优先，对现有公益性文化机构采取全面加强的策略。在此框架下，要明确边境民族地区国有文艺院团的改革方向是"保留"和"加强"，并根据地区情况和各团具体情况对不同院团采取"因团""因地"原则，强化其公共服务的职能和优化其服务机制，从而使边境民族地区国有文艺院团在丰富当地人民的文化生活和发挥跨境民族的"文化纽带"作用方面发挥更为积极的作用。

（二）以"总体保留、慎重转化、鼓励转制、推动整合"为边境民族地区国有文艺院团改革的总体思路

"总体保留"就是要以保留为改革底线，确保边境民族地区国有文艺院团不因为改革而消亡，对不具备转企改制条件的院团不予撤销，保留其事业单位性质，实行企业化管理。

"慎重转化"就是对边境民族地区国有文艺院团改革中不轻易采取"转化"模式，确保在体制改革后其演出功能和公共文化服务功能不被削弱。

"鼓励转制"就是对某些有市场化生存条件的文艺院团，大幅充实其演出设施、流动资金、签订中长期政府采购合同，鼓励其主动转企改制，成为演艺市场的企业主体。

"推动整合"就是对转企改制的文艺院团，通过税收优惠、财政支持等方式，鼓励其跨区域、跨所有制、跨行业兼并重组，打通文艺院团转制后的市场流通空间，为边境民族地区艺术院团通过市场机制做大、

做强提供条件。

（三）边境民族地区国有文艺院团改革要始终贯彻模式自选、形态多样、时限灵活的原则

在边境民族地区国有文艺院团改革的过程中，在"强化职能、优化机制"的指导方针下，要给予各地院团充分自主的设计和选择权，从而使院团的改革模式、形态尽可能适合各个院团的县（市）情、团情及其新的职能定位。在改革的时间上，要给予边境民族地区国有文艺院团改革充分的时间，不以2012年上半年为最后期限。

（四）无论边境民族地区的国有文艺院团采取何种改革模式，对所有院团，都必须强化公共财政支持，加强其公共文化服务职能

边境民族地区的县、市政府应该与每一个文艺院团签订公共财政扶持其发展的中长期合同，明确每个财政年度公共财政采购金额和公益性演出场次。每个院团的改革方案都要确保改革后演出场次、演出水平、创新能力和公共文化服务能力得到大幅提升。对于各地文艺院团改革所需资金，建议由中央财政统一以专项资金予以补足，从而解决边境民族地区各市、县政府的顾虑，确保改革取得实效。

（五）明确进入改革方案的边境民族地区的范围，从而使新改革方案更具可实施性

建议将进入改革方案的边境民族地区界定为，除新疆、西藏外沿边境的省、区边境一线县（市），民族自治县以及民族自治州（盟）内的少数民族人口占半数以上的县、市。

附录一　创意集群：基本概念与国际经验

自从创意产业在全球呈现重大发展趋势以来，创意集群就成为被广为关注的现象。在创意阶层个人与企业和市场之间，有创意集群这一中间形式。创意集群是创意产业的主要存在形式，是全球化条件下创意产业世界网络的基本节点，是创意阶层的主要聚居中心，为现代城市发展提供了新的复兴机遇。本文从梳理创意产业概念入手，对创意集群的基本特点进行分析，并在此基础上初步总结了国际创意集群的发展经验。

一　创意产业：定义的演变和我们的选择

（一）从文化产业到创意产业：经典定义的演变

按联合国教科文组织蒙特利尔会议的规定，文化产业是指按照工业标准生产、再生产、储存以及分配文化产品和服务的一系列活动。这一定义比较接近法兰克福学派，突出工业生产的标准化性质。1998 年，英国提出了一项至今被广泛引用的经典定义，将创意产业定义为源于个人创造性、技能及才干，通过开发和运用知识产权，有潜力创造财富和就业机会的活动。这一定义突出了个人原创性质，恰好与前者的文化产

业定义对立起来。

从定义演变的技术背景来看，传统的"文化产业"是基于电子技术，以现代广播为中心的产业，创意产业则基于数字化信息技术，是现代广播、通信、互联网"三网合一"，并出现"传媒过剩"后的新兴产业。数字技术的性质需要深入研究，这是人类社会迄今为止第一次将标准化和个性化有机结合起来的技术，实现了从"大规模复制和大众传播"走向"大规模定制和个人点播"的历史性转变。于是，标准化和工业化的生产方式不再与文化生产的个人化特质相矛盾。

因此可以说，创意产业既是对传统文化产业概念的超越，也是对传统文化产业原理的颠覆。再用法兰克福学派的观点来说明（或者批评）现代文化产业（即创意产业）是没有道理的。欧洲人因此而改变了他们的立场。

（二）我国文化创意产业：定义的变化

2002 年，香港开始采用英国的"创意产业"概念，并将其分为 11 大类，即广告，建筑，艺术品、古董及手工艺品，设计，数码娱乐，电影与录像，音乐，表演艺术，出版，软件及计算机服务，电视与电台。从 2005 年开始，香港采用了"文化创意产业"的名称，用以代替先前采用的"创意产业"概念。

2002 年，台湾采用了"文化创意产业"的概念，并将其定义为源自创意或文化积累，通过智慧财产的形式与运用，具有创造财富与就业机会潜力，并促进整体生活提升的行业。其范围包括 13 大类，即出版、电影与录像（包括动漫画）、工艺品、古董、广播、电视、表演艺术（音乐、戏剧、舞蹈、传统表演与剧团等）、社会教育服务（博物馆、画廊及文化设施）、广告、设计、建筑（包括设计、出版）、软件及数码游戏、创意生活（如茶馆及婚纱摄影）等。

2004 年，上海采用了"创意产业"的概念，并将其分为研发设计创意、建筑设计创意、文化传媒创意、咨询策划创意、时尚消费创意等 5 个门类，共计 18 个大类 42 个中类 65 个小类。2005 年，北京市采用"文化创意产业"概念，其做法是，根据《国民经济行业划分标准（2002）》和《文化及相关产业分类》①，在《文化及相关产业分类》中确定的九大行业的基础上，补充其中没有涉及但其创意性又比较突出的行业，即软件及计算机服务、设计策划行业，将文化创意产业分为新闻服务，出版发行和版权服务，广播、电视、电影服务，文化艺术服务，网络文化服务，文化休闲娱乐服务，其他文化服务，文化用品、设备及相关文化产品的生产，文化用品、设备及相关文化产品的销售，软件及计算机服务，设计策划等 11 个大类，共 31 个中类 88 个小类。

以上国内多个定义的特点是：第一，普遍接受英国的经典定义，将个人创造和知识产权作为基本要素。第二，大多将英国的"创意产业"改为"文化创意产业"，用以专指与文化艺术有关的原创活动和知识产权的生产。第三，关注文化创意产业的应用，包括服务于传统产业，以及整体性提高生活品质。

（三）创意集群的再定义

我们认为，创意产业是文化产业的现代形式，是现代文化产业的高端化结果。创意产业是装备了数字化信息技术的一般个人，直截了当地将内容符号和文本作为创作对象（而不是以往与特定媒体相关的专业人员）。因此，创意产业的实质是"文化意义的创造"，如果简单定义，

---

① 我国国家统计局 2004 年对文化产业的定义是，为社会公众提供文化、娱乐产品和服务的活动，以及与这些活动有关联的活动的集合。

可以是"一系列围绕文化符号和文本的创作、制造和市场化传播的活动"；如果复杂定义，可以是源于个人的创造性、技能及才干，形成知识产权，为消费者提供体验性的文化产品和服务，为国民经济各个部门创造高文化附加值，并整体提升社会生活品质的活动。

这个定义有三个要点：第一，吸收英国 1997 年的经典定义，将"源于个人创造性、技能及才干，形成知识产权"作为创意产业定义的第一要素。第二，将"为消费者提供体验性服务"，以及"为国民经济各个部门创造高文化附加值"作为创意产业服务于生活和生产两个基本方向的说明。第三，吸收台湾定义，加入了"整体提升社会生活品质"的内涵。因此，这个定义揭示了三个基本价值链环节，即文化意义的创造，负载文化意义的产品的复制与传播，以及文化意义的再创造和向传统产业的渗透等三个环节，并将经济组织特征加入。

从国内外研究情况看，创意产业不是一个边界清晰、稳定不变的产业，只能根据所在国家的具体情况，制定出一个"工作定义"，以适应制定政策的需要。

二 创意集群：四个关键词

创意集群是创意产业在特定空间的集聚。创意集群通常由少数大型的营利性和非营利性文化机构（如大学和研究机构、博物馆、艺术馆等），数量众多的中小型文化企业（如创意工作室、画廊、演艺中心，以及文化中介机构等），加上独立的艺术家、设计人员等组成。创意集群的上述构成特点决定了其在地理空间上必然靠近科技、教育发达，经济有相当规模，文化与消费都很活跃的城市。

理解创意集群的基本特点，需要理解四个关键词：conglomeration，

linkage，glocalization，community。

首先是 conglomeration，即"聚集"，或者"团块"。目前在描述"创意集群"时一般使用的英文词是 cluster，直译为"<u>丛</u>"，或"集群"。但是另一经常被使用的词是 conglomeration。前一个词较多地沿用了传统产业集聚理论的概念，一般是指一批内容相近和相关的企业集中在一个特定区域以获得竞争优势。后者更多的是特指现代文化产业的"聚集"，一般是指一批产品内容不同但相关联的企业集中在一起以获得竞争优势。

Conglomeration 是一种企业集聚现象，国外相关研究在表述类似于时代华纳和迪斯尼这样的传媒巨头时，经常使用这个词，以标示文化产业与其他产业集聚的重大区别。Conglomeration 产生的原因是，基于数字技术的创意企业，不仅获得了规模经济优势，还进一步获得了"范围经济"优势。它们介入了多种产业，一项产品的开发往往得到多重的收入，而一项开发成本可以在多类产品中分摊，因此，总的利润比分别开发某个部分的企业大得多。比如，迪斯尼制作一部电影，可以将其在不同的传媒上推广，如在电视网中播出、制作电视节目的副产品、出版有关的书籍、建立主题公园、在连锁零售店中出售与电影相关的时尚物品等。这种"交叉销售"优势，使得这些企业在竞争的时候，处于极为有利的地位。

其次是 linkage，即"链接"。目前在谈到涉及发展文化创意产业"制度创新"的时候，使用频率最高的词就是"链接"。将"链接"作为推动创意集群的关键性政策手段，这是从创意产业的特点以及应对创意产业发展障碍的角度考虑的。创意产业是文化和经济长期进步、高度发展、普遍互渗的结果。到了这个阶段，文化产业出现了"上游化"和"下游化"的趋势，即向上整理文化遗产，整合教育和研发资源，

创新内容；向下服务和渗透到多个传统产业，创新应用。结果便是，产业边界越来越不清晰，产业面貌越来越"碎片化"，文化产业的发展越来越依赖于与教育、研发机构和其他传统产业部门之间新关系的建立。

因此，从产业政策的角度看，为了促进创意集群的发展，就应该以政策促进，在传统公共性质的教育、研究、文化遗产整理等机构和文化产业部门之间，在文化产业部门与其他传统产业部门之间，建立新的合作和链接关系。

最后是 glocalization，即"全球地方化"。这个词是"全球化"和"地方化"两个词的合并，目前在讲到创意产业的经济地理特征时，这是一个出现频率很高的词。它集中表现了创意集群在全球分布的规律。

新一轮全球化基于数字化网络，出现了全新的特点。全球性文化符号市场使得一些文化消失或被同化，也使得一些文化获得了意外的发展机会，全球"一体化"（或者叫"均质化"）和"地方化"成为相辅相成的发展趋势，glocalization 就表现出了这个趋势。新一轮全球化时代文化发展的规律是，没有传播就不能流传。新一轮全球化竞争中创意集群的发展模式是，本地植根，全球接入。在经济地理学界，有人说，这是"地点营销"时代的开始。①

全球网络为创意产业体系的全球分布提供了新条件。对传统产业集群的形成产生重大影响的是面对面的沟通、运输、距离等因素。在网络集群中，这些障碍已经被多媒体宽带通信技术所跨越。创意产业可摆脱传统产业对地理区位的依赖，可以选择更适宜创意阶层生活的"宜居"地点，因此，产业集聚可以分布得更为广泛。结果便是，在一批全球性

---

① Allen J. Scott, "Cultural – products Industries and Urban Economic Development: Prospects for Growth and Market Contestation in Global Context," *Urban Affairs Review* 4 (2004), pp. 461 – 490.

的大都市中，形成了著名的创意阶层聚居区；在一批区域性的中心城市中，也依赖于特色文化资源，形成了地域性文化创意产业中心城市。

最后是 community，即"社区"。创意集群实际上完全不具有传统"产业园区"的特征，而更像是一个集中了各种大学、研究机构、企业、工作室、时尚休闲场所，以及各种公共文化机构的"社区"。

创意产业是文化产业的高端，它使文化产业价值链的重心从大规模复制传播走向了符号和文本的个性化原创，使得文化企业的生存越来越依赖于研发活动，并将许多传统公共文化机构（如博物馆、艺术馆等）卷入了市场，成为产业开发的新兴资源。创意产业还是一系列传统产业部门的高端，通过产品设计、品牌包装，以及市场推广等范围广泛的创意活动，创意产业将越来越多的日用消费品转换成体验性产品，将产品的价值主体从满足功能消费转换成满足文化意义消费，使传统产业的功能定位发生深刻的"文化转向"（比如，传统的建筑业转向了文化创意产业—建筑设计业）。于是，创意产业与整个社会生活融为一体。在这个融合过程中，"创意阶层"作用突出。传统文化产业的核心因素是资本，创意产业的核心因素是人。各种类型的创意工作者，如艺术家、音乐家、作家、设计师等，构成了创意阶层的主体，成为在传统文化机构和现代经济部门之间建立链接机制的"酵素"。创意集群以文化内容符号的创造为目标，其创新活力来源于创意工作者的企业家精神和交互激发的创意灵感，依赖较为宽容的社会文化和有弹性的社会结构，这是它与一般产业集群的显著区别。因此，创意产业园更像是一个功能齐备、设施完善、工作休闲两相宜的"社区"。

三 创意集群的形成：国际经验

对创意集群的考察可以从多个角度进行。本文选取了两个角度：一是创意集群形成的历史契机，二是集群内部的结构模式。

首先，从集群形成的历史契机看，全球范围创意集群大体可以分为以下三类。

第一类是国际大都市中兴起的创意集群。国际大都市一般是大型跨国文化传媒巨头的总部所在地，是全球性文化产品与服务流通、交易、展示中心；国际大都市都具有开放的多元文化、丰富的历史性文化积淀和活跃的文化艺术消费，特别适宜全球顶级创意阶层聚集。纽约的文化创意经济总量在全球大城市中独占鳌头，拥有新闻服务、演出、服装设计等多项傲视全球的创意集群。东京的动漫游戏产业集群、好莱坞的电影产业集群都具有全球中心的地位。以伦敦为例，它拥有 Hackney, Islington, Camden Town, Brixton, Hammersmith 等 10 多个创意集聚中心，其中著名的苏豪区（SOHO）集中了以 21 世纪福克斯、华纳兄弟、哥伦比亚公司为代表的数以百计的影视制作公司，区内更有众多的广告制作、音乐、摄影、设计公司以及消闲娱乐场所，构成了以媒体企业为主轴的集群。据研究，伦敦拥有全英国 70% 的音乐录音棚，占全国音乐产品交易量的 90%，出产全国 70% 的影视产品、46% 的广告业务和 27% 的建筑设计。①

这类集群的经验是，全球性的创意中心需要开放多元的文化形态、鼓励创新的城市氛围、良好的知识产权保护体系、长期的人才会聚战

---

① Charles Landry, "London as a Creative City," *Creative Industries*, edited by John Hartley, Malden, M. A.: Blackwell Pub., 2005, p. 158.

略、对先锋文化和时尚文化的包容、与全球市场的紧密关联。

第二类是由城市老工业区的复苏形成的创意集群。在创意产业中，"集群"一词通常与某些城市老工业区的复苏相关，如都柏林、谢菲尔德、奥斯汀、墨西哥城、赫尔辛基、安特卫普等。艺术家需要有足够的空间且租金便宜的地方，他们租下城市边缘废弃的工业区和旧厂房，对其进行修缮后，在其中创作和生活，形成创意聚集区。随着相关文化艺术机构的进驻，区内文化、经济进一步繁荣，城市形象得以改善。于是，引起区内租金上升，最终繁荣的商业活动将聚集的大多数艺术家和艺术机构挤出该区域。艺术家再转向城市边缘，寻找并建立新的聚集区。研究表明，艺术中心的建立与自我毁灭在纽约这样的城市会不断重复。① 英国北部城市谢菲尔德，曾经是传统的工业城市，随着钢铁业的衰落，这座城市被废弃的工厂、破落的社区所包围。20 世纪 80 年代，离城中心不远的一处约 30 公顷的地段，逐渐聚集了"人类联盟合唱团""17 号天堂"等众多乐队，他们在当地建立自己的工作室和演播室，当地的艺术工作者也利用弃置的工厂作为创作基地，在区内落户。到了 90 年代，该地已集聚约 300 个组织和小型企业，从事音乐、电影、电视、电台节目制作、新媒体、设计、摄影、表演艺术及传统工艺创作活动。这些创意聚集为当地经济和文化注入了新的活力，慢慢改变了当地的经济和文化生态，促进了这座老工业城市的复兴。②

这类集群的经验是：通过创意集聚来复苏城市的活力，需要宽容的文化氛围和保护创意集聚成长的市场环境。政府需要适当介入，将创意

---

① 〔美〕理查德·E. 凯夫斯：《艺术中心的逻辑》，《创意产业经济学》，新华出版社，2004，第 30 页。

② 莫健伟：《海外"造园"的模式选择》，《中国文化报·文化产业周刊》2006 年 3 月 17 日，第 4 版。

集聚纳入城市发展战略，推动创意集聚占据全球市场高端，打造不可复制的竞争优势。

第三类是由新兴国家和地区主动培养的创意集群。出于提升本国传统产业竞争力、开发国家文化创造力、参与国际文化贸易等多种原因，一些新兴国家和地区纷纷开始培育本地的创意集群，如我国香港地区、台湾地区，以及新加坡、韩国等国家正在积极推动建立创意园区和振兴相关创意产业的战略或计划。主动培植创意集群对促进创意产业发展具有重大的战略意义。

这类集群的经验是：在培养政策导向的创意集群时，政府需要制定明确的文化战略，规划产业发展目标。具体操作中，应通过激励政策介入产业辅导与产业孵化，大力培养重点产业，建设产业园区，鼓励产品出口。

其次，从集群内部的结构模式看，创意集群也可以分为三类。第一类是大型文化机构主导型，包括营利性和非营利性的机构，好莱坞、鹿特丹的城市中心区，以及昆士兰科技大学"创意产业园区"都可以归入此类。第二类是政府公共机构主导型，如韩国文化产业振兴院。第三类是中小企业自发聚集型，如英国的布里斯托尔影视产业集群。这三种类型的结构只是一种粗略的划分，无论何种类型，成功的关键依然是建立集群内部的有效链接。

四 澳大利亚创意产业实验的"昆士兰模式"

创意园区是培养创意集群的重要方式。合理的创意园区应当在教育、研发机构与经济部门、私营机构之间建立起广泛而深入的链接，并且集生产功能与生活居住功能为一体。园区应该既是学校和研究机构的所在地，又是创意企业的聚集区；既是文化产品的生产地，又是文化产品的消费区。这里应该"五方杂处"，文化多样，富于变化。这里还应该生态优美，环境舒适，适宜居住。

布里斯班市是澳大利亚昆士兰州首府，著名的"黄金海岸"和"阳光海岸"就坐落在附近。近年来，布里斯班市因昆士兰科技大学"创意产业园区"受到全世界的瞩目。这是一个计划斥资4亿澳元，整体开发规模达到16公顷的一个完整的社区。社区自2001年动工兴建，投入6000万澳元（其中1500万澳元由昆士兰省政府资助），并于2004年5月中旬正式启用了一期建筑。

这是澳大利亚第一个由政府与教育界共同为发展创意产业而合作的项目。这个园区里包括隶属于"昆士兰科技大学创意产业学院"的6个系，全套先进的影视后期制作设备，一个圆形剧场，若干个摄影棚，计算机中心，在建的健身中心，购物中心，以及创意住宅区，等等。在名为"the works"的大楼内，由联邦政府授权成立的"联邦卓越中心——创意产业与创新中心"的20多名研究人员、20多家企业，以及大批的学生齐集一堂。

昆士兰科技大学创意产业园区将创意设计、休闲娱乐、教育培训、产业孵化、创意居住融为一体，在政府、大学和研究机构、工业部门，以及创意阶层之间建立起一种积极的链接机制。在这个链接环境中，将产生积极的互动：研究人员的多学科背景可能诱发出创新型研究，甚至是新型的交叉性前沿学科；企业会在这里找到宝贵的创意内容和高质量的创意人才；学生可以在这里学习、体验新思想的产生及其商业化的非凡过程；甚至一些长期从事实际工作的专家也进入园区，同时参与教学和研发工作。这个园区是澳大利亚政府在应对知识经济的挑战，克服"数字内容及其应用产业"迅猛发展所导致的问题时，提出的一项解决

方案。国际上很多从事创意产业研究的人都提出，发展创意产业需要创新国家文化政策，在这里，这种设想成为了现实的实践。

五　对中国的启示

近年来，在大力发展文化产业与创意经济的政策推动下，我国大陆地区的大城市出现了创意集聚蜂起的局面。如以同济大学周边"现代设计产业聚集区"为代表的上海创意集聚群，以798创意社区和宋庄画家集聚为代表的北京集聚群，杭州动漫产业集聚，等等。但与国际上成熟的创意集群相比，这些创意集聚还存在诸多问题，如对城市经济的影响力弱小，产业形态简单，集聚模式相对单一，集聚产业的整合与升级动力不足，与全球市场的链接不够紧密，缺乏核心企业的引领，等等。通过对创意集群特点和国际经验的分析，结合近年来我国创意集群的建设经验，我们认为，我国城市在培养和建设创意集群时，在以下方面需要特别注意。

（一）培植城市的文化艺术氛围和创意环境

我国城市在培养创意产业集群时，首先要努力创造浓郁的艺术气氛，普及艺术教育，汇集各种文化元素，建构开放和多元的城市文化气质。同时，要通过引入国际文化艺术展演、培训机构等，增加城市文化的国际化色彩，建立宽容的城市文化态度。另外，要在城市快速发展中保护好城市历史文化遗产，承续城市历史发展的建筑与规划机理。所有这些对增加城市文化氛围、激发创意活力具有重要意义。在充分的市场经济条件下，浓郁的城市文化氛围和创意环境会主动与市场相结合，成为创意集群在城市生长和发育的原动力。近年来，我国上海、北京、广州等城市创意集聚的勃兴已经证明了这一点。

（二）依托公共文化机构来建设产业集群

国际经验表明，大型公共文化艺术机构是创意集群形成和发展的重要资源依托。在集群的最初形成时，它们是创意人员集聚的凝聚核。在集群的日后发展中，它们是创意工业者源源不断的灵感之源和题材宝库。博物馆、艺术馆、美术馆、大学、大型研发机构通常扮演着这样的角色。我国的上海国家动漫游戏产业振兴基地、杭州动漫产业基地等创意产业园区在建设时都做到了依托高校建设园区，充分借用了高校的创意资源。但是，总体来说，目前在我国各地的创意产业园区中，大型公共文化机构还没有在园区建设中起到主导作用，这需要引起重视。

（三）促进集群内部的链接关系的建立

在创意集群形成初期，集群内的中小文化企业与大企业之间、创意工作者与企业之间、文化教育艺术机构与企业之间都缺少链接关系，不利于集群内生产性潜能的实现。创意集群的内部需要形成公共服务支撑体系，为大、小创意企业，及创意个人提供各种社会化的服务，如信息服务、专业会展服务等。这需要政府积极介入，通过公共资金投入，建立非营利的文化艺术机构、产业开发基金、孵化器等，为集群内部建立生产性关联，加快集群内部创意潜能的开发与转化。

（四）建立集群与全球市场的链接

国际著名的都市创意集群都与全球市场紧密关联，占据全球创意产业价值链中原创和发行的核心环节。我国城市在培养创意集群时，也应该把建立集群与全球市场和全球创意产业价值链的紧密联系作为重要的

发展目标。这样才能保持集群的竞争力，达到增进城市魅力、繁荣城市经济的根本目标。

（五）加强集群内知识产权的保护力度

保证创意集群快速成长的一个重要原因是对集群内部原创积极性的保护。由于创意工作者个人和小企业维护自身知识产权的能力要远远弱于大型企业。因此，政府需要采取相应的政策措施，维护个人的知识产权，保证集群内知识产权转移的畅通性。这一点，对创意产业集群的顺利成长具有重要意义。

（六）因地制宜，建立中国特色的创意集聚

各地普遍借鉴国际模式建立创意园区，培养高科技与高文化相结合的高端创意产业，如动漫、电子游戏、高端设计业等。这些产业具有高投入、高风险的特征，其价值链下游往往需要国际化发行渠道，这些特点对我国大多数城市来说，都是弱项。因此，我国城市在培养创意产业集群时，不妨结合人力资源、民族文化资源丰富的优势，从产业链相对简单的产业着手，瞄准国内外对艺术品的需求，培养本地化的艺术创作集群，这既可以激活本地艺术工作者和创意工作者的生产性潜力，又可以提升城市文化氛围，为培养高端创意集群积蓄力量，北京宋庄画家村、昆明的创库都属于这类情况。

总之，我国的城市创意集聚应充分认识创意集群形成和发展的内在规律，借鉴并学习国外创意集群发展的经验，在发展中自我完善，逐步将目前的创意产业集聚发展为具有全球竞争优势的创意集群。

附录二　全球化语境中的
文化公平建构

——欧盟少数民族语言政策实践及其启示

在多语言社会中，少数民族语言问题承载着诸多社会内涵。在法律与政策领域，少数民族语言权利是实现其他权利的重要前提。在公共服务领域，少数民族语言在政治、司法和教育等领域的应用，是少数民族人口权益保障的关键。在经济和社会生活领域，少数民族人口的语言能力决定着他们公平参与国家经济社会生活的程度。在文化领域，民族语言关涉少数民族文化身份认同和文化的多样性发展，在少数民族文化政策中居于核心地位。因此，努力消除少数民族人口在国家生活中的语言劣势，帮助少数民族人口公平参与政治、经济、文化和社会生活，成为当代各国少数民族语言政策的核心目标。

20世纪80年代以来，随着规模扩张和一体化进程的不断推进，欧盟形成了多元语言主义政策。这一政策的目标是：鼓励语言学习；推动语言多样化发展；促进经济在多元语言环境中的健康发展，让欧盟公民能够用他们自己的语言接触欧盟的法律、程序和信息。[①] 欧盟的扩张也

---

① 欧盟委员会对多元语言主义的解释是：多元语言主义既指个人应用数种语言的能力，也指在同一地域内多种语言社群的共存。欧盟委员会用这一词语来描述其所倡导的新政策，这一政策"创建一种有益于所有语言的使用者都能充分表达、各种语言的教与学活跃而繁荣的气候。"见 COM（2005）596：*A New Framework Strategy for Multilingualism*，http：//europa. eu/languages/servlets/Doc？ id = 913。

使其内部的少数民族（少数人）语言不断增加。[①] 为保证自身的发展前景、促进内部整合的顺利进行，欧盟积极保护各成员国的少数民族语言，逐渐形成了以多元语言主义框架下的少数民族语言保护与发展政策。

一 欧盟的少数民族语言状况

欧盟的核心目标是实现所有成员国之间经济、社会、政治的一体化。处理好语言问题是欧盟一体化进程顺利推进的重要保证。欧盟内部语言多样，除正式认可的20多种官方语言外，还存在着许多区域或少数民族语言。

2004年欧盟第五次扩张前，欧盟15国中使用地区性或少数民族语言的人口大约有4000万，分属于60个语言社区。其中，只有6种语言使用人口在100万以上，2种语言使用人口在50万以上。第五次扩张后，欧盟25个成员国内部的区域或少数民族语言增加到大约150种，使用这些语言的人口增加到5000万，约占欧盟总人口的1/9。欧盟将这些区域或少数民族语言分为3类：（1）欧盟一个或数个成员国内全境或某个地区特有的语言，如巴斯克语、布列塔尼亚语、加泰罗尼亚语、弗里西亚语、撒丁语、威尔士语等；（2）一个成员国内少数民族（人口）使用，且为另一成员国官方语言的语言，如比利时、法国、意大利、丹麦境内的德语社区，德国境内的丹麦语言社区，意大利南部的阿尔巴尼亚语和希腊语社区等；（3）非区域性语言，如罗姆人或犹太人

---

① 为体现欧盟少数民族语言政策实践的连续性，本文将欧盟前身欧共体的相关政策实践与欧盟成立后的相关政策实践作为整体来论述。

的语言（罗姆语、意第绪语），或亚美尼亚语等。① 在这些语言中，既包括使用人口超过700万的加泰罗尼亚语（分布在西班牙、法国和意大利撒丁岛的部分地区）这样的活力较强的语言，也包括某些面临灭绝的语言。②

此外，欧盟内部还存在相当数量的移民少数民族语言。经过20世纪几次较大规模的移民浪潮，欧盟已经成为移民人口集中的地区之一。据估计，2000年35岁以下的西欧城市人口中，超过1/3的人具有移民背景；将土耳其语作为第一语言的人口，在比利时和德国西部达到总人口的2%，在荷兰达到总人口的1%；马格里布阿拉伯语是法国和比利时使用范围较广的移民少数民族语言；在英国，乌尔都语、孟加拉语和北印度语是广泛使用的移民少数民族语言。巴尔干地区的语言则随着来自该地区移民的增加，分布在更广泛的欧洲地区。

作为多国家共同体，欧盟赖以发展的基本理念是共同权利、责任和民主、言论自由、法治与尊重人权。在文化多样性背景下，欧盟少数民族语言问题的核心就是如何在一体化进程中有效保护和发展少数民族语言，促进少数民族人口在经济、社会、文化和语言方面与欧盟的整体融合。这涉及法律保障、少数民族语言社区权利、少数民族语言教育体系规划、财政支持等一系列的制度框架设计，也涉及对少数民族语言保护措施与保护力度恰适性的把握。少数民族语言保护与发展问题首先是国家内部问题，欧盟作为一个超国家组织，其政策与措施如何在国家层面

---

① See European Commission Directorate – General for Press and Communication, *Many Tongues, One Family: Languages in the European Union*, http://ec.europa.eu/publications/booklets/move/45/en.pdf, 2004.

② 根据欧洲委员会在1996年公布的《欧洲马赛克》研究报告，在当时欧盟48种少数人语言中，只有"有限的"或"没有"延存能力的有23种，另外有12种处于"将要失传"的境地。

得到落实也至关重要。所有这些，都是欧盟在保护和促进少数民族语言过程中所面临的重大挑战。

二 欧盟少数民族语言政策的形成动力

欧盟少数民族语言政策是在复杂的政治—文化背景下形成的。英语等优势地位语言对其他语言的威胁、全球化的影响、欧盟一体化进程、某些少数民族地区对区域文化认同的追求，都对欧盟少数民族语言政策的形成产生了重要影响。从欧盟自身发展的角度而言，积极保护和发展少数民族语言的政策主要由三种动力促成：保护少数人权利、推动欧盟内部整合，以及促进欧洲文化的多样性。

（一）保护少数人权利

欧盟对少数人语言权利的认可与保护植根于平等、非歧视、有效参与以及文化民主等观念。保障少数民族语言和文化权利，是欧盟人权观的重要向度。

二战后，以 1948 年《世界人权宣言》为标志，尊重人权成为国际社会的基本观念。在追求人权普遍平等的进程中，国际社会逐渐重视对少数人权利的保护。1966 年，《公民权利和政治权利国际公约》列入了保护少数人的特别条款，其第 27 条指出，种族、宗教或语言上少数人和他们集团中的其他成员共同享有自己的文化、信奉和实行自己的宗教或使用自己的语言的权利。此后，国际社会对少数民族文化权利特殊性的认识不断深化。1992 年，联合国大会第 47/135 号决议通过的《在民族或族裔、宗教和语言上属于少数群体的人的宣言》对少数人文化权利采取了更为进取的态度，要求各国采取积极措施，创造有利条件，增加少数人群体学习和使用母语的机会，发扬少数人群体的文化、语言、宗教和习俗。

20世纪90年代以来，欧洲少数人语言权利的保护实践有了较大的进展。欧洲理事会（Council of Europe）、欧洲安全与合作组织（OSCE，以下简称"欧安组织"）等国际组织都通过了一系列旨在保护欧洲少数民族语言的重要决议或宣言。

1990年，欧安组织的前身欧洲安全合作会议在《关于人类向度的哥本哈根会议文件》中，对少数民族人权提出一整套标准，明确指出少数民族人口有在公众场合与私人空间使用母语、用母语获取及传播信息的自由，这是后冷战时期首个关于少数民族权利的重要国际文献。1992年，欧洲理事会通过《欧洲区域性或少数人语言宪章》，要求各国通过各种措施，在教育、司法、行政与公共服务、媒体、文化活动以及经济—社会生活中全面尊重并促进区域性少数民族语言的使用。1994年，欧洲理事会通过了《欧洲少数民族保护框架公约》，从总体上要求各签约国为保护少数民族文化创造条件，对少数民族的语言、身份、文化遗产等采取实质性保护，并避免那些对少数民族进行同化的措施。1996年以来，欧安组织的少数民族高级公署下属的族群关系基金会先后提出了关于少数民族语言保护与发展的三个"建议"和一个"准则"，即《关于少数民族教育权的海牙建议》（1996）、《关于少数民族语言权的奥斯陆建议》（1998）、《关于少数民族有效参与公共生活的隆德建议》（1999）和《广播媒体中使用少数民族语言的准则》（2003）。这些文献对少数民族语言教育在各个特定阶段的落实、少数民族语言权利的内容及其在社会生活中的广泛应用、少数民族有效参与自身文化与语言发展的方式、少数民族语言在广播传媒领域的应用及国家责任等问题提出了相关建议。

由于欧盟成员国都是欧安组织和欧洲理事会的成员，因此，上述文献都对欧盟及其成员国的少数民族权利保护政策产生了重要影响，成为其制定相关政策、法律的重要参考。例如，1994 年，欧洲议会通过的《关于欧共体内部语言和文化上的少数人的决议》① 以及 2001 年欧盟委员会通过的《关于区域性和较少使用语言的决议》② 先后呼吁欧共体成员国尽快签署欧洲理事会通过的《欧洲区域性和少数人语言宪章》，并批准它。1998 年该宪章生效后，即成为欧盟各成员国制定区域性和少数人语言保护政策、法规普遍参考的重要国际性文件。

（二）推动欧盟内部整合

在建构统一经济空间的同时，"形成一个能够在各种组织化的传播领域容纳少数民族语言的整体性语言空间"，③ 是欧盟面临的一个重要问题。欧盟提倡每一位公民都应具备在母语之外掌握至少两种其他语言的语言沟通能力。"掌握彼此的语言是在欧盟内部推动人员自由流动的真正的关键。"④ 因为在欧盟致力于实现公民、资本和服务自由流动的背景下，"语言能力是每个欧盟公民参与培训、就业、文化交流及实现个人价值的核心技能的组成部分"，⑤ 具有良好语言能力的公民有更多的机会在欧盟范围内获得更好的工作和学习机会。

---

① European Parliament, *Resolution on Linguistic and Cultural Minorities in the European Community*, http：//www. minelres. lv/eu/epres/re940209. htm.

② European Parliament, *Resolution on Regional and Lesser-used European Languages*, http：// www. troc. es/ciemen/mercator/48 – 3. htm.

③ Dr. Alok Kumar Das, *Independent expert*, *Germany*, *Minority Language Laws in the EU：Process and Problem of Policy Implementation*, http：//www. ciemen. org/mercator/pdf/simp – alok. pdf.

④ See European Commission Directorate, *General for Press and Communication*, *Many tongues*, *one family：Languages in the European Union*, Luxembourg：Office for Official Publications of the European Communities, 2004, p. 10.

⑤ COM（2003）449：*Promoting Language Learning and Linguistic Diversity：An Action Plan* 2004 – 2006, http：//ec. europa. eu/education/doc/official/keydoc/actlang/act_ lang_ en. pdf.

在欧盟整合过程中，掌握英语、法语、德语等欧盟内部"大语种"的人，将会获得更多的便利和机遇；而使用"小语种"的少数人群体则处于弱势位置。语言平等在欧盟文化整合、政治协调和社会和谐等方面具有至关重要的作用。因此，欧盟需要鼓励各成员国少数人群体学习自己的母语，支持区域性或少数人语言在媒体和教育等领域的普遍使用，激励使用各种语言的人们相互学习对方的语言。这不仅有利于少数民族在公共服务领域获得更好的服务，还能够促进不同民族间的跨文化交流，提升对彼此语言文化的尊重，从而实现语言领域的社会公平。

（三）促进欧洲文化多样性

文化整合是欧盟统一进程的重要环节。欧盟是文化多样性的积极倡导者和拥护者。作为"各种群体和社会借以表达其文化的多种形式"，① 文化多样性是人类的共同遗产，是各种民族、社会和个人自由表达思想、分享彼此价值观念、展示自身独特性的重要场域。"只有在文化上多彩多姿，欧洲才是一个完整的欧洲。"② 欧盟的格言是"统一于多样"，这体现了欧盟在文化领域的基本价值立场。

语言多样性是欧盟文化多样性的重要维度之一。包括少数民族语言在内的各种语言保存了欧洲的历史记忆，包含着文化创新和发展的基本元素与内在驱动力，是一切文化表达和文化内涵最根本的承载体。欧洲较少使用语言公署在其宣言中指出，③ "欧洲最重要的与众不同之处就

---

① UNESCO：《保护和促进文化多样性公约》第三章，http：//unesdoc. unesco. org/images/0014/001429/142919c. pdf。

② Marco Martiniello, *How to combine Integration and Diversities：The Challenge of an EU Multicultural Citizenship*, p. 15, University of Liège, Vienna 2004, http：//fra. europa. eu/fra/material/pub/discussion/discussion_ paper1. pdf。

③ EBLUL, *Flensburg Declaration Addressing Members of the European Parliament*, http：//pfd2004. org/ptx/rsrc/media/EBLUL_ flensburg_ declaration_ 2004. pdf。

在于她在语言与文化上的多样性"，"语言多样性是欧盟建构的民主与文化奠基石"。① 欧洲议会文件也指出："语言多样性是社会凝聚力的重要元素，也是人们相互包容、认同和理解的重要源泉。"② 上述认识，清楚地揭示了欧盟少数民族语言保护政策的文化动力。

三　欧盟少数民族语言政策的实践

20 世纪 80 年代，欧盟开始重视少数民族语言的保护。20 多年来，欧盟通过法律、行政、财政等多种实践形式来支持区域或少数民族语言的发展。③

（一）从法律、政策层面促进少数民族语言的保护和发展

1992 年，《欧共体条约》第 151 条明确规定，欧共体应尊重各成员国民族与宗教的多样性，积极维护欧洲共同文化遗产，促进各个成员国文化的繁荣。《欧洲联盟基本人权宪章》第 22 条规定：欧盟尊重成员国民族、宗教与语言的多样性。④

欧洲议会在欧盟少数民族语言政策的形成和推动中发挥了领导角

---

① EBLUL, *Flensburg Declaration Addressing Members of the European Parliament.*
② *European Parliament Resolution on a New Framework Strategy for Multilingualism*, http://www. europarl. europa. eu/sides/getDoc. do? pubRef = - //EP//TEXT + TA + P6 - TA - 2006 - 0488 + 0 + DOC + XML + V0//EN&language = EN.
③ 在欧盟针对少数民族语言的各种法律与文件中，很少直接使用少数民族语言（national minority languages 或 ethnic minority languages）这一概念，而是普遍使用了"使用较少的欧洲语言"（lesser-used European languages）、"区域性语言"（regional languages）、"区域性或少数人语言"（regional or minority languages）、"土著语言"（indigenous languages）等概念。欧盟很少使用"少数民族语言"这一概念的目的在于有意识地突出语言政策的伦理与文化维度，避免少数民族这一词语有可能引起的关于民族自决、分离主义的联想，从而降低政治敏感度，使保护和发展少数民族语言的政策与努力能够顺利推进。
④ *Charter of Fundamental Rights of the European Union*, http://eur - lex. europa. eu/LexUriServ/LexUriServ. do? uri = OJ：C：2007：303：0001：0016：EN：PDF.

色。在 20 世纪 80 年代的一系列决议书中，出于尊重文化身份多样性、尊重表达自由的目的，欧洲议会呼吁所有欧共体成员国保护少数民族语言。欧洲议会 1981 年 10 月通过的《关于区域性语言文化的共同体宪章及少数民族权利宪章的决议》是欧共体机构首个公开支持较少使用语言的文件。①

1983 年，欧洲议会通过了《关于支持少数人语言和文化的决议》，②吁请欧共体委员会加强对少数人语言和文化的支持，并呼吁欧共体的欧洲理事会（欧共体成员国首脑会议）保证欧洲议会关于少数人语言和文化权利决议的落实。同年，欧洲议会组建了一个跨部门委员会，处理少数人语言问题，这一机构成为迄今欧洲议会中存在时间最长的跨部门委员会。

1987 年，欧洲议会发布了《关于区域或少数民族语言与文化的决议》（以下简称《决议》），③这份决议在教育、法律措施、大众传媒、社会与经济等领域对保护少数民族语言提出了针对性建议，并要求欧共体的欧洲理事会和欧共体委员会为欧洲较少使用语言公署提供充足的财政支持。在教育领域，欧洲议会建议欧盟成员国在国内相关地区正式建立区域性或少数人语言的教育体系，包括从学前教育到大学教育及成人教育的全部过程。《决议》还建议少数人群体居住区域的地方政府，通过行政与法律措施为区域或较少使用语言提供法律依据。在大众传媒领域，《决议》呼吁在保障区域或少数人语言广播节

---

① *Resolution of the European Parliament of 16 October 1981 on a Community Charter of Regional Languages and Cultures and a Charter of Rights of Ethnic Minorities*（OJ C 287, 9.11.1981, p.106）.

② *Resolution on Measures in Favour of Minority Languages and Cultures*，http：//www.ciemen.org/mercator/UE20 - GB.HTM.

③ *Resolution on the Languages and Cultures of Regional and Ethnic Minorities*，http：//www.ciemen.org/mercator/ue21 - gb.htm.

目的连续性与有效性的前提下，增强这类语言的广播节目在公共广播电台和私人广播电台中的播出，并确保少数人群体语言广播节目能够得到与多数人群体的语言节目一样的政府资助。在经济和社会领域，《决议》提议在公众关注的领域、路标及其他公共标志、产品标签等消费信息领域中使用区域性或少数人语言。这份决议使欧洲议会在少数民族语言保护方面比以往各种多边或双边条约迈出了更大的步伐。

1994 年，欧洲议会通过了《关于欧共体内部语言和文化上的少数人决议》，要求欧共体制定各类政策时应考虑较少使用语言的使用者的需要，包括支持欧洲较少使用语言公署（EB LUL）。

2001 年，欧洲议会通过了《关于区域性和较少使用语言的决议》，该决议明确支持再次为较少使用语言的发展提供资助，支持对《欧洲联盟基本人权宪章》第 22 条的履行，并指出欧盟有义务要求其成员国及申请加入的国家在本国边界内发展文化并促进语言的多样性。

2003 年 9 月，欧洲议会通过了《关于欧盟扩大及文化多样性背景下区域性及较少使用语言——欧盟中的少数民族语言——的决议暨向欧盟委员会的提议》。① 决议要求欧盟委员会根据《欧共体条约》相关条款，在 2004 年 3 月底之前，提出一项包括区域性或少数人语言在内的关于语言多样性和语言学习的法律性提议，并为欧盟可能实施的语言多样性行动计划提出定义区域性或少数人语言的科学标准。该决议的附件包括两项提案：一是采取法律上的行动，建立一个包括欧盟内部区域性或少数人语言在内的语言多样性与语言学习机构，以执行欧盟委员会的

---

① *European Parliament Resolution with Recommendations to the Commission on European Regional and Lesser-used languages——The Languages of Minorities in the EU——in the Context of Enlargement and Cultural Diversity*, http：//www.europarl.europa.eu/sides/getDoc.do? pubRef = -//EP//TEXT + TA +20030904 + ITEMS + DOC + XML + V0//EN#sdocta12.

各项行动计划，推动欧盟语言多样性环境的建设；二是采取法律上的行动，建立一个多年度的语言多样性（包括区域性或少数人语言、手语）和语言学习的计划，并要求为创造多元语言的氛围提供具体的财政拨款，将其中的一定比例用于欧盟区域性或较少使用语言项目。附件还分别对欧洲议会自身、欧盟委员会、较少使用语言社区、欧盟成员国提出了促进语言学习和多样性的要求。

除欧洲议会外，欧盟理事会、地区委员会以及社会与经济委员会都曾以官方文件的形式强调对区域性或少数人语言的保护，其中欧盟委员会实际上充当了欧洲议会相关决议执行者的角色。

（二）成立推动保护和发展少数民族语言的专门机构

1982年，欧洲议会下属机构推动成立了非政府组织欧洲较少使用语言公署（EB LUL），为欧盟所有成员国的较少使用语言搭建起了合作交流的网络。这一组织创建了相关的研究访问项目，创办了对外发布的时事通讯《联络—公告》，成立了新闻通讯社 Eurolang 等部门，为较少使用语言的保护与促进工作提供了信息交流与网络合作的平台。

1987年，欧共体委员会建立了墨卡托网络（Mercator Network），意在推动少数民族和区域性语言的应用研究，并为欧共体内部语言社区之间的合作与交流提供工作平台。这一网络的主要工作是收集、保存和分析欧洲区域性或少数人语言的相关信息与文献，并发布相关信息。墨卡托网络在欧洲建有三个研究中心，分别在西班牙的加泰罗尼亚地区、荷兰的弗里斯兰地区和英国的威尔士地区，这三个地区的区域性语言都充满活力。三个研究中心的工作各有侧重点，加泰罗尼亚中心侧重于语言法规的研究，弗里斯兰中心关注所有层次的语言教育，威尔士大学中心主要研究少数民族语言与媒体。欧盟委员会还与欧洲较少使用语言公署

联合主办了一个年度性的研讨会，旨在总结欧洲较少语言保护与促进的进展情况。

《欧洲联盟条约》签署之后，欧盟建立了一个地区委员会（the Committee of the Regions），这一新机构对较少使用语言的保护与发展采取了更为积极的态度。2001 年，该委员会采纳了《关于促进区域性和少数人语言的意见》的报告。①

2004 年，为回应欧洲议会的一项要求，欧洲委员会启动了关于创建欧洲语言学习和语言多样性办公室的可行性研究。在研究结论中，欧洲委员会提出了两项选择：创建一个专门负责此项事务的办公室，或建立"语言多样性中心"欧盟网络。②

（三）提供财政支持，通过各类专门项目，促进少数民族语言的发展

1. 通过直接行动，为少数民族语言发展提供支持

1982 年，在欧洲议会的提议下，欧共体设立了一项专门的预算支出，用于推动与保护区域和少数民族语言，其支持的项目包括教育、文化和一般性的语言促进等领域，也资助以语言为主题的会议。1983 年启动的区域和少数人语言文化保护与促进行动、欧洲较少使用语言公署和后来建立的墨卡托网络的三个研究中心都是其重点资助对象。1996 年，欧盟委员会资助完成并以其名义发布的《欧洲马赛克报告》，从实证的角度研究了欧盟的少数民族语言问题，指出语言多样性是一种

---

① *Opinion on the Promotion of Regional and Minority Languages*，CdR 86/2001 fin EN/o.
② *Feasibility Study Concerning the Creation of a European Agency for Linguistic Diversity and Language Learning*，Final Report，2005，http：//europa. eu. int/comm/education/policies/lang/doc/linguistic_ diversity_ study_ en. pdf.

（经济上的）机遇而非（传统上所认为的）阻碍物，因此，欧盟应当在少数人群体语言保护方面承担相应的职责。①

1997～2000 年，促进与保护区域和少数人语言及文化行动资助了 392 个直接针对语言的项目，远远高于同期欧盟在所有其他行动中专门支持区域性或少数人语言的项目总数。②

2. 通过各种行动计划促进少数民族语言的发展

除专门针对区域性或少数人语言的保护行动外，欧盟还通过一系列的行动计划，促进语言保护与发展。这些行动计划可分为三类：语言类行动计划、部分与语言相关的行动计划，以及不直接涉及语言但向语言项目提供资助的行动计划。③

（1）语言类行动计划。欧盟的语言类行动计划主要有舌头行动（Lingua）、多语言信息社会计划（MLIS）、语言工程（LE）、人类语言技术（HLT）、2001 欧洲语言年（EYL 2001）、促进语言学习和语言多样性：行动计划 2004～2006 等。

"舌头行动"是欧盟促进语言多样性和语言学习的第一个综合性项目，这一项目从 1989 年开始实施，此后就成为欧盟在教育、培训领域的核心项目。"舌头行动"主要指向欧盟的官方语言，但根据其组织原则，它必须优先考虑那些较少使用和较少教授的官方和准官方语言。2000 年以来，这个行动主要支持欧盟内部语言多样性项目，推动语言

---

① European Commission, Euromosaic, *The Production and Reproduction of the Minority Language Groups in the European Union* (Luxembourg: Office for Official Publications of the European Communities, 1996).

② François Grin, Tom Moring, et al., *Support for Minority Languages in Europe*, European Centre for Minority Issues and European Bureau for Lesser Used Languages, http://ec.europa.eu/education/policies/lang/lang uages/langmin/files/support.pdf.

③ 关于欧盟各项行动计划的介绍，可参阅 François Grin, Tom Moring, et al., *Support for Minority Languages in Europe*, pp. 46–64。

教育与学习。在它所支持的欧盟新成员国和正在申请入盟的国家的官方语言中，不少属于区域性或少数人语言。

"多语言信息社会计划"致力于促进信息社会的语言多样性，其预算的 4.3%（647675 欧元）用于支持区域性或少数人语言项目。[①]

"人类语言技术"和"2001 欧洲语言年"面向所有的语言项目，向区域性或少数人语言开放。在所有语言类行动计划中，"2001 欧洲语言年"分配给区域性或少数人语言的经费份额最高，占总预算的 14.73%（758008 欧元）。[②] 从 2001 年起，欧盟还支持欧洲理事会组织一年一度的欧洲语言日（9 月 26 日），旨在唤起相互依赖日益加深的欧洲公众对语言学习的重视。

"促进语言学习和语言多样性：行动计划2004~2006"是欧盟在2004~2006 年执行的一项大型语言促进计划。该计划依托欧盟同期正在进行的其他行动计划（如"苏格拉底计划"下的各种行动、"达·芬奇计划"等）展开，不占用专门的欧盟预算。这一行动计划的基本目标是：建立从学前教育到成人教育的终身化语言学习机制；创造更好的语言教育环境；建构语言友好环境；建立基于欧盟语言学习促进框架；等等。此外，还提出了欧盟公民的语言学习目标："'母语加两种语言'：从小开始。"[③] 这项行动计划支持的语言囊括了欧盟内部的大、小语种，既包括移民语言和具有"民族性"地位的语言，也包括欧盟在全球的主要贸易伙伴国家的语言，以及区域性或少数人语言。为实现该计划的目标，欧盟提出了 47 个具体行动，继"行动计划 2004~2006"

---

① François Grin, Tom Moring, et al., *Ten Years of EU Support for Regional or Minority Languages: A Financial Assessment*, http://www.unige.ch/eti/elf/docs/RML_ support_ DT1.pdf.

② François Grin, Tom Moring, et al., *Ten Years of EU Support for Regional or Minority Languages: a Financial Assessment*, P11.

③ COM（2003）449, *Promoting Language Learning and Linguistic Diversity: An Action Plan 2004 - 2006*, p.8.

之后，欧盟又提出了 2007～2013 年的终身学习计划，以延续前者的影响，进一步推动语言学习和语言多样性。[①]

（2）部分与语言相关的行动计划。这类行动计划又可以分为两类：一类是部分内容直接涉及语言目标的行动计划；另一类是不直接涉及语言目标，但涉及语言的维度的行动计划。

部分内容直接涉及语言目标的行动计划包括：欧盟多语言无线广播与电视服务计划行动（European Multilingual Radio and Television Services Programme）、开放与远程教育（ODL）以及苏格拉底计划（包括 Socrates Ⅰ、Socrates Ⅱ）所属的伊拉兹马斯（Erasmus）、夸美纽斯（Comenius）、亚里安（Arion）及成人教育（Adult Education）等计划行动。这些计划均未安排直接针对区域性或少数人语言保护项目，但它们通过推动多语言媒体服务、多媒体教育以及语言学习等方式，从不同角度促进少数人语言的学习。"伊拉兹马斯行动"支持作为教学语言的区域性或少数人语言项目，"夸美纽斯行动"也支持将区域性或少数人语言作为教学内容或教学语言的教育机构。在"亚里安行动"中，那些在教育体系中被教授或用于教育体系的语言都符合支持标准。"成人教育计划"在 1997～1998 年曾经资助了两个区域性或少数人语言保护项目。

欧盟不直接指向语言目标，但涉及语言维度的行动计划有：欧洲青年（the Youth for Europe）、达·芬奇（Leonardo da Vinci）、连接（Connect）、万花筒（Kaleidoscope）、拉斐尔（Raphael）、阿丽亚娜（Ariane）、信息 2000（INFO 2000）、媒介Ⅱ（Media Ⅱ）及好客（Philoxenia）、e 内容（eContent – European Digital Content for the Global Net-

---

① COM（2007）554，*Report on the Implementation of the Action Plan "Promoting Language Learning and Linguistic Diversity"*，Commission of the European Communities，http：//eu2007. min – edu. pt/ np4/en/？ newsId = 52&fileName = st13346. en07. pdf.

works)、文化 2000（Culture 2000）、文化 2007～2013（Culture 2007 -
2013）等。这类计划尽管没有直接指向语言，但在某些情况下也会涉及
区域性或少数人语言。例如，"达·芬奇计划"在 1995～2000 年曾资助
过两个区域性或少数人语言保护项目，受资助对象是作为第三方的职业
交流机构。"欧洲青年计划"为使用区域性或少数人语言的青年人提供
了与其他欧盟成员国、欧盟经济区成员国及申请加入欧盟的国家的青年
之间广泛交流的机会，语言项目是其优先支持对象。"媒介Ⅱ计划"是
欧盟"媒介计划"（Media）和后来的"媒介加计划"（Media plus）的
新版本，其目标是支持欧盟视听产业发展，这一项目对区域性或少数人
语言扶持作用主要体现在它特别关注视听媒介领域"生产能力低以及
（或者）那些受地理或语言区域限制的国家的特殊需求"。① "拉斐尔计
划"涉及区域性或少数人语言文化遗产的保护。"万花筒计划"对区域
性或少数人语言项目进行了资助，其中 1997～1999 年支持了 31 个区域
性或少数人语言保护发展项目，支出占总预算的 0.59%。"连接计划"
的目标是在欧盟各类计划（如培训、教育、创新、文化、新技术等）
间建立连接关系，1999 年它资助了区域性或少数人语言项目，支出占
其预算的 1.7%。 "e 内容计划"是"欧盟多语言信息社会计划"和
"信息 2000 计划"在 2000 年以来的延续，2001～2005 年，它向 1 个区
域性或少数人语言项目提供了资助。"文化 2000"是欧盟设立的一个为
期 7 年的多年度文化促进项目，执行时间为 2000～2006 年，总预算为
2.365 亿欧元。该项目的目标是"鼓励文化的创造性和流动性，推动文
化资源向所有人开放，促进艺术和文化的传播、文化间对话以及欧盟公
民的历史知识"，② 它支持的项目遍及文化遗产、翻译、艺术表演、视

---

① François Grin, Tom Moring, et al., *Support for Minority Languages in Europe*, p. 53.

② http：//ec. europa. eu/culture/eac/culture2000/cult_ 2000_ en. html.

觉艺术、出版与材料、文学等领域。2000~2004年，"文化2000计划"资助了6个与区域性或少数人语言相关的文化项目，占其总预算的0.15%。"文化2007~2013计划"是欧盟继"文化2000计划"后推出的又一跨年度大型文化计划，执行时间为2007~2013年，总预算为4亿欧元。该计划的总目标是：通过发展参与国的创作者、文化表演者和文化机构之间的文化合作，增强欧盟人在以公共文化遗产为基础的文化领域的共享空间，激发欧盟公民意识的养成。[①] 这一计划支持的行动包括：文化行动（多年度多方合作行动、合作措施、专项行动）；支持活跃在欧盟文化领域的实体；支持欧盟文化合作领域和文化政策发展领域的信息收集、分析和传播，支持相关项目尽量扩大其影响。从支持范围来看，这一计划将和"文化2000计划"一样，对欧盟区域或少数人语言发展产生积极影响和实质性的推动。

（3）不涉及语言目标，但向语言行动计划提供支持的项目。这类项目主要是由欧盟结构基金（Structural Funds）和团结基金（Cohesion Fund）支持的计划。欧盟结构基金和团结基金是欧盟为推动各类促进经济与社会整合的行动和计划而建立的。欧盟结构基金有4个，分别是欧盟区域发展基金（ERDF）、欧盟社会基金（ESF）、欧盟农业指导和保护基金（EAGGF）"指导"部分、渔业指导金融工具（FIFG）。欧盟结构基金所支持的行动计划有3类，分别是欧盟优先目标行动、社区行动和创新措施。[②] 这些项目尽管与语言没有直接关系，但却对促进语言

---

① DECISION No 1903/2006/EC OF THE EUROPEAN PARLIAMENT AND OF THE COUNCIL of 12 December 2006, *Establishing the Culture Programme* (2007 - 2013), http://eur - lex. europa. eu/LexUriServ/site/en/oj/2006/l_ 378/l_ 37820061227en00220031. pdf.

② 欧盟委员会的区域政策将优先目标分为3类：目标1是帮助落后地区进行追赶发展；目标2是支持产业领域、乡村、城市或渔业区等经济和社会转型中面临的结构性困难；目标3是推动培训和就业领域的现代化。http://ec. europa. eu/regional_ policy/intro/regions5_ en. htm#1.

多样性多有助益。例如，通过资助文化项目，"欧盟社会基金"间接支持区域性或少数人语言。"欧盟区域发展基金"参与改善区域性或少数人语言地区旅游业的基础条件，减缓此类地区人口的外迁速度，从而保护当地的区域性或少数人语言。在"优先项目 Interreg Ⅱ 行动"中，区域性或少数人语言被纳入考虑，1996～1999 年，这一行动资助了 73 个直接针对区域性或少数人语言的项目。"欧盟农业指导和保护基金（EAGGF）'指导'"部分支持的"领导项目"（Leader）和"领导Ⅱ项目"（Leader Ⅱ），也通过提升区域性或少数人语言地区的基础条件和生活条件，起到了间接支持当地语言发展的作用。

四 欧盟少数民族语言政策的局限性

尽管欧盟在区域性或少数人语言保护领域取得了丰富的成果，但在多种复杂因素的制约下，欧盟少数民族语言政策本身及其执行过程不可避免地存在着明显的局限。

（一）法规不足且缺乏强制力

整体来看，欧盟保护少数民族语言的法规不足，甚至缺乏基本的法律依据。1998 年，欧洲法院的一项裁决认为，欧盟所有预算支出都应具有法律上的依据。根据这项裁决，设立于 1982 年的支持区域或少数民族语言发展专项预算因缺乏法律依据被停止。为此，欧盟安排了为期 2 年、预算编号为 B3-1000 的新预算，以帮助正在进行的项目得以完成。1999～2000 年，该项预算提供了 250 万欧元用于正在进行的项目。2000 年以后，欧盟依然未能为这项预算提供法律上的理由，这项预算最终被终止。

欧盟少数民族语言方面的法律规定还缺乏强制性约束力。欧盟的法律虽然具有区域和国家层面的影响，但少数民族语言权利的实现首先是在成员国内部。对欧盟成员国和成员国国内的相关地区而言，欧盟关于少数语言的法律性文件只是缺乏约束力"软法"。[①] 以欧盟在 2000 年通过的《欧洲基本人权宪章》为例，其所表达的对语言多样性的兴趣，实际上是象征性意义大于实质意义，因为宪章本身是非强制性的。由于欧盟立法机制的协商性特点，"在不远的将来，在欧盟层面，对其成员国具有强制性约束力的少数民族语言政策没有诞生的希望"。[②]

　　法律不足且缺乏强制力的后果是：欧盟少数民族语言政策在其成员国内部无法充分落实。因此，语言多样性虽然是欧盟的根本特征之一，但却不是欧盟所有成员国的根本特征之一。欧盟少数民族语言保护和促进政策的实际效果因此而大打折扣。

（二）受法律框架和现实条件双重制约，政策执行阻力重重

　　根据《欧共体条约》第 5 条第 2 款，欧盟机构在不属于专属权能的领域，应该按照辅助性原则来处理相关议题，即只有成员国不能充分实现所拟行动的目标，或由于规模上或影响上的原因，共同体可以更好地实现行动的目标时，欧盟才能采取必要的行动。因此，在欧盟的法律架构下，欧盟机构在处理文化、语言这类议题时，必须依据辅助性原则来开展行动。受此约束，欧盟的具体作为主要体现在目标倡议和政策推动等方面。在欧盟推动的各类行动计划的预算中，通常只有极小的部分用

---

① Niamh Nic Shuibhne, "The European Union and Minority Language Rights: Respect for Cultural and Linguistic Diversity," see *International Journal on Multicultural Societies* (*IJMS*), Vol. 3, No. 2, 2001.

② Melissa Kronenthal, *From Rhetoric to Reality? A Critical Assessment of EU Minority Language Policy and Practice*, http://www.aber.ac.uk/mercator/images/Kronenthal.pdf.

于支持区域或少数人语言项目，除"区域和少数人语言文化保护和促进行动""2001 欧洲语言年"等少数几个行动计划外，绝大多数行动计划用于区域性或少数人语言相关项目的资助不到总预算的 1%。① 这意味着欧盟对区域或少数人语言的实质性保护和发展的行动能力十分有限。事实上，欧洲议会针对区域或少数人语言保护与促进提出的各种决议，作为执行机构的欧盟委员会只落实了其中很少的部分。

从现实条件来看，区域或少数人语言发展与保护问题在欧盟层面和其成员国层面上具有两面性。在欧盟层面，区域性和少数人语言的保护和发展是欧盟一体化进程顺利推进的重要前提，但在其成员国层面，问题却更加复杂。欧盟各项政策和行动计划的执行主要取决于各成员国的意愿和行动，而由于政治上的原因，某些成员国对促进和发展少数民族语言持警惕和保守态度。这意味着欧盟在少数民族语言政策领域的行动能力从根本上受制于作为民族国家的各成员国内部的少数民族语言政策。

因此，欧盟在少数民族语言保护和促进领域的行动的理论意义大于实质性推动意义。与其成员国相比，欧盟在这一领域实际上扮演着倡导者和协调者的角色。

（三）忽视移民少数民族语言发展与保护

欧盟少数民族语言政策的重心是其成员国原有的少数民族语言。②

---

① François Grin, Tom Moring, et al., *Support for Minority Languages in Europe*, European Commission, p. 63.

② 如果抛开欧洲理事会框架下的法律和协定，欧洲区域性或少数人语言保护体系主要体现在少数民族语言的国际保护。某种程度上，与早在 20 世纪 20 年代就已经形成的相关保护条款相比，这些保护政策并没有多大进步。参阅 Eduardo Javier Ruiz Vieytez, "The Protection of Linguistic Minorities: A Historical Approach," *International Journal on Multicultural Societies* (*IJMS*), Vol. 3, No. 1, 2001, http://unesdoc.unesco.org/images/0013/001387/138775e.pdf。

2000 年以前，欧盟的语言政策和相关文献都与区域性的少数人群体相关，移民少数民族语言基本上未被纳入实质性保护范畴。① 移民少数民族语言之所以长期不被欧盟少数民族语言政策所重视，与移民少数民族语言作为"非本土"语言在欧盟国家并未获得正式地位有关。② 欧盟保护和促进少数民族语言的政策或决议的形成都是各成员国从自身利益出发相互妥协的结果，"欧盟国家通过欧盟政策呼唤统一和多元主义，但它们自身对移民群体的态度从本性上讲却是歧视性的"。③ 在这种情况下，欧盟长期忽视移民少数民族语言权利就不足为奇了。

对移民少数民族语言权利的忽视是欧盟在少数民族语言保护领域的一个"硬伤"。因为权利的普遍的道德意义是以维护每个个体的福祉为依据的，"原则上，不存在任何将各种类型的少数民族及其成员所可能享有的法律权利正式加以区分、区别对待的合理性。特别是在传统少数民族权利和那些新近到达的移民少数民族权利之间，很难说有任何类型上的区别"。④

2000 年以后，欧盟对移民少数民族语言开始有所重视，如在"促进语言学习和语言多样性：行动计划 2004～2006"中，明确将移民少数民族语言纳入行动对象，并通过母语教育、终身教育等方式对其实现实质性的促进。2006 年，欧盟新的语言多元主义战略框架也将移民少

---

① 例如，欧洲理事会通过的、欧洲议会在其决议文件中反复要求欧盟各成员国签署并批准的《欧洲区域性或少数人权利宪章》在其对区域性或少数人语言的定义中，就明确地将移民少数民族语言排除在外。

② See European Commission Directorate-General for Press and Communication, *Many Tongues*, *One Family*: *Languages in the European Union*, p. 8. 又如法国担心民族分裂主义，因而不愿意承认国内存在少数民族。

③ MOST: *Language Diversity in Multicultural Europe*: *Comparative Perspectives on Immigrant Minority Languages at Home and at School*, by Guus Extra and Kutlay Yagmur, 2002, http://www.unesco.org/most.

④ 〔英〕佩里·凯勒：《欧洲种族与文化权利反思》（下），王雪梅、蒋隽译，冯军校，《世界民族》2001 年第 3 期，第 50 页。

数民族语言列入保护与促进之列。这是欧盟在少数民族语言保护领域的重大态度进步。但从根本上讲，欧盟对移民少数民族语言的力度与效果还非常有限。

五 欧盟少数民族语言政策实践对中国的启示

欧盟从落实少数人权利、促进自身的整合统一、保护欧洲文化多样性等角度出发，选择了在多元语言主义框架下的少数民族语言保护与促进政策。这一政策提倡少数民族人口同时掌握母语和社会主流语言，这使少数民族群体在获得充分参与社会政治、经济和文化生活的语言能力的同时，能够继承并发扬自己的母语及由母语所承载的民族传统文化。这本质上有利于消除少数民族人口在全球化和现代化进程中的语言边缘感，有利于树立他们的文化归属感和认同感，有利于增进其文化生活幸福感。欧盟的实践表明，保护与促进少数民族语言是全球化背景下多民族国家和多民族社会实现经济、文化整合的必然选择。欧盟的经验为我国提供了丰富的启示。

（一）在新的时代背景下保护和发展少数民族语言

我国实行各民族语言一律平等的基本政策，各民族都有发展和使用本民族语言的自由。在这一政策框架下，国家为部分少数民族创制了语言文字，并在民族自治地区和相关场所使用少数民族语言文字，在部分民族地区实行民族语言和国家通用语言并重的双语教育制度。这些政策和措施在促进民族团结、提高少数民族人口的文化教育水平和推动民族地区经济社会发展方面发挥了巨大作用。但是，随着我国经济社会的全面发展以及全球化进程的不断深化，我国少数民族语言保护与促进工作正着面临新环境和诸多新挑战。

从国际环境来看，首先，国家负有保护少数人权利的义务已经成为国际社会的共识。这意味着国家应当通过适当立法、优惠政策、特别措施、资源支持、促进多元文化教育和跨文化教育、促进平等参与等积极作为，全面推进少数人权利的落实，在语言领域也不例外。① 其次，在文化多样性背景下，少数民族语言作为国家文化资源的全球意义日益凸显。最后，跨境民族的存在，使少数民族语言成为争夺文化认同的阵地。我国有30多个少数民族属于跨境民族，只有积极保护、发展这些民族的传统语言文化，才能增强这些少数民族人口在语言、文化上的国家认同感，并扩大我国文化的对外影响力。

从国内环境来看，首先，少数民族语言面临现代化进程的严峻挑战。随着我国现代化进程的快速推进，在市场经济的冲击下，民族地区人口流动性加快，大量少数民族人口原有的生活习俗、文化传统日益衰落并快速"遗产化""碎片化"。民族传统文化生活整体性的丧失使不少少数民族人口产生文化失落感和疏离感；民族地区与国内发达地区日益扩大的发展差距使部分少数民族人口对自己的民族语言、民族传统文化认同感下降。这些因素导致少数民族语言面临传承危机，对我国的文化多样性带来挑战。其次，随着经济的发展，我国已经进入人口高流动性阶段。语言能力上的劣势在很大程度上制约了少数民族人口的自由流动、就业和个人发展，使他们不能够平等地参与社会竞争，从而潜在地影响了民族关系的融洽发展。最后，落实少数民族人口文化权益也对少数民族语言的保护和发展事业提出了更高的要求。

因此，在新的时代背景下，我国应当针对不同少数民族语言的活力

---

① 参阅周勇《少数人权利的法理》，社会科学文献出版社，2002，第41~47页。

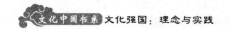

保持状况，采取积极措施，促进少数民族语言的保护与发展。

（二）从民族地区整体发展的高度促进少数民族语言保护与发展工作

现阶段，我国民族地区发展水平落后于全国总体水平，民族工作的最主要任务是加快民族地区的整体发展。只有将少数民族语言的保护和促进同民族地区政治、经济、文化和社会生活整体发展结合起来，保护和促进才具有现实意义。要加快民族地区经济、社会的发展速度，不断缩小少数民族地区与国内发达地区之间的物质生活和文化生活水平，通过经济纽带将少数民族地区的发展和全国的发展紧密联系起来，为少数民族人口在语言、文化领域的国家认同感和归属感奠定最坚实的经济和社会基础。要把增进少数民族语言的活力与发展民族地区的旅游经济、文化经济以及增强少数民族人口的文化幸福感结合起来，为少数民族语言保护和发展提供现实上的需求基础。与此同时，还要把增进民族地区各族人口之间的相互理解和交融与少数民族语言的保护与促进结合起来，鼓励民族地区的人口相互学习彼此的语言，为少数民族语言的保护和发展提供良好的语言环境。

（三）以提高少数民族人口语言能力为抓手，促进少数民族语言保护与发展

国家通用语言水平相对较低是制约少数民族人口在全国范围自主就业与发展的重要障碍，也是制约民族地区经济整体发展的重要因素。因此，应该以提高少数民族人口的语言水平为总抓手，促进少数民族语言的保护与发展。提高少数民族人口的语言水平既包括少数民族人口母语能力的培养，也包括国家通用语言文字能力的提高。母语是少数民族人

口传承民族文化和凝聚民族情感的基本载体，也是少数民族人口文化幸福感的重要源泉。国家通用语言是少数民族人口全面参与国家政治、经济、文化和社会生活的重要保证，也是从心理上、情感上和价值观念上将全国各民族人民紧紧凝聚在一起的最重要的文化纽带。在全球化背景下，发展和保护少数民族语言、巩固中华民族"多元一体"的文化格局要以全国各族人民掌握国家通用语言文字作为基石。因此，要从增加国家凝聚力和文化认同感的战略高度，加快完善民族地区双语教育制度。

总之，在新的历史条件下，要以更大的力度、更大的投入努力解决民族地区语言教育整体水平落后、师资不足等问题，尽快构建全面提高少数民族人口语言水平的终身教育、全民教育体系，为民族地区的全面发展和长治久安赢得战略先机。

参考文献

〔日〕速水佑次郎:《发展经济学——从贫困到富裕》,李周译,社会科学文献出版社,2003。

〔加拿大〕D. 保罗·谢弗:《经济革命还是文化复兴》,社会科学文献出版社,2006。

〔印度〕阿马蒂亚·森:《以自由看待发展》,中国人民大学出版社,2002。

〔法〕弗朗索瓦·佩鲁:《新发展观》,张宁、丰子毅译,华夏出版社,1987。

〔英〕约翰·伯瑞:《进步的观念》,范祥涛译,上海三联书店,上海,2005。

〔美〕托马斯·达文波特、约翰·贝克:《注意力经济》(第二版),中信出版社,北京,2004。

〔美〕阿瑟·赫尔曼:《文化衰落论:西方文化悲观主义的形成与演变》,张爱平等译,上海人民出版社,2007。

〔英〕特瑞·伊格尔顿:《文化的观念》,方杰译,南京大学出版社,2003。

〔美〕约翰·R. 霍尔、玛丽·乔·尼兹:《文化:社会学的视野》,周晓虹、彭斌译,商务印书馆,2004。

〔美〕乔纳森·弗里德曼：《文化认同与全球化过程》，郭建如译，商务印书馆，2004。

联合国教科文组织、世界文化与发展委员会：《文化多样性与人类全面发展——世界文化与发展委员会报告》，张玉国译，广东人民出版社，2006。

〔英〕戴维·莫科、凯文·罗宾斯：《认同的空间：全球媒介、电子世界景观与文化边界》，司艳译，南京大学出版社，2003。

联合国教科文组织：《世界文化发展报告：文化、创新与市场》，关世杰等译，北京大学出版社，2003。

〔德〕维尔纳·桑巴特：《奢侈与资本主义》，王燕平、侯小河译，上海人民出版社，2005。

〔美〕大卫·赫斯蒙德夫：《文化产业》，张菲娜译，中国人民大学出版社，2007。

〔美〕理查德·E.凯夫斯：《创意产业经济学》，孙绯等译，新华出版社，2004。

〔美〕爱伦·B.艾尔巴兰等著《全球传媒经济》，王越译，中国传媒大学出版社，2007。

〔美〕泰勒·考恩：《创造性破坏》，王志毅译，上海人民出版社，2007。

〔英〕约翰·B.汤普森：《意识形态与现代文化》，高铦等译，译林出版社，2005。

〔英〕戴维·钱尼：《文化转向：当代文化史概览》，戴从容译，江苏人民出版社，2004。

〔俄〕谢·卡拉－穆尔扎：《论意识操纵》（上、下），徐昌翰等译，社会科学文献出版社，2004。

〔美〕道格拉斯·凯尔纳：《媒体文化：介于现代与后现代之间的文化研究、认同性与政治》，商务印书馆，2004。

〔美〕弗里德里克·杰姆逊、三好将夫编《全球化的文化》，马丁译，南京大学出版社，2002。

〔英〕汤林森：《文化帝国主义》，冯建三译，上海人民出版社，1999。

〔英〕约翰·汤姆林森：《全球化与文化》，郭英剑译，南京大学出版社，2002。

〔美〕约瑟夫·奈：《软力量——世界政坛成功之道》，吴晓辉、钱程译，东方出版社，2005。

〔新加坡〕阿奴拉·古纳锡克拉等主编《全球化背景下的文化权利》，张毓强等译，中国传媒大学出版社，2006。

〔美〕詹姆斯·海尔布伦、查尔斯·M·格雷：《艺术文化经济学》，詹正茂等译，中国人民大学出版社，2007。

〔美〕安德鲁·芬伯格：《技术批判理论》，韩连庆、曹观法译，北京大学出版社，2005。

〔法〕杰郝德·莫里耶：《法国文化政策：从大革命至今的法国艺术机制》，陈丽如译，五观艺术管理公司，2003。

〔美〕马克·波斯特：《第二媒介时代》，范静哗译，南京大学出版社，2005。

〔美〕理查德·弗罗里达：《创意经济》，方海萍、魏清江译，中国人民大学出版社，2006。

〔德〕柏林科学技术研究院：《文化 VS 技术创新——德美日创新经济的文化比较与策略建议》，吴金希、张小方、刘晓萌、刘倬译，知识产权出版社，2006。

〔英〕雷蒙·威廉姆斯：《关键词：文化与社会的词汇》，刘建基译，生活·读书·知新三联书店，2005。

〔美〕迈克尔·波特：《国家竞争优势》，华夏出版社，2007。

〔瑞士〕布鲁诺·费莱：《当艺术遇上经济》，蔡宜真、林秀玲译，典藏艺术家庭股份有限公司，2003。

〔新加坡〕阿奴拉·古纳锡克拉等主编：《全球化背景下的文化权利》，张毓强等译，中国传媒大学出版社，2006。

丹麦文化部、贸易产业部：《丹麦的创意潜力》，李璞良、林怡君译，典藏艺术家庭股份有限公司，2004。

〔美〕塞缪尔·亨廷顿：《文明的冲突与世界秩序的重建》，新华出版社，2002。

〔德〕哈贝马斯：《公共领域的结构转型》，曹卫东等译，学林出版社，2004。

〔美〕爱德华·W. 萨义德：《文化与帝国主义》，李琨译，生活·读书·知新三联书店，2003。

〔英〕查尔斯·兰德利：《创意城市》，杨幼兰译，清华大学出版社，2009。

联合国贸易和发展会议主编《2010 创意经济报告》，中国社会科学院文化研究中心译，三辰影库音像出版社，2011。

〔美〕弗里茨·马克卢普：《美国的知识生产与分配》，孙耀君译，中国人民大学出版社，2007。

〔英〕阿兰·斯威伍德：《文化理论与现代性问题》，黄世权、桂琳译，中国人民大学出版社，2013。

〔澳〕塔尼亚·芙恩：《文化产品与世界贸易组织》，裘安曼译，商务印书馆，2010。

〔美〕戴维·思罗斯比：《经济学与文化》，王志标、张峥嵘译，中国人民大学出版社，2011。

〔美〕劳伦斯·莱斯格：《免费文化》，王师译，中信出版社，2009。

〔法〕贝尔纳·古奈：《反思文化例外论》，李颖译，社会科学文献出版社，2010。

〔美〕泰勒·考恩：《商业文化礼赞》，严忠志译，商务印书馆，2005。

〔英〕西莉亚·卢瑞：《全球文化工业》，要新乐译，社会科学文献出版社，2010。

〔法〕让·鲍德里亚：《符号政治经济学批判》，夏莹译，南京大学出版社，2009。

〔法〕马克·第亚尼编著《非物质社会》，滕守尧译，四川人民出版社，1998。

〔美〕理查德·弗罗里达：《创意阶层的崛起》，司徒爱勤译，中信出版社，2010。

〔法〕弗雷德里克·马特尔：《主流》，刘成富等译，商务印书馆，2012。

〔英〕伊恩·查斯顿：《知本营销》，张继军、江马益、孙煜华译，中国人民大学出版社，2007。

〔英〕斯科特·拉什、约翰·厄里：《符号经济与空间经济》，王之光、商正译，商务印书馆，2006。

〔美〕罗纳德·V. 贝蒂格：《版权文化——知识产权的政治经济学》，沈国麟、韩绍伟译，清华大学出版社，2009。

〔美〕艾伦·J. 斯科特：《城市文化经济学》，董树宝、张宁译，中国人民大学出版社，2010。

〔美〕约瑟夫·奈：《权力大未来》，王吉美译，中信出版社，2012。

孙有中等编著《美国文化产业》，外语教学与研究出版社，2007。

侯聿瑶：《法国文化产业》，外语教学与研究出版社，2007。

颜晓锋、谈万强：《发展观的历史进程》，人民出版社，2007。

周天勇、王长江、王安岭主编《攻坚：十七大后中国政治体制改革研究报告》，新疆生产建设兵团出版社，2007。

唐亚明、王凌洁：《英国传媒体制》，南方日报出版社，2007。

邢悦：《文化如何影响对外政策》，北京大学出版社，2011。

国家广电总局发展研究中心课题组：《发达国家广播影视管理体制和管理手段研究》，中国传媒大学出版社，2007。

赵雪波：《传播视野中的国际关系》，中国传媒大学出版社，2006。

王锋：《表达自由及其界限》，社会科学文献出版社，2006。

张玉国：《国家利益与文化政策》，广东人民出版社，2005。

李德顺：《价值论》，中国人民大学出版社，2007。

张旭东：《全球化时代的文化认同：西方普遍主义的历史批判》，北京大学出版社，2004。

王义祥编著《发展社会学》，华东师范大学出版社，2004。

韩永进：《新的文化发展观》，文化艺术出版社，2006。

蒋积伟：《建国以来中共文化政策评述（1949～1976）》，《党史教学与研究》2007年第1期。

黄斌：《文化发展转型与国家的作用——中国文化产业中的政府角色研究》，暨南大学博士学位论文，2001。

王本朝：《当代中国文学制度研究》，新星出版社，2007。

张绵厘、张昱：《新时期文化政策的核心与党的三代领导核心的文艺思想》，中央民族大学出版社，2005。

高宣扬：《流行文化社会学》，中国人民大学出版社，2006。

周宪主编《文化现代性精粹读本》，中国人民大学出版社，北京，2006。

张晓明、尹昌龙、李平主编《国际文化产业发展报告（2007）》，社会科学文献出版社，2007。

文化产业统计研究课题组：《文化产业统计研究资料汇编》，2006。

中宣部文化体制改革和发展办公室、文化部对外文化联络局：《国际文化发展报告》，商务印书馆，2005。

祁述裕主编《中国文化产业国际竞争力报告》，社会科学文献出版社，2004。

冯子标、焦龙斌：《分工、比较优势与文化产业发展》，商务印书馆，2005。

俞吾金：《意识形态论》，上海人民出版社，1997。

王四新：《网络空间的自由表达》，社会科学文献出版社，2007。

潘一禾：《文化安全》，浙江大学出版社，2007。

王晓德、张晓芒主编《历史与现实——世界文化多元化研究》，天津人民出版社，2007。

杨立英、曾盛聪：《全球化、网络化与意识形态建构研究》，人民出版社，2006。

章建刚、尹昌龙、张晓明主编《中国公共文化服务发展报告（2007）》，社会科学文献出版社，2007。

陈威主编《公共文化服务体系研究》，深圳报业集团出版社，2006。

张晓明、胡惠林、章建刚主编《中国文化产业发展报告（2001～2002）》，社会科学文献出版社，2002。

张晓明、胡惠林、章建刚主编《中国文化产业发展报告（2003）》，社会科学文献出版社，2003。

张晓明、胡惠林、章建刚主编《中国文化产业发展报告（2004）》，社会科学文献出版社，2004。

张晓明、胡惠林、章建刚主编《中国文化产业发展报告（2005）》，社会科学文献出版社，2005。

张晓明、胡惠林、章建刚主编《中国文化产业发展报告（2006）》，社会科学文献出版社，2006。

张晓明、胡惠林、章建刚主编《中国文化产业发展报告（2007）》，社会科学文献出版社，2007。

张晓明、胡惠林、章建刚主编《中国文化产业发展报告（2008）》，社会科学文献出版社，2008。

李景源、张晓明：《浙江经验与中国发展·文化卷》，社会科学文献出版社，2007。

谢大京、一丁：《演艺业管理与运作》，上海音乐出版社，2007。

王晓刚：《文化体制改革研究》，中共中央党校博士学位论文，2007。

中宣部文化体制改革办公室、文化部对外文化联络局编《国际文化发展报告》，商务印书馆，2005。

徐晓萍、金鑫：《中国民族问题报告》，中国社会科学出版社，2008。

苏国勋、张旅平、夏光：《全球化：文化冲突与共生》，社会科学文献出版社，2006。

薛晓源、陈家刚主编《全球化与新制度主义》，社会科学文献出版社，2004。

李惠斌主编《全球化与公民社会》，广西师范大学出版社，2003。

李其庆主编《全球化与新自由主义》，广西师范大学出版社，2003。

中国（海南）改革发展研究院编《政府转型与建设和谐社会》，中国经济出版社，2005。

中共中央文献研究室编《三中全会以来重要文献选编》（上、下），人民出版社，1982。

俞可平、黄平、谢曙光、高健主编《中国模式与"北京共识"：超越"华盛顿共识"》，社会科学文献出版社，2006。

马龙闪：《苏联剧变的文化透视》，中国社会科学出版社，2006。

马龙闪：《苏联文化体制沿革史》，中国社会科学出版社，1996。

商晨：《利益、权力与转型与的实质》，社会科学文献出版社，2007。

蒯大申、饶先来：《新中国文化管理体制研究》，上海人民出版社，2010。

张殿元：《中国报业传媒体制创新》，南方日报出版社，2007。

李庆本、吴慧勇：《欧盟各国文化产业政策咨询报告》，大众出版社，2008。

杨京钟：《中国文化产业财税政策研究》，厦门大学出版社，2012。

Sarah A. Radcliffe（ed.），*Culture and Development in a Globalizing World：Geographies，Actors，and Paradigms*（U. S. A and Canada：Routledge，2006）.

Susanne Schech and Jana Haggis，Culture and Development——*A Critical Introduction*（Blackwell Publishers，2000）.

Transcultural Europe，"Cultural Policy in a Changing Europe," in Ulrike Hanna Meinhof and Anna Triandafyllidou（eds.），*Palgrave Macmillan*（New York，2006）.

Richard Florida，*The Rise of the Creative Class*（New York：Basic Books，2002）.

后　记

本书是我近年来从事中国文化发展研究的部分成果，非常有幸列入由中国社会科学院文化研究中心策划、社会科学文献出版社出版的"文化中国书系"。本书的内容完成于 2007～2012 年，涵盖政策研究、战略研究以及案例研究，出版时以"文化强国"为主线，分为"新文化发展观：文化强国的理念自觉""文化大发展大繁荣：机遇和挑战""文化产业的中国实践""公共文化服务体系建设的城乡实践""少数民族文化发展：战略与政策"等五个部分。由于作者学力和视野有限，全书结构与内容难免有不妥之处，敬请读者批评指正。

需要说明的是，本书共有五章十八节，其中三节中的部分内容是合作成果。第三章第一节《昆明市盘龙区文化产业发展战略定位研究》是在课题组充分讨论的基础上，由我执笔完成。部分内容曾署名中国社会科学院文化研究中心、云南大学国家文化产业研究中心联合课题组，分别以《发展具有民族特色的文化产业》和《从追赶到跨越：云南发展模式的战略转型》为题，发表于《云南日报》2007 年 11 月 8 日第 8 版和《思想战线》2008 年第 1 期。第四章第二节《走向公共文化服务的"嘉兴模式"》由我执笔，与中国社会科学院哲学研究所孙伟平研究员、刘悦笛副研究员合作完成，曾发表于《重庆社会科学》2011 年第 11 期，并收入社会科学文献出版社 2012 年出版的《公共文化服务的

"嘉兴模式"》一书。第五章第一节《文化强国视野中的中国少数民族文化发展战略》部分内容由我和中国社会科学院文化研究中心张晓明研究员合作完成，曾发表于《中国少数民族文化发展报告（2012）》一书的"总报告"中。

此外，附录一《创意集群：基本概念与国际经验》由我和张晓明研究员合作完成，曾发表于《吉首大学学报》2007年第4期。附录二《全球化语境中的文化公平建构》由我和北京化工大学孟远副教授合作完成，曾发表于民族出版社2009年出版的《中国少数民族文化发展报告（2008）》一书中。

本书在完成过程中，得到我的博士后合作导师、中国社会科学院文化研究中心副主任张晓明研究员的悉心指导。中国社会科学院文化研究中心主任、文学哲学学部副主任李景源研究员，中国社会科学院文化研究中心副主任章建刚研究员，中国社会科学院文化研究中心副主任李河研究员，中国社会科学院文化研究中心副主任贾旭东研究员，中国人民大学文化创意产业研究所所长金元浦教授也给予了指导与帮助。在此致以诚挚谢意！

此外，还要感谢社会科学文献出版社责任编辑陈帅先生、桂芳女士为本书出版所付出的辛苦工作！

惠　鸣

2013 年 5 月

图书在版编目（CIP）数据

文化强国：理念与实践／惠鸣著．—北京：社会科学
文献出版社，2013.6
（文化中国书系）
ISBN 978 - 7 - 5097 - 4802 - 2

Ⅰ.①文…　Ⅱ.①惠…　Ⅲ.①文化事业 - 方针政策 -
研究 - 中国　Ⅳ.①G120

中国版本图书馆 CIP 数据核字（2013）第 137172 号

·文化中国书系·
文化强国：理念与实践

著　　者／惠　鸣

出 版 人／谢寿光
出 版 者／社会科学文献出版社
地　　址／北京市西城区北三环中路甲 29 号院 3 号楼华龙大厦
邮政编码／100029

责任部门／皮书出版中心（010）59367127　　　　责任编辑／陈　帅　桂　芳
电子信箱／pishubu@ ssap. cn　　　　　　　　　责任校对／孙光迹
项目统筹／邓泳红　桂　芳　　　　　　　　　　责任印制／岳　阳
经　　销／社会科学文献出版社市场营销中心（010）59367081　59367089
读者服务／读者服务中心（010）59367028

印　　装／北京鹏润伟业印刷有限公司
开　　本／787mm×1092mm　1/16　　　　　印　　张／18.5
版　　次／2013 年 6 月第 1 版　　　　　　　字　　数／236 千字
印　　次／2013 年 6 月第 1 次印刷
书　　号／ISBN 978 - 7 - 5097 - 4802 - 2
定　　价／69.00 元